Filho não vem com manual

Isa Minatel

Filho não vem com manual

Um guia prático de como usar a PNL com crianças

Planeta

Preparação: Camila Gonçalves
Revisão: Tamiris Sene e Valquíria Matiolli
Projeto gráfico e diagramação: Gisele Baptista de Oliveira
Capa: Tamires Mazzo Cid

DADOS INTERNACIONAIS DE CATALOGAÇÃO NA PUBLICAÇÃO (CIP)
ANGÉLICA ILACQUA CRB-8/7057

Minatel, Isa
Filho não vem com manual / Isa Minatel. - São Paulo : Planeta do Brasil, 2025.
320 p.

Bibliografia
ISBN: 978-85-422-3846-4

1. Educação de crianças 2. Pais e filhos 3. Psicologia infantil I. Título

25-3913 CDD 649.1

Índice para catálogo sistemático:
1. Educação de crianças

MISTO
Papel | Apoiando o manejo florestal responsável
FSC® C112738

Ao escolher este livro, você está apoiando o manejo responsável das florestas do mundo

2025
Todos os direitos desta edição reservados à
Editora Planeta do Brasil Ltda.
Rua Bela Cintra, 986, 4º andar – Consolação
São Paulo – SP – 01415-002
www.planetadelivros.com.br
faleconosco@editoraplaneta.com.br

Para Petrus, amor incondicional
e grande chamado da vida.

Cria[1]

"Mamãe, te amo!"
Crescendo, foi ganhando espaço, pulou do meu braço
Nasceu outro dia, já quer ir pro chão
Já fala mãe, já fala pai, já não suja a cama
Não quer mais chupeta, já come feijão

E posso até ver os meus traços nos primeiros passos
Tropeça e seguro, e não deixo cair
Se cai, levanta, continua, a porta da rua fechada
Criança não deixo sair

Da linha, da linha

Reflexo no espelho, levo à emoção
A lágrima ameaça do olho cair
Semente fecundou
Já começa a existir

É cria, criatura e criador
Cuida de quem me cuidou
Pega na minha mão e guia

---

1 CRIA. Interpretada por Maria Rita. Composta por César Belieny e Serginho Meriti. Produzida por Leandro Sapucahy. Fonte: WM Brazil.

PREFÁCIO

Às vezes me pego observando minhas filhas enquanto elas não percebem – a mais velha mergulhada em seus estudos universitários, a caçula cantando (e fazendo caretas de sofrimento) uma música que só faz sentido para sua geração – e penso em como cheguei até aqui, neste estranho território onde sou simultaneamente herói, vilão, gerente de banco e conselheiro sentimental. Não estava nos meus planos ser essa mistura confusa de autoridade, amigo, refúgio e, eventualmente, motivo de risada. Criar filhos é como tentar montar um móvel sueco sem manual e com metade dos parafusos faltando: você improvisa, xinga baixinho e, no final, torce para que a estante não caia quando começar a colocar os livros.

As pessoas não vêm com manual. Eu e você também não viemos, motivo suficiente para perdoarmos nossos pais. Pessoas estão sempre em construção, motivo pelo qual devemos nos perdoar. A compaixão precisa nos incluir, ou será incompleta. Nunca estaremos plenamente prontos, e nossos filhos também não. Estamos em um passeio juntos, um passeio que deve ser aproveitado, desfrutado, celebrado, com leveza e gratidão, porque ele vai acabar.

Conheci a Isa Minatel em seu vídeo maravilhoso no TEDx, "O Mundo Sob a Perspectiva da Criança", e lembro de ter virado fã de imediato. Foi uma das falas mais lindas sobre crianças que eu tinha ouvido até então, e tento mostrar minha gratidão para a Isa em todas as vezes que a encontro. Isa tem uma postura muito inspiradora, empática com a infância e com as dificuldades pelas quais nós, pais, passamos todos os dias. Em todos os seus livros ela apresenta conceitos ótimos, e não é diferente neste aqui. Dividido em vinte e dois capítulos, recomendo que você o leia com calma. Não transforme as páginas a seguir em uma maratona. De corrida, nossa vida já está cheia. Cada parte deste livro apresenta um conceito útil, prático, de modo que a melhor maneira de aproveitá-lo é ler um capítulo e tentar praticar aquilo que aprendeu antes de passar para o próximo. A Isa, sem querer querendo, acabou escrevendo um manual.

A trajetória desses vinte anos como pai me ensinou que o cuidar de filhos é menos sobre ter as respostas certas e mais sobre fazer as perguntas que realmente importam. É menos sobre fazer tudo corretamente e mais sobre escolher o amor no lugar do medo. Nossa missão não é moldar nossos filhos, mas criar o espaço seguro para que eles descubram suas próprias formas. Como diz o poeta Manoel de Barros: "A maior riqueza da gente é a nossa incompletude. Nesse ponto sou abastado".[2]

As palavras da Isa Minatel sobre enxergar nossos filhos além das imagens que construímos deles ressoaram em mim. Quantas vezes rotulei minhas filhas baseado em comportamentos momentâneos? "A teimosa", "a distraída", "a sensível". Essas etiquetas são como camisetas em promoção – encolhem na primeira lavada e rapidamente não servem mais. Ter autoconhecimento para não passar meus traumas adiante; flexibilidade para entender os filhos como são; uma comunicação madura e clara, afinal eu sou o adulto. A tarefa dos pais é trabalhar em si mesmos para guiar os filhos. Filhos realmente não vêm com manual, mas

---

2 BARROS, Manoel de. *Retrato do artista quando coisa.* São Paulo: Alfaguara, 2022.

descobriremos o caminho juntos. Ser pai Estrela-Guia não significa brilhar sem falhas, mas iluminar com persistência mesmo nas noites mais escuras da parentalidade.

Acho que cuidar de nossos pequenos não tem a ver somente com guiar, mas também se deixar guiar. Filhos não vêm com manual, é verdade, porém, muitas vezes, se prestarmos bastante atenção neles, eles dão pistas. Difícil é termos tempo para ver e ouvir, em um mundo tão ruidoso. Por isso eu digo: leia este livro com calma, coloque em prática cada capítulo antes de passar para o próximo. A vida é longa, os dias são curtos. É preciso ter o carinho, a atenção e a paciência de um cultivador. Somos jardineiros de almas que brotam, alimentando raízes invisíveis que um dia sustentarão florestas inteiras. Eu consigo ver essa linda floresta, iluminada por um céu cheio de estrelas.

Marcos Piangers
Pai da Anita e da Aurora e autor best-seller

APRESENTAÇÃO

Em meados de 2012, minha vida era muito agitada. Eu vivia para trabalhar, nem sonhava com o modo "trabalhar para viver". Na verdade, eu diria até que havia construído a minha identidade com base no papel de profissional. Tinha de trabalhar. Fazer mais uma palestra brilhante. Ser aplaudida. Tocar positivamente a vida das pessoas. Ser importante. Tudo isso me alimentava e me validava na construção interna do que eu tinha por identidade.

Era por isso que era tão difícil desacelerar.

Lembro-me de uma vez que eu precisava dar uma palestra numa cidade que ficava a uns duzentos quilômetros de casa, e, para chegar até ela, precisava passar por uma estrada de serra extremamente sinuosa. Naquele dia, ainda que estivesse chovendo muito, fui dirigindo, sozinha, por uma estrada bastante sinuosa. Não posso dizer que corria muito, pois as condições estavam bem adversas, mas também não posso dizer que estava no meu modo cuidadoso e defensivo de guiar.

Longe disso.

Como disse, eu vivia em um modo muito acelerado e, naquele momento, meu carro me acompanhava. Sempre gostei de dirigir, de me sentir no controle do carro, de aproveitar a estrada e a solitude que a maternidade recente, de quase um ano, já não me proporcionava. Não me leve a mal, eu amava minha criança. Mas ficar em casa com o bebê era muito difícil para mim. Naquela época eu era muito melhor como palestrante e professora do que como mãe e dona de casa. Então o trabalho era minha fuga.

Uma forma de sair de perto daquele serzinho que me fazia sentir tão despreparada e impotente em diversas situações. E que também me fazia dormir tão mal há um ano.

Embora eu seja eternamente grata às pessoas incríveis que compuseram a minha rede de apoio naquela época, hoje percebo que não pegaria mais o carro para viajar mais de quatro horas – entre ida e volta – por uma estrada cheia de curvas em um dia chuvoso e dar uma hora de palestra deixando meu bebê com terceiros. Você pode pensar: "isso é óbvio". Mas, como disse, eu procurava um refúgio no trabalho e essa era a única alternativa de comportamento de que eu dispunha. Não havia outra opção.

Justamente por isso, quando me convidaram para falar sobre educação empreendedora, um assunto que eu mais que dominava, não hesitei. Movimentei minha rede de apoio e segui viagem. Estava com a vida dividida entre a função nova de mãe, de que não dava conta, e a manutenção da carreira, já conhecida e que me trazia muita validação. Em uma das curvas, virei o volante, mas o veículo não obedeceu à direção, nem em contato com o solo estava mais. Aquaplanagem se chama. Quando uma camada de água fica entre os pneus e a pista e faz com que não haja atrito suficiente para corresponder à direção, então perde-se o controle do carro.

Assim, peguei o início de uma daquelas muretas de proteção da pista e o carro subiu na estrutura de proteção da pista do meu lado direito. Mais tarde percebi que foi uma bênção, pois, se aquilo não estivesse ali, eu teria ido com tudo contra a montanha. Mas, naquele momento, eu apenas torci para o carro não capotar, mesmo assim...

Ele virou!

Não chegou a capotar, na verdade tombou.

Imagine ficar em um carro tombado no meio da pista molhada depois de uma curva. Parece horrível, né? E foi. Eu estava de lado, com a porta do motorista encostada no chão e pensando no caminhão que havia ultrapassado e que, provavelmente, estava se aproximando de mim. Como os vidros não quebraram, não tinha como sair com a rapidez necessária e, naquele momento, precisei tomar uma das decisões mais difíceis da minha vida: ou ficava com o cinto de segurança esperando ser atropelada pelo caminhão que se aproximava ou tirava o cinto e tentava sair pela porta do passageiro, correndo o risco de sofrer o impacto do caminhão durante o processo de deixar o veículo.

Naquelas frações de segundos em que o som da chuva marcava as análises que aconteciam em minha mente, olhei para trás para ver se o caminhão já apontava na curva, mas o que vi foi a cadeirinha de bebê do meu filho toda torta e uma toalhinha caída. Me arrepiei toda e pensei que ele poderia ficar órfão de mãe naquele mesmo dia se eu não conseguisse sair dali. Decidi tirar o cinto e tentar sair pela porta que estava em cima. Mas eu não conseguia sair. Apesar de fazer força para suspender a porta, não conseguia me levantar nem manter a porta aberta tempo suficiente para me alçar. Então, quando decidi quebrar o vidro da frente com o extintor de incêndio, já era tarde demais.

Ouvi o caminhão vindo com tudo em minha direção.

Meu coração disparou, minha garganta fechou e eu tive certeza de que não passaria daquele dia.

Assim, fechei os olhos, respirando fundo, e esperei o impacto.

Naqueles instantes que se seguiram, não ouvi nem senti nada, só o barulho da chuva marcando o que eu acreditava ser meus últimos momentos. Então, senti meu rosto molhar e abri os olhos para ver alguém me ajudando a sair pela porta de cima do carro.

Mais tarde descobri que o homem que me ajudara a sair era o motorista do caminhão que conseguira parar "não sei como" – como ele mesmo disse –, mesmo tremendo mais do que eu de tanto nervoso. Fomos ajudados também por um casal que estava passando por ali e nos socorreu.

Enquanto eles tentavam obter informações sobre mim, no meio do meu choque, a única coisa que eu pedi foi pela toalhinha do meu filho. Agarrei aquele pedaço de pano como se fosse um bote salva-vidas. O resgate e o guincho não demoraram a chegar, e fui com eles para a delegacia mais próxima. Lá eu consegui dar meus dados e comunicar para minha família a respeito do que tinha acontecido, já que não havia sinal no celular no meio daquela serra chuvosa.

Durante toda a espera e a volta para casa, eu entendi que aquela era uma situação importante, que a chavinha virou em mim e que eu precisava ser mais mãe que profissional naquela fase da vida do meu filho. Não que eu devesse abandonar para sempre minha carreira, longe disso, mas deveria escolher melhor meus trabalhos. E não deveria correr tantos riscos.

Contudo, para ser mãe, eu precisava aprender a fazer isso.

E eu realmente não sabia. Afinal, sempre ouvi todo mundo ao meu redor dizer: “Filho não vem com manual!”.

Eu tinha tanto foco no trabalho que havia cogitado nem ter filho. Mas a vida quis que eu fosse mãe. Infelizmente eu não sabia muitas coisas sobre a maternidade e acabei tomando muitas decisões equivocadas. Para começar, planejei tudo nos mínimos detalhes: teria o bebê; tiraria a licença-maternidade de quatro meses; tudo isso emendado com um mês de férias; então, estaria de volta à minha rotina “louca” de trabalho.

Mas uma criança não é mais um plano ou mais uma tarefa a ser cumprida na agenda cheia, muito menos algo previsível. Meu filho me ensinou isso logo no início, ainda que naquele primeiro ano eu não estivesse pronta para aprender isso.

Eu nem sabia que era possível estudar para ser mãe!

Mas posso afirmar que descobrir isso foi a melhor coisa que poderia ter acontecido na minha vida. Hoje, mais de doze anos depois desse acidente, sou apontada por muitas famílias como uma especialista na relação adulto-criança, como alguém que leva luz para transformar as relações em que os adultos já não sabiam mais o que fazer. As pessoas atribuem aos conteúdos que eu compartilho em livros, cursos, vídeos e nas redes sociais as significativas mudanças que conseguiram fazer em suas abordagens com as crianças. Quando vou a uma conferência, filas de uma ou duas horas se formam para um abraço apertado e palavras de amor e gratidão pelas transformações alcançadas. Elas estavam aquaplanando e capotando também, emocionalmente falando. E, dessa vez, eu fui alguém que parou para ajudar.

Então te pergunto, por que você está lendo este livro? Talvez queira mudar o modo como reage aos comportamentos de sua criança. Talvez queira se comunicar melhor com ela ou desenvolver uma relação mais amorosa. Ou talvez você queira conseguir fazer a sua criança funcionar e realizar as rotinas do dia a dia com mais harmonia e paz. Talvez você queira aprender a se controlar, parar de gritar ou de sentir tanta raiva em relação aos comportamentos da sua criança. Ou, ainda, talvez só queira se posicionar com gentileza sem cair na permissividade.

Não sei em que momento da sua vida você está. Não sei como está o seu controle da direção, como está o atrito dos seus pneus com a pista, se você está no meio da aquaplanagem ou se está tombado no meio da estrada temendo o impacto do caminhão que vem atrás...

Seja qual for a sua situação, espero que esta leitura te traga luz e que você consiga os resultados que busca por meio do desenvolvimento das Cinco Inteligências usando as ferramentas e técnicas da Programação Neurolinguística.

Com amor,
Isa Minatel

POR QUE DECIDI ESCREVER ESTE LIVRO?

Recentemente tive a seguinte conversa com meu filho de 12 anos:

Eu: Já falei hoje que *eu te amo*?

Ele: Não. Ou, melhor, sim. (risos)

Eu: E você, me ama?

Ele: Muito, mamãe!

Eu: Que delícia esse *muito*! E por que você me ama muito?

Ele: Porque você me ajuda, cuida de mim e porque você *concorda* comigo.

Eu: Uau! Isso foi inesperado. Você me ama muito porque eu concordo com você?

Ele: É. A gente pensa parecido.

Eu: E isso te faz me amar muito?

Ele: Aham. Eu adoro isso!

Depois de escutar aquilo, fiz algumas considerações sobre esse momento mãe e filho:

1. Eu nunca chegaria a essa conversa aos 12 anos do meu filho se apenas deixasse a vida me levar. Sendo alguém predominantemente de temperamento colérico, eu adorava discordar de (quase) tudo e todos.

2. Existe uma técnica para aprender a CONCORDAR (se chama *rapport* e é apresentada no início da formação de PNL). Você não precisa concordar com tudo o que a criança FAZ, mas pode concordar com o que ela SENTE. Você pode até concordar em discordar e permitir que a criança tenha uma opinião diferente da sua em algum momento. Sempre existe uma forma de concordar sem deixar de educar. Aliás, a gente concorda exatamente para conseguir educar. Acompanhar para depois conduzir ou conectar-se antes de corrigir: isso te soa familiar?
3. Aprender a CONCORDAR fez aumentar o "amor percebido" pelo meu filho. Ainda que eu não soubesse nada de PNL, eu amaria meu filho igualmente, ou seja, o "amor recebido" de mim por ele seria o mesmo, mas, provavelmente, a percepção dele sobre o meu amor seria menor. E, assim, o retorno do amor dele para mim também poderia ser menor. Ele falou com todas as letras: "te amo porque você me ajuda, cuida de mim e porque você **concorda comigo**". Ele me ama mais porque a PNL me ensinou a concordar.
4. Concordar promove conexão, e conexão é vínculo, proximidade, sintonia. Concordar aumenta o amor. A PNL me ensinou a amar o meu filho e aumentou o amor dele por mim. Serei eternamente grata por isso.

Em resumo, escrevi este livro porque é possível (e urgentemente necessário!) aprender a amar.

capítulo 1

O QUE É PNL?

Programação Neurolinguística

Para poder explicar esse conceito que parece tão denso quanto desconhecido, trarei um exemplo pessoal.

Eu não conseguia falar direito com o meu pai. Ele ligava, e eu não atendia ou, quando o fazia, só esboçava curtos "aham, aham, aham, tá bom, pai, tchau!". Esse cenário perdurou por anos. Mas eu não sabia que essa minha relação não era com meu pai, na verdade aprendi que eu interagia com a minha representação interna do meu pai, formada por minhas vivências traumáticas infantis, pelas dores que absorvi da minha mãe como esposa e pelo meu jeito julgador e "justiceiro". Isso fazia com que eu não conseguisse enxergar meu pai de verdade e estabelecer com ele um vínculo saudável.

Foram as técnicas da PNL que me ajudaram a começar a entender tudo isso. Foi através de práticas como a do metaespelho – em que trabalhamos questões conflituosas e relações desafiadoras – que passei a perceber que existia outra posição perceptiva diferente da minha, ou seja, a minha maneira de ver as coisas era apenas *uma* forma, não a única – nem, necessariamente, a correta. Tomei consciência de que havia uma infância sofrida na história do meu pai. Que cada pessoa é o melhor que consegue ser. E, finalmente, que escolhemos apenas entre as opções de comportamento disponíveis no nosso cardápio, modelo mental ou *mindset* (fique à vontade para escolher o nome que quiser).

Sim, minha vida com meu pai é outra desde que eu conheci a PNL, além de ter melhorado minhas relações com minha mãe, com meu marido, com meu filho, com meus alunos, alterando comportamentos e crenças que me limitavam. Aprendi a fazer *rapport* e parei de ficar uma semana sem falar com o marido diante de situações em que divergimos fortemente. Isso sem falar que, pós-PNL, passei a dispor de muito mais recursos, ferramentas e técnicas para meus atendimentos e palestras. Mas, afinal, o que é a PNL: Programação Neurolinguística?

Muito prazer, PNL!

Ao longo do livro, mencionarei muitas vezes o termo "programação neurolinguística", ou sua forma abreviada, PNL, assim como desenvolverei seus usos e leis.[3] Por isso, é muito importante fixarmos o que vem a ser esse conceito.

neuro (linguagem)
+
programação (instalação de um procedimento)

De forma breve, é possível dizer que a PNL consiste no estudo de como a linguagem, verbal e não verbal, afeta nosso sistema nervoso. Como nossa capacidade de fazer qualquer coisa na vida está baseada na capacidade de conduzir nosso corpo e nossa mente para o que desejamos, podemos entender que toda pessoa que consegue alguma realização notável alcançou uma maneira eficaz de se comunicar com o próprio sistema nervoso.

A PNL estuda como as pessoas se comunicam e possibilita a cada uma delas ampliar seu repertório, modelo mental para aumentar suas escolhas de comportamentos. Sei que, com esse nome tão técnico, muita gente não conhece a PNL ou acha que não

---

3 A Programação Neurolinguística foi criada na década de 1970 na Universidade da Califórnia por Richard Bandler e John Grinder, na época estudantes de Ciências da Computação e Linguística. A partir de um processo de observação de sessões reais de terapia, a dupla estava investigando o que diferenciava os bons terapeutas, mas acabaram mapeando comportamentos e padrões de comunicação que sistematizaram e testaram, adicionando informações à linguagem proposta pelo psiquiatra Milton Erickson, o que deu origem a um conjunto de saberes e técnicas conhecido como PNL.

é algo para pessoas comuns. Porém no meu primeiro contato com a PNL logo percebi que era uma coisa bastante diferente de tudo que já tinha experimentado antes. Fiquei encantada e posso dizer que, assim como aconteceu com Maria Montessori,[4] ela dividiu a minha vida em ANTES e DEPOIS. Como disse, alcancei conquistas das mais diversas utilizando as técnicas da PNL, de resgate de relacionamentos – como aconteceu com meu pai – à mudança no padrão de sono e emagrecimento (perdi dezessete quilos!).

A PNL proporciona uma estrutura de ferramentas para assumirmos de fato o controle sobre nosso próprio cérebro. Ensina também a controlarmos nossos próprios estados internos e nossos comportamentos, e ainda a influenciar os estados e comportamentos dos outros. Existe interesse da sua parte em influenciar os estados emocionais e comportamentos da sua criança?

---

4 Maria Montessori (1870-1952) foi uma educadora e médica italiana que estabeleceu um método educativo utilizado ainda hoje em diversas escolas. Sua pedagogia se baseia na importância da liberdade, na autonomia, assim como nas atividades físicas e mentais para que a criança se desenvolva a partir de estímulos externos.

capítulo 2

AS VINTE LEIS DA PNL COM CRIANÇAS

Para começar a aprofundar nesse conhecimento tão poderoso, vou apresentar um conjunto de leis que fazem parte dos fundamentos de quem escolhe viver seguindo a filosofia da PNL. Digo a você que, ainda que não seja verdade, acreditar nesse conjunto de frases como se fossem verdades traz resultados excelentes.

Quase posso ouvir seus pensamentos: "Oi? Como assim, Isa? Você está sugerindo que eu acredite em frases como se fossem verdades ainda que não o sejam? Pensei que você fosse confiável, Isa Minatel!".

É isso mesmo! Existem coisas que não precisam ser verdade; se nós acreditarmos que é e isso nos favorecer, já é o suficiente. Calma que eu vou te explicar, dando um exemplo pessoal. No trânsito, quando eu levava uma fechada de algum outro carro, ficava muito brava! Xingava, buzinava e me achava cheia de razão. Isso não era legal para o outro motorista, mas era muito pior para mim. Era a minha química cerebral que se alterava, pois era eu quem sofria as consequências do aumento de hormônios do estresse na minha corrente sanguínea. Para mim e para aqueles que convivem comigo (principalmente marido e filho), né? Isso porque, como a tolerância fica cada vez menor quando estamos cheios de cortisol e adrenalina no corpo, sobrava para os dois. Aí a PNL me ensinou a fazer uma simples pergunta diante de alguém me fechando no trânsito: "Será que essa pessoa está numa emergência?".

Claro que, na maioria das vezes, isso não deve ser verdade, mas acreditar que pode ser uma emergência muda a minha química cerebral, não me encho de raiva e não tenho tantos descontroles. E ainda me protejo de encontrar um maluco armado que coloque minha vida em risco ao reagir à minha raiva.

Dito isso, vamos às leis.

Lei 1 - O significado da comunicação é o resultado que ela produz

Certa vez, uma seguidora compartilhou a seguinte situação comigo:

> Sua filha estava mascando chiclete pela primeira vez, e ela havia explicado para a criança que não deveria engoli--lo. A criança havia compreendido bem a orientação. Até que a mãe decidiu que era tempo de lembrar a garota: "Filha, não vá engolir o chiclete, tá?". E a menina acabou engolindo! A criança ficou triste e chorou, já que realmente não queria fazer isso. Mas a fala da mãe foi um comando exatamente em direção ao que ambas não desejavam. Tudo porque somos obrigados a tirar uma habilitação para dirigir veículos, mas não somos convidados a nos habilitar a conduzir cérebros por meio da comunicação.

Será que você também está dando comandos (sem querer) para sua criança fazer exatamente o que não quer que ela faça?

Essa primeira lei chama à responsabilidade, ou seja, não interessa se não foi exatamente aquilo que quis dizer para a criança, a reação que ela teve foi o resultado que você provocou quando disse o que disse dessa maneira. Segundo essa lei, se a minha criança não me obedece, eu não busco o problema nela, mas sim a solução na minha maneira de me comunicar com ela. Em um caso assim, as perguntas que eu me faria poderiam ser:

- Para conseguir que ela faça o que precisa ser feito, como eu posso me expressar?
- De que maneira eu poderia falar para despertar na criança o interesse em fazer isso?

- Há algo na maneira como eu falei que possa ter provocado uma reação negativa na criança?

Todas essas perguntas ajudarão a regular nosso comportamento. A propósito, quando aprendemos a conversar com crianças de temperamento colérico, a maioria das birras acaba feito mágica. É a combinação da nossa cultura autoritária e desrespeitosa com o temperamento colérico de algumas crianças que faz a gente ter tanta dificuldade com elas.

Lei 2 - Não há fracassos na comunicação, apenas resultados

Gosto de pensar que essa lei da PNL nos salva da tentação de cair na vitimização. Pode ser que, a partir da lei anterior, você tenha percebido que tem falado de maneira desrespeitosa com sua criança, ou que tem provocado alguma reação negativa da parte dela e outras conclusões em relação à sua forma de se portar até o momento. E isso pode ter acionado pensamentos como: "sou mesmo muito agressivo(a)" ou "estou fazendo tudo errado" ou "esse negócio de ser mãe/pai é muito difícil".

Mas essa lei vem te tirar do drama e dizer: "Ei! Não existe fracasso na sua comunicação com a criança. O que existe é resultado". Se o resultado que você vem obtendo não é aquele que você deseja, então *mude*! Só isso. Sem se julgar, sem se condenar, sem se odiar, sem se punir... Até porque isso não ajuda em nada. Apenas faça diferente na próxima vez. E repita a reflexão: "dessa vez consegui o resultado que gostaria?".

Se sim, maravilha! Comemore suas conquistas. Se ainda não foi como você gostaria, já pense em outras possiblidades para a próxima vez. Esse foi só um resultado, não define quem você é, não define quem sua criança é, não define sua capacidade de se comunicar, não define nada! Apenas mude a sua ação na próxima oportunidade e perceba como o resultado muda também. Vá mudando até obter o resultado desejado. É mais fácil ser persistente e criativo quando a gente não fica se julgando ou se xingando mentalmente durante o processo.

Lei 3 - As pessoas mais flexíveis têm maior probabilidade de obter os resultados que desejam

Eu adoro essa lei. Trata-se do pressuposto da criatividade e da evolução. Quanto mais maneiras encontrarmos de falar, pensar, sentir ou fazer as coisas, mais chances teremos de conseguir o que desejamos como resultado. Quantas maneiras existem de fazer a mesma coisa? Infinitas! As possibilidades são incontáveis! Ou seja, se você pensar bem, a gente explora muito pouco as possibilidades de viver.

Geralmente somos tomados pela visão da vida que domina nossa cultura polarizada e só enxergamos duas opções para quase tudo. Em relação às formas de interação com as crianças, temos: "ou sou autoritário ou sou permissivo", "ou sou chata(o) ou sou legal", "ou sou amigo do meu filho ou sou pai dele".

Ou isso, ou aquilo é pouco demais. Pense nos extremos: autoritarismo e permissividade. Quantas opções somos capazes de encontrar entre uma ponta e outra? Não existem realidades no meio? Eu acredito piamente que as situações que vivemos com as crianças são tão variadas que a gente, enquanto pais, pode transitar pelas inúmeras possibilidades desses extremos para existir de maneira equilibrada, saudável e coerente com elas. É por isso que essa lei fala em flexibilidade, além de afirmar que os resultados que desejamos serão mais frequentes em nossa vida quanto mais flexíveis nos tornarmos.

Um exemplo prático seria: o temido momento de escovar os dentes. Na ideia do ou isso ou aquilo, eu posso ou DEIXAR sem escovar ou eu posso OBRIGAR a escovar os dentes. Mas, se eu trabalhar a flexibilidade e ampliar meu cardápio de comportamentos, eu também posso CONVIDAR, INCENTIVAR, ENSINAR a escovar os dentes, posso até CANTAR com meu filho com o objetivo de escovar os dentes. Consegue perceber a diferença que cada um desses outros comportamentos pode ter?

Vamos de mais um exemplo. Eu posso MANDAR meu filho sair das telas ou OBRIGAR a criança a fazer isso. Mas, também, posso EXPLICAR com uma história o efeito das telas sobre o cérebro, posso APRESENTAR novas opções de sentir prazer em casa (por exemplo, fazendo uma receita, cuidando de uma planta, brincando com água ou fazendo um artesanato), posso PERGUNTAR A OPINIÃO DELE sobre o tempo de tela mais adequado para uma criança na idade dele. Enfim, posso fazer várias dessas opções em vários dias para construir com a criança um aprendizado que amplie sua consciência sobre essa questão. Isso é educar. A criança parar de jogar apenas porque você instalou um aplicativo de controle parental não significa que ela foi educada. Ela pode começar a pedir para ir muito até a casa de um amigo pelo fato de que lá a tela é liberada. Somente restringir não é educar, mas construir autonomia para a criança desenvolver os próprios limites é.

Percebe o que esse pressuposto da flexibilidade traz para nossa evolução? Percebe aonde ele pode te levar? Percebe o poder que isso pode dar?

Gosto de pensar a flexibilidade a partir da metáfora do molho de chaves. Quanto mais chaves você tem, mais portas consegue abrir. Tem mãe que quer abrir todas as portas de todas as crianças em todas as fases com as mesmas duas ou três chaves.

E, quando não consegue, acaba arrombando a porta de algum jeito, ao mesmo tempo que reclama da criança. Esse modo bruto pode deixar marcas emocionais importantes, além de afastar a criança e comprometer o vínculo entre mãe e filho. Estudar para ser pai e mãe é aumentar a quantidade de chaves em seu molho.

Lei 4 - As pessoas dispõem de todos os recursos necessários para qualquer mudança desejada

Lembre-se: tudo já está dentro de nós. Ao nascermos, todos temos o mesmo aparato biológico, o que significa que nosso DNA, cérebro e nosso sistema nervoso são idênticos. Mas, para além disso, temos nossas próprias combinações de *temperamentos* que definem nossa personalidade. Já mencionei aqui "temperamento colérico", contudo o que isso significa?

Tipos de temperamento

Antes de seguirmos com a quarta lei, é muito importante abordarmos os padrões temperamentais. Segundo o dicionário Oxford, *temperamento* pode ser definido como a natureza de uma pessoa mostrada em como ela se comporta ou reage a pessoas ou a situações.[5] Ampliando a discussão, temperamento é o conjunto de traços da personalidade de uma pessoa com características específicas: é manifestado desde os primeiros anos de vida; pode

---

5 "Temperament: person's or an animal's nature as shown in the way they behave or react to situations or people." Disponível em: https://www.oxfordlearnersdictionaries.com/definition/english/temperament. Acesso em: 28 jan. 2025.

ser influenciado, em grande parte, geneticamente; e é estável a longo prazo.[6]

Se você não está familiarizado com os tipos de temperamento, não se preocupe porque eles estão resumidos no quadro a seguir. Para facilitar a compreensão, gosto de dividi-los em: temperamentos da raiva – colérico e sanguíneo –, e temperamentos da tristeza – melancólico e fleumático.

Quadro. Ideia preliminar sobre os quatro temperamentos humanos.

RAIVA		TRISTEZA	
COLÉRICO	SANGUÍNEO	MELANCÓLICO	FLEUMÁTICO
Aquela pessoa cheia de energia, assertiva e propensa a reações explosivas caso seja contrariada.	Uma pessoa sociável, geralmente otimista, que pode se irritar facilmente e se tornar impulsiva.	Aquela pessoa mais introvertida e amorosa, mas com tendência a se isolar.	A pessoa que tende a calmaria, ao sonho, mas sem a pressa da competitividade.

Entender esses tipos de temperamento é fundamental para reconhecer o significado da comunicação e os resultados que ela produz.

Novamente, tudo aquilo de que precisamos para funcionar de um jeito que nos proporcione resultados mais favoráveis com as

6 MINATEL, Isa. *Temperamentos sem limites*: como conseguir resultados com crianças da raiva e com crianças da tristeza. São Paulo: Figurati, 2019.

crianças de nossas vidas já está dentro de nós. *Só precisamos descobrir como acessar alguns recursos.*

Há uma palestra no TED Talks de uma psicóloga chamada Amy Cuddy que eu acho fantástica.[7] Ela explica como as posturas corporais podem alterar a química cerebral e como constantemente entrar em uma postura de CORAGEM pode fazer com que uma pessoa realmente se sinta CORAJOSA depois de um tempo. No final, ela conta uma história pessoal de como se sentia insegura e mesmo não merecedora de uma posição até que, depois de um tempo buscando FINGIR ser da maneira como gostaria, passou a sentir a autoconfiança tão desejada.

Também Louise Hay e David Kessler, autores da obra *Você pode curar seu coração*,[8] escrevem sobre uma garota chamada Sandy que tinha problemas em seus relacionamentos por causa de baixa autoestima e falta de autoconfiança. Ao entender que era hora de cuidar dessa parte de sua vida, Sandy "decidiu simular a autoconfiança até ser capaz de senti-la por si mesma". Em um encontro em que ela estava nervosa, resolveu se perguntar: "O que eu diria agora se fosse autoconfiante?" e, ao longo das horas, ficou surpresa com a facilidade com que a conversa fluiu. A ponto de ouvir do rapaz que a acompanhava: "Você tem uma autoconfiança fantástica!". Na sequência, ela recorda que percebeu que ele estava certo, visto que, mesmo quando estava FINGINDO, ainda havia um fundo de verdade naquilo. Sabe por que isso que Amy Cuddy e Sandy chamaram de FINGIR levou a esses resultados

---

7 CUDDY, Amy. Sua linguagem corporal molda quem você é. TEDGlobal 2012. Disponível em: https://www.ted.com/talks/amy_cuddy_your_body_language_may_shape_who_you_are?language=pt-BR&subtitle=en&lng=pt-br&geo=pt-br. Acesso em: 31 dez. 2024.

8 HAY, Louise; KESSLER, David. *Você pode curar seu coração*. Trad. Doralice Lima. Rio de Janeiro: BestSeller, 2016.

positivos? Porque, na verdade, elas não estavam fingindo, e sim acessando recursos que já existiam dentro de si.

É na flexibilidade de mudar e tentar outros métodos que entendemos que as pessoas têm todos os recursos necessários para qualquer mudança desejada.

Lei 5 - Os seres humanos se comunicam em dois níveis: o consciente e o inconsciente

Você já ouviu falar que a criança é conectada com a nossa realidade interna? Que ela capta algumas sensações pelas quais passamos sem nem sequer precisarmos falar algo?

Se não ouviu, a quinta lei está aqui para te informar a respeito. Seja no nosso comportamento, seja nas expressões que utilizamos no falar, a criança geralmente é rápida em captar os sinais ocultos, ou os internos. O nível consciente da comunicação é aquele em que eu sei o que estou expressando – ou, pelo menos, acredito saber. Já o inconsciente diz respeito àquele nível de mensagem que eu nem imagino que esteja enviando.

Níveis de consciência

Na palestra do TEDx Talks "O Mundo Sob a Perspectiva da Criança",[9] eu dou um exemplo de quando um ser humaninho de 2 anos pega uma tesoura e o adulto assustado, e querendo protegê-lo, dá um grito e arranca o objeto das mãos dele. Nessa situação, quais níveis de consciência podemos identificar nesse adulto que gritou e tomou a tesoura? No nível consciente, percebemos que ele

---

9 TEDX TALKS. O Mundo Sob A Perspectiva da Criança | Isabela Minatel | TEDxPedradoPenedo. YouTube, 16min25s. Disponível em: https://www.youtube.com/watch?v=VW87Oa14tMQ. Acesso em: 26 fev. 2025.

protegeu a criança e começou a ensinar a ela que não pode pegar aquele objeto. Já no nível inconsciente, é possível notar que ele comunicou à criança que, quando se quer alguma coisa que está nas mãos de outra pessoa, a gente grita e arranca o objeto com rapidez. Percebe a confusão na cabeça da criança?

Outro exemplo: uma mãe vai colocar sua criança de 3 anos para dormir. Então, ao se deitar ao lado dela, a mãe começa a torcer para que pegue logo no sono para que ela possa fazer as mil tarefas da sua lista. Mas justamente naquele dia em que ela tinha tanta coisa para fazer, a criança não levou os rotineiros quinze ou vinte minutos para pegar no sono, lutando contra ele por cinquenta minutos... Por que será? (contém ironia!)

No nível consciente, a mãe preparou o ambiente e se colocou disponível como companhia, dando segurança ao bebê para que ele pudesse adormecer. No nível inconsciente, ela estava com a energia alta para agir, e não para dormir, e essa energia foi captada pela criança.

Isso sem falar nas situações em que a mãe não está segura sobre uma decisão e fala um "não" com a boca, mas no tom de voz e na expressão não verbal existem dúvidas, o que deixa a criança confusa.

Outra situação possível em que essa forma de comunicação em dois níveis acontece em contradição é quando a pessoa sente tristeza ao ver as crianças crescendo, sem precisar mais tanto de sua ajuda direta – isso pode passar uma mensagem inconsciente de "permaneça na infantilização e na dependência". Outras pessoas também se incomodam quando a criança não chora ao ser deixada na escola, como se essa atitude tivesse relação com o fato de a criança eventualmente não se importar em ficar longe do adulto – esse olhar pode passar a mensagem de "fique na insegurança". Muita gente se sente feliz quando a criança come bastante – passando uma mensagem de "coma mais do que precisa" – ou quando a criança faz travessuras – o que pode transmitir a mensagem de "eu me divirto com seu mau comportamento". Tudo isso resulta de nossas vivências e registros inconscientes. Por isso, é necessário sempre visitar e revisitar nossos programas internos.

Lei 6 - Todo comportamento tem uma intenção positiva para quem o pratica

Essa é outra lei que muda a vida de pais e mães. Na verdade, ela muda demais a vida da criança também. Isso porque sempre que há mau comportamento, a tendência cultural é reagir de duas maneiras: rotular a criança a partir dessa única ação ou querer eliminar esse comportamento custe o que custar. Mas aí vem a PNL e lança a pergunta: qual seria a intenção positiva por trás desse comportamento?

Vamos pensar juntos?

- Se a criança está agredindo o irmão menor, o que ela pode estar querendo comunicar? Quais são as necessidades que não estão sendo atendidas?
- Se a criança está roendo as unhas – antes de cair na tentação de seguir os melhores conselhos da nossa cultura, como "coloca pimenta nos dedos que ela para!" –, o que ela pode estar querendo expressar?
- Se a criança chora todo dia quando tem que ir para a escola, qual pode ser sua intenção positiva? O que ela espera conseguir com isso, ainda que nem ela mesma saiba de modo consciente?

Esse olhar para a intenção positiva transforma o que sentimos e o que pensamos e, consequentemente, transforma como agimos e como falamos com a criança. Observe o comportamento e responda à intenção positiva que está por trás dele.

Isso me lembra o caso de uma família linda que tive a chance de orientar há alguns anos.

Um casal estava se preparando para a chegada do segundo filho e a criança mais velha tinha 2 anos e meio. Eles me procuraram porque estavam muito preocupados com o comportamento da menina. Disseram-me que ela sempre apresentara temperamento colérico, mas que estava impossível nos últimos meses, fazendo birras enormes diante da menor contrariedade, além de estar regredindo e pedindo ajuda para coisas que já não precisava mais de auxílio. Nas palavras deles: "Como vamos fazer quando o bebê de verdade chegar se aceitarmos essa demanda dela e voltarmos a tratá-la como um bebê? Aí teremos dois bebês! Ficará muito mais difícil!".

Eu orientei a buscar a intenção positiva da filha mais velha. Expliquei que ela já estava sentindo a comunicação inconsciente – lei anterior –, de que um bebê iria chegar e receber todas as atenções, e acabou começando a se comportar como bebê para que pudesse ter as atenções ainda para ela. Pedi que, até o nascimento do neném, dessem toda a atenção possível para essa filha mais velha, abastecendo seu tanque de amor para que ela não tivesse nenhuma dúvida do quanto era amada pelos pais, e que respondessem à intenção positiva, ou à necessidade, que estava por trás daqueles maus comportamentos.

Algumas semanas depois, essa mamãe apareceu procurando por mim com o recém-nascido de 6 dias nos braços e eu tomei um susto! Como ela já estava ali bem diante de mim? Algo acontecera? Alguma urgência? "Não, Isa, está tudo bem. Eu só vim para te agradecer e dizer que pareceu um milagre. Mesmo um pouco incrédulos, fizemos conforme você orientou e nossa filha está maravilhosa! Foi ficando cada dia melhor, recebeu superbem o irmãozinho, está prestativa e quer me ajudar em tudo. As birras e manhas acabaram quase por completo e eu precisava te contar isso." E é esse o tipo de resultado promovido pela consciência sobre a intenção positiva; por meio dele traduzimos o comportamento da criança, deixando tudo mais fácil e saudável.

Se o casal não entendesse a intenção positiva, a criança mais velha, que já estava se sentindo ameaçada, poderia acabar sendo punida física ou emocionalmente. Isso reforçaria o sentimento dela de perda de espaço e poderia agravar ainda mais seu mau comportamento. Pior ainda, tal comportamento dos pais poderia ser a fonte de muito ciúme em relação ao bebê quando este chegasse. Quantas famílias vivem esse círculo vicioso por não saberem nada a respeito disso?

Lei 7 - As pessoas se comportam a partir de sua percepção do mundo, e não do mundo em si

Essa lei se torna muito esclarecedora quando entendemos que a criança vai agir a partir do nível de consciência que ela tem sobre o mundo e sobre as situações, e, assim, nem sempre o que ela percebe e absorve é a realidade em sua totalidade. Aliás, nem sempre o que um adulto entende é a realidade. Ninguém sabe, de fato, como é a realidade. Cada um somente sabe a sua própria percepção da realidade. Certo?

Veja um caso real extraído de um dos meus atendimentos.

Um pai me relatou um fato sobre a própria infância. Quando tinha 4 anos, sua mãe foi ao mercado e não quis levá-lo, deixando-o com a babá. Em sua percepção infantil, aquele ato foi sentido como desamparo e abandono. Então, ele se pôs a chorar estendido no chão da cozinha num desespero que, aos olhos de todos, era uma reação muito desproporcional ao fato. Isso porque ele não reagiu à realidade de a mãe ir ao mercado e deixá-lo com a babá. Reagiu à sua percepção de desamparo e abandono. Isso deixou marcas e insegurança a ponto de me relatar essa memória em detalhes mesmo já sendo adulto e pai (de duas meninas lindas).

Jane Nelsen, autora da Disciplina Positiva, também relata um exemplo da sétima lei em seu livro homônimo quando conta o caso de Seth.[10]

Seth passou o dia com a mãe e os irmãos procurando uma casa nova e reclamou de tédio e calor o tempo todo, insistindo para ir embora. Com o objetivo de continuar a busca no dia seguinte, a mãe deixou Seth em casa com um vizinho, levando só a pequena Maria com ela. Quando a mãe estava saindo, ele disse que queria ir, mas a mãe o lembrou da experiência do dia anterior e tentou convencê-lo a ficar. Ele insistiu, mas a mãe, que já havia combinado tudo com o vizinho, foi firme em sua decisão.

---

10 NELSEN, Jane. *Disciplina positiva*: o guia clássico para pais e professores que desejam ajudar as crianças a desenvolver autodisciplina, responsabilidade, cooperação e habilidades para resolver problemas. Trad. Bernadette Pereira Rodrigues e Samantha Schreier Susyn. Barueri: Manole, 2015.

Quando voltaram para casa, a mãe ficou em choque ao ver que Seth havia, literalmente, esfaqueado o estofado do cadeirão de alimentação de Maria. Pensando na Lei 7, qual terá sido a percepção de mundo de Seth para fazer isso?

Por isso, passe a refletir sobre os comportamentos indesejados da sua criança a partir de agora. Passe pelas peneiras das leis da PNL e descubra muito mais sobre sua criança e sobre o modelo mental dela. E, no processo, descubra muito sobre você também.

Lei 8 - O pensamento, a imaginação e a memória que acontecem na mente humana são formados por unidades das modalidades V.A.C.O.G.

Segundo essa lei da PNL, as atividades de pensar, imaginar e lembrar utilizam unidades de processamento cerebral das modalidades Visuais, Auditivas, Cinestésicas, Olfativas e Gustativas (também abreviadas como V.A.C.O.G.). Essa lei nos explica qual é a matéria-prima do pensamento. Tudo o que está em nossa mente é formado por imagens, sons, sensações, cheiros e gostos. Não há nada além disso. Tente aí criar alguma coisa na sua mente em forma de pensamento que não seja composto por um desses pontos basilares... É impossível!

Os nossos sentidos são as aberturas do nosso corpo para o mundo do lado de fora, são partes formativas de como agimos a partir do interno e reagimos ao externo. É por isso que se diz que as crianças se desenvolvem na relação com o meio em que vivem, a partir da exploração de tudo aquilo que está em seu entorno. À medida que explora, vai alimentando seu cérebro com matéria-prima até chegar à fase em que começa a construir pensamentos. Isso explica por que permitir que a criança explore tudo o que for possível é tão importante. Ajuda a gente a compreender também a importância das atividades sensoriais. Quanto mais apurados os sentidos de nossas crianças, melhores serão seus pensamentos, incluindo a imaginação e a memória. Isso é incrível, não é?

Uma criança que pode brincar com os objetos de casa ou com água, que pode se sujar, pintar, fazer atividades de vida prática – como sugere Montessori – na cozinha, no banheiro, na área de serviço, na varanda, no quintal, livre para explorar e viver, será um indivíduo que pensará com mais facilidade e qualidade. Provavelmente será mais criativo e fluente em suas conexões internas, além de ter mais facilidade de se expressar, melhorando também sua autoestima.

Não se trata apenas de ser uma criança feliz, e sim de ser um ser humano mais potente, apto a usar toda a capacidade que a natureza lhe deu. Assim, é papel dos pais não criar obstáculos para o desenvolvimento dessa criança, criando-a para que *não tenha limites* ao usar seu potencial.[11]

---

11 Por esse motivo, meu primeiro livro ganhou o título de *Crianças sem limites* (Figurati, 2019). Parece óbvio, mas ainda ouvimos muito que as crianças precisam de limites. E eu simplesmente não consigo concordar com essa premissa. Uma educação com limites forma pessoas limitadas – crianças precisam de orientação e saber como se portar, usar as coisas, as regras sociais e dos locais em que convivem; crianças precisam aprender a respeitar o coletivo, a descobrir até onde podem ir sem invadir o espaço físico, sonoro ou emocional do outro. Isso é o mesmo que dizer que crianças precisam de educação, e não de limites.

Se eu uso o termo limite para me referir à orientação e educação das crianças, acabo confundindo as coisas, o que resulta em adultos que limitarão a criança em seu desenvolvimento, expressão, potencial, exploração, realização, autoestima, autoconfiança e aprendizado. O resultado disso? Crianças apáticas e obedientes ao extremo, sem iniciativa, sem vez ou voz. Ou crianças descontroladas que não se submetem a nada nem a ninguém, que desafiam os adultos e os enxergam como inimigos. Um verdadeiro desastre mais comum do que se imagina.

Lei 9 - Memória e imaginação utilizam a mesma circuitaria cerebral e têm o mesmo poder de impacto

Embora possa parecer técnica demais, essa lei é simples em suas aplicações práticas. Esses dois campos do pensamento – memória e imaginação – utilizam os mesmos circuitos neurológicos e, potencialmente, produzem o mesmo poder de impacto, ou seja, ilusão e realidade ficam no mesmo lugar no cérebro. Você já viu uma criança menor de 3 anos confundir algo de um livro ou de um desenho animado com a realidade? Isso acontece exatamente porque ilusão e realidade estimulam a mesma região cerebral. Como a criança bem pequena ainda não tem repertório suficiente de outros dados para distinguir o que é invenção do que é realidade, ela pode fazer a confusão. Entender de cérebro é importante para pais e mães que são programadores de cérebros, porque assim temos a habilitação para compreender e guiar o cérebro de nossas crianças.

Lembro muito bem de uma vez em que estávamos viajando com meu filho, que tinha cerca de 2 anos à época. Ele estava sentado na cadeirinha de segurança no banco de trás do carro. À medida que foi anoitecendo, e passamos por uma daquelas estradas cheias de árvores dos dois lados, ele começou a chorar desesperadamente. A razão? O medo do Lobo Mau. Conforme ouvira na historinha da Chapeuzinho Vermelho na escola, a paisagem parecia uma floresta. E, se estamos na floresta, tem Lobo Mau e ficamos em perigo, segundo sua conclusão para, enfim, chegar ao pânico. Aquela acabou sendo uma viagem tensa e muito cansativa.

Por isso Maria Montessori foi uma pessoa tão incrível, porque há um século, antes de todas essas descobertas das neurociências, já dizia que a criança quer os objetos do mundo real. A *vida* real. Ela anseia por entender e compreender o mundo e a vida exatamente como são. Quanto mais fiel à realidade, melhor é o livro, a história, a conversa e o material da criança na Primeira Infância – de 0 a 6 anos.

> Embora existissem na escola, à disposição das crianças, jogos e brinquedos verdadeiramente esplêndidos, ninguém se interessava por eles, o que me surpreendeu a tal ponto que resolvi intervir pessoalmente e usar os brinquedos com elas, ensinando-lhes a manipulação da louça em miniatura, acendendo o fogão na minúscula cozinha e colocando por perto uma linda boneca. As crianças se interessavam por um momento, mas logo se afastavam e não escolhiam espontaneamente os brinquedos. Então, compreendi que os brinquedos talvez fossem algo inferior para a vida da criança e que esta só recorria a eles na falta de coisa melhor, mas que havia alguma coisa mais elevada que indubitavelmente prevalecia no espírito da criança sobre todas as coisas fúteis.[12]

12 MONTESSORI, Maria. *A criança*. São Paulo: Círculo do Livro, 1980. p. 136.

Outra maneira de entender essa lei é pensando naquele recurso que eu tanto amo e sobre o qual ainda falaremos com mais detalhes em um capítulo posterior: a metáfora. Tomando o exemplo da viagem com o meu filho novamente, se a criança não consegue separar o "Lobo Mau" da realidade, usar as historinhas para exemplificar comportamentos da vida real que desejamos incentivar ou substituir constitui um uso positivo da "fantasia" para essa faixa etária. Ficou famosa uma metáfora que criei para as crianças que resistiam a colocar o cinto de segurança na cadeirinha quando saíamos de carro. Claro! Elas não gostam nada da ideia de ficarem presas e, sem entender o real sentido disso, aquelas que tiverem um temperamento mais ativo vão se contorcer e espernear a cada saída de carro. Então, inventei a historinha a seguir, do sapinho Pula-Pula.

Era uma vez um sapinho que adorava pular e pular. Ele não parava de jeito nenhum. Não queria parar de pular nem quando entrava no carro com os pais para passear. A cada vez que saía de carro, o papai-sapo e a mamãe-sapa conversavam com ele para sentar-se na cadeirinha e colocar o cinto. Ele nunca queria e acabava se sentando contrariado. Um dia ele convenceu o papai-sapo a não colocar o cinto e ir solto dentro do carro. Ele foi pulando pra cá e pra lá, como adorava fazer. Até que, de repente, um caminhão entrou na frente do carro do papai! O papai pisou no freio e tentou parar, mas... não conseguiu evitar e acabou batendo no caminhão. O irmão do Sapinho Pula-Pula, que estava na cadeirinha e com cinto, foi um pouquinho para a frente e voltou. Nada aconteceu. Já o sapinho que estava solto no carro foi jogado longe e acabou se machucando bastante. Ele precisou ir para o hospital para fazer um curativo e tomar os medicamentos necessários. Foi um grande susto. Foi assim que ele entendeu como era importante se sentar na cadeirinha e colocar o cinto todas as vezes que fosse sair de carro.

Essa lei é a base para uma experiência. Topa?

Feche os olhos agora e imagine que está diante de um limão bem verdinho. Imagine-se cortando o limão ao meio e sentindo o cheiro dele. Depois, pegue uma das metades, leve-a até a boca e esprema-a bem forte até o caldo escorrer. Sentiu alguma alteração em sua saliva?

Isso acontece porque imaginação e realidade fazem parte de nosso cérebro. Com base nisso, essa lei permite que usemos a imaginação da criança como um grande recurso para criar a realidade que não se pode obter no momento, por exemplo, quando se está dentro de um ônibus ou avião em uma viagem e a criança quer um sorvete. Você não tem sorvete e sabe que não conseguirá obtê-lo por um bom tempo, mas também tem certeza de que, se disser isso à criança, dependendo da idade dela, poderá provocar um choro que vai tirar a paz dela mesma e de todos os demais em seu entorno, criando uma situação desconfortável.

Em uma situação como essa, utilizando a lei em questão, você pode dizer: "Hum, um sorvete iria mesmo muito bem agora... Imagine só você pegando aquela casquinha, escorregando a pazinha pela massa geladinha e colocando na boca, hum, isso, agora você dá uma lambida e sente o gosto do sorvete bem forte na sua boca... Delicioso, né? Qual é o sabor do seu sorvete?". E aí continua a brincadeira dizendo que quando saírem dali vão procurar um lugar para tomar sorvete.

Lei 10 - Comportamento é resposta de comportamento

Diria que para compreender essa lei é preciso fazer um paralelo com a lei da física de ação e reação, ou seja, cada comportamento do adulto produz outro na criança. Se eu não estou satisfeito com os comportamentos do meu filho, logo a maneira de modificá-lo é mudar o meu comportamento com ele naquela situação. Se eu mudo o estímulo, a resposta também tende a se alterar.

A principal questão em relação ao fato de *comportamento ser resposta de comportamento* é que a maior parte das famílias não está consciente disso. O que acontece é que conseguimos agir como modelo e nos aproximar daquelas crianças com quem nós temos afinidade espontânea, por serem mais tranquilas ou por nossos temperamentos serem complementares. Já com as crianças de temperamento colérico ou com quem não temos uma afinidade espontânea, nosso piloto-automático entra em cena e nos coloca no modo de comportamento de afastamento. Esse modo é amplamente divulgado por nossa cultura como a melhor maneira de educar as crianças, inclusive por muitos profissionais da infância, o que é fruto de uma ignorância gigantesca quanto à vida mental e emocional do ser em crescimento.

Outro ponto a se pensar com essa lei da PNL é que, se comportamento é resposta de comportamento, diante de uma ação indesejada da criança, se você alterar a sua reação, a ação dela será alterada também. Isso nos enche de poder. Percebe? Eu não preciso pensar em mudar o agir da criança (que eu não controlo), e sim em modificar o *meu* reagir (que está mais próximo do meu controle); com isso, a criança mudará o agir-resposta.

E então a proposta aqui é *sempre* desligar o piloto-automático e decidir conscientemente quais comportamentos desejamos ter para conseguirmos os comportamentos-respostas mais apropriados por parte de nossas crianças nas mais variadas situações. E, claro, decidir quais ações estamos oferecendo como modelo para as crianças. Se eu erro o caminho quando estou dirigindo e bato na minha testa me chamando de burra, como a criança vai aprender a lidar com os próprios erros? Se eu saio de uma festa falando mal das pessoas que estavam lá, o que a criança vai absorver?

Faz sentido?

Lei 11 - Deve-se primeiro acompanhar para depois conduzir

Vou começar esmiuçando algumas acepções do dicionário para definir o que é ACOMPANHAR. Na primeira entrada temos que esse verbo significa: "estar ou ficar com ou junto a (alguém), constantemente ou durante um certo tempo". Então esse princípio da PNL está dizendo que para os adultos conseguirem conduzir a criança com harmonia e facilidade é preciso que, primeiro, estejam juntos ao menos durante certo tempo. Isso se conecta à segunda definição de *acompanhar*: "conviver ou compartilhar as mesmas situações com, ou ser companheiro". O que se refere à quantidade e à qualidade do tempo que o adulto passa com a criança, criando um vínculo.

Isso também pode ser entendido como: é muito mais fácil conduzir a criança se você é companheiro dela. Por exemplo, mesmo não sendo muito afeita com as ciências exatas, monto cubo mágico sempre que sou convidada por meu filho. Eu não me interesso nem gosto de cubo mágico, mas me interesso e gosto do meu filho, Petrus, que se interessa e gosta de cubo mágico, entende? Isso é acompanhar. Se você está presente na vida da criança, se compartilha situações e interesses com ela, se você busca a amizade dela, conduzi-la a fazer o que precisa ser feito ficará muito mais fácil.

Chega a ser simples, não é? O papel principal do próprio desenvolvimento é da criança. Ela é a protagonista. Os adultos acompanham, participam e interferem apenas eventualmente. E, fazendo assim, respeitam. Sendo também respeitados e conseguindo conduzir a criança quando necessário.

Essa reflexão também me faz lembrar do seguinte conselho: "pais não devem ser amigos dos filhos". Essa fala é muito difundida em nossa cultura, por pais e profissionais da infância, mas acho uma tristeza pensar assim, e esse princípio da PNL explica bem o porquê. Um amigo é muito mais ouvido, tem suas opiniões muito mais consideradas, tem muito mais influência sobre a criança do que alguém que não é amigo. Alguns professores sabem bem disso e buscam a amizade das crianças para conseguir progresso no trato com elas. Deixo então a reflexão: por que pais e mães não deveriam estreitar vínculos a ponto de serem os melhores amigos de seus filhos?

Seguindo com as definições do dicionário, *acompanhar* é "deslocar-se junto, ou seguir na mesma direção de algo ou alguém". Podemos entender que, antes de desejar que a criança faça o que estamos pedindo, o adulto precisa deslocar-se junto com ela ou seguir na mesma direção que ela, estar na companhia dela, ir atrás dela. Apenas dar comandos e ordens pode não promover os resultados esperados e, ainda, criar comportamentos de reação ou de afastamento.

Na prática isso seria: você precisa sair e quer que uma criança de 2 anos troque a camiseta que está vestindo, mas ela quer continuar a brincar com os carrinhos. Então você brinca com ela por um ou dois minutos (acompanhar) e diz que, quando o carrinho chegar à cama, por exemplo, ele vai abastecer enquanto a criança vai trocar a camisa, e pergunta: "pode ser?" (conduzir). Garantias não existem, mas, fazendo dessa maneira, as chances de a criança aceitar o comando aumentam significativamente, isso é certeza. Eu testei. Esse exemplo é baseado em uma história real.

A propósito, Maria Montessori também nos instruiu a seguir os pequeninos. Ela afirma em um de seus livros, *A criança*, que cada criança tem um professor-interior para cada fase de desenvolvimento, que faz com que ela se interesse por coisas que são exatamente perfeitas para aquele momento.[13] Justamente por existirem essas fases que *acompanhar* também tem a ver com velocidade. Sendo assim, para conseguir o bom comportamento da criança, o adulto precisa respeitar o tempo que ela leva para realizar as tarefas. Uma criança não se troca, toma banho, come, faz os deveres de casa ou entra e sai do carro na mesma velocidade que um adulto faz ou considera suficiente. Ela tende a ser mais lenta, seja por falta de prática e treino, seja porque ainda não é escrava do relógio. Muitas coisas impactam essa velocidade, e o adulto precisa respeitar e ajudar a criança nesse sentido.

Quem nunca se irritou com a demora de uma criança que atire a primeira pedra. Aqui trago novamente Montessori para falar sobre a necessidade do adulto desacelerar diante da chegada de uma criança em sua vida, segundo ela "o ritmo de movimento faz parte do indivíduo, é uma característica inata e não se pode adaptar a ritmos diferentes sem provocar sofrimento".[14] Isso indica que se adaptar não é algo fácil, mas ficar apressando a criança sem respeitar o ritmo próprio da infância, sem começar mais cedo para que ela possa fazer as coisas no tempo dela, sem o cuidado no modo de ajudá-la, torna pouco provável que o adulto consiga conduzi-la.

---

13 "No íntimo de cada criança existe um professor atento que sabe obter os mesmos resultados de cada criança, não importa em que país ela se encontre." *In*: MONTESSORI, Maria. *A mente absorvente*. São Paulo: Círculo do Livro, 1980. p. 13.

14 MONTESSORI, Maria. *A criança*. São Paulo: Círculo do Livro, 1980. p. 101.

Nesse sentido, *acompanhar* é: "ter a mesma tendência, evoluir do mesmo modo e ao mesmo tempo". Que nobreza é ser um adulto que consegue evoluir com sua criança, apenas por respeitar o seu tempo de aprendizagem, de maturação, de desenvolvimento. Por não se preocupar com a sujeira que o ser imaturo e em desenvolvimento faz. Por entender o processo. Por não apontar erros ou os corrigir o tempo inteiro. Por saber que leva tempo e repetição para que o processo de aprendizagem seja completo. O adulto que consegue evoluir suas expectativas com o tempo da criança pode ter muito mais facilidade em conduzir essa criança. É isso o que esse pressuposto nos faz entender.

Ainda sobre isso, *acompanhar* também é "seguir, com voz ou instrumento, a melodia". Seguir a música. Pense que, como a música, a criança precisa de base, de um condutor (seja com voz ou com gestos), mais uma vez de tempo, e de instrumentos que possam ser úteis ao momento dela. Seguir a criança, facilitar o seu trabalho, é tudo o que Montessori sempre propagou.

> Corresponder às necessidades do ser imaturo, adaptando-se a elas e renunciando às próprias necessidades – eis o que deve fazer o adulto. Quando o elefantinho é conduzido pela mãe à manada de adultos, a grande massa dos enormes paquidermes diminui a marcha para acompanhar a andadura do pequenino. Quando este se cansa e para, todos param também.[15]

O que se conecta a outra definição de *acompanhar*: "seguir próximo a (alguém) para dispensar cuidados, servir de guia, protetor ou ajudante, ou como forma de prestar homenagem ou

---

15 *Ibidem*, p. 251.

manifestar respeito". Quando um adulto faz todas essas coisas com uma criança, pode ser fácil e até prazeroso para a criança obedecer, colaborar, seguir, fazer o que ele sugerir.

A próxima definição de acompanhar, "ter o mesmo comportamento ou agir da mesma maneira", dialoga muito com um conceito que será apresentado neste livro, o de modelagem. Mas já fica aqui uma ideia inicial: comporte-se como sua criança, de igual para igual, não com fingimento, mas genuinamente, fale como ela, sem tirar sarro, e sim buscando conexão. Coloque-se na altura dela, entre no mesmo ritmo – se ela estiver agitada, agite-se um pouco também –, mantenha o mesmo tom de voz. Verá como fica mais fácil se fazer ouvir.

Eu que já estava encantada pelo que é *acompanhar*, fiquei ainda mais quando vi a próxima definição: "agir conjuntamente ou em colaboração". Pode parecer semelhante à questão de demonstrar interesse, mas acredito que essa definição é mais prática, já que o convite é para agir junto com a criança, colaborar com ela em alguma atividade dela ou da família ou ainda buscar envolvê-la no que estivermos fazendo. Ao fazer isso, abrimos as portas para que ela possa nos ouvir quando formos falar, pedir, solicitar, convidar, propor alguma coisa.

No sentido de "ser complemento ou acessório, ou prover de algo que serve como complemento ou acessório", acompanhar levanta uma reflexão bacana: não devemos ser nossa criança, nem fazer as coisas por ela, ou tomar o lugar dela, muito menos decidir tudo por ela, ou mandar na vida dela. Sejamos um complemento, aquilo que falta a ela por ser ainda tão pequena e imatura, sejamos aquilo que combina com ela, ou, ainda, providenciemos aquilo de que ela precisa: apoio para alcançar a pia do banheiro ou da cozinha, ajuda para providenciar um utensílio adequado ao tamanho de suas mãos para que possa cortar os legumes e as frutas, entre outras coisas.

Assim, quando pensarmos em *acompanhar* como "estar associado ou relacionado a alguém", saberemos com certeza que adultos e crianças não estão em "lados opostos", outro conceito criado por nossa cultura. Algo que percebemos ao ouvirmos, ou reproduzirmos, falas comuns como: "se não colocar limites, ela vai mandar em você"; "você precisa mostrar a ele quem é que manda!"; "agora o adulto é que tem que dar satisfação pra criança, onde já se viu?". Se nos associarmos às nossas crianças em vez de olharmos para elas como seres que disputam conosco o lugar de liderança, a chance de termos nossas ideias, sugestões e pedidos acatados por elas aumenta muito. É tempo de entendermos isso de uma vez por todas.

Estarmos do mesmo lado é uma questão de harmonia. Novamente trago a música como exemplo, qualquer instrumento fora do tom já causa ruído no som, um incômodo que é bastante similar aos desconfortos que acontecem quando nossa casa é transformada em um campo de batalha. Pensando nisso, tenho algumas perguntas para você pensar:

- Com que frequência você consegue estar de acordo com sua criança?
- Já reparou o quanto combina com ela nas ideias e interesses?
- Seu temperamento é compatível com o da sua criança? Harmoniza-se espontaneamente com o dela?
- Depois do trabalho, quando você chega em casa, isso é motivo de alegria, medo, tristeza, raiva?
- Quanto tempo ficam na alegria e na harmonia até se desarmonizarem?
- Entende suas necessidades, seus desejos, pedidos, choros?
- Quanto tempo passa dando ordens, corrigindo ou apressando sua criança?

Finalmente, *acompanhar* também tem o sentido de "assistir a (sucessão de eventos, episódios, o desenrolar de um fato, história, drama etc.).", e entendemos com isso que o adulto que observa[16] a sua criança em sua vida saberá em que momento ela está, seus interesses, sua faixa de desenvolvimento, seu humor, sua disposição, seus desafios em casa e na escola, suas dificuldades pessoais e com os outros, seu jeito, seus gostos. Esse adulto conhece a criança. E se o adulto conhece é porque presta atenção e compreende com inteligência o que a criança diz e pensa, assim ele tem mais chance de influenciá-la.

Ah, quanta coisa aprendemos com essa lei de ACOMPANHAR e CONDUZIR, hein!? Se esta leitura acabasse aqui, penso que sua vida já teria grandes ganhos. A minha mudou demais só com a aplicação dessa lei. Mas ainda tem muito mais, vamos seguir.

Lei 12 - O óbvio geralmente é o que menos se enxerga

Há um tempo estava conversando sobre um assunto aleatório com meu marido, e ele soltou em um tom de sabichão: "Isso é óbvio, né?". Eu disse a ele que estava me chamando de burra (perdão, perdão, perdão pelo termo chulo!). Ele respondeu: "Claro que não!".

---

16 "O método de observação há de fundamentar-se sobre uma só base: a liberdade de expressão que permite às crianças revelar-nos suas qualidades e necessidades." *In*: MONTESSORI, Maria. *Pedagogia científica*: a descoberta da criança. São Paulo: Flamboyant, 1965. p. 42.

Quero te contar uma coisa que falei para ele naquele dia. Sempre que dizemos "isso é óbvio", mesmo sem nos dar conta, estamos dizendo ao outro que ele é burro! (Perdão de novo!) E essa é a mais pura verdade. Porque se algo é óbvio – fácil de descobrir, ver, entender; que salta à vista; manifesto, claro – e a pessoa não sabia, é porque deve lhe faltar inteligência. Essa é uma fala que fecha a comunicação, cria barreiras, coloca o outro na defensiva e afasta as pessoas. Cuidado!

Dentro de nós, quando acreditamos que uma coisa é óbvia, não precisamos comentar, podemos guardar para nós mesmos. Imagine quantos desencontros poderiam ser evitados se entendêssemos esse simples princípio de que o óbvio precisa ser dito porque, geralmente, é o que menos se enxerga. Além do mais, ainda temos a importante reflexão daquela pergunta provocativa: "óbvio para quem?".

Se tudo o que foi dito aqui sobre o "óbvio" se aplica na relação entre adultos, pense agora na interação adulto-criança. Quantas coisas nos parecem óbvias por já termos informações suficientes e por já termos passado por experiências e processos de aprendizagem que nem nos lembramos mais? Quanto temos feito nossas crianças se sentirem burras pela forma como as tratamos?

Lembro de uma situação vivida com meu filho quando ele tinha uns 3 anos. Depois de abrir o armário da cozinha, ele desatou a chorar porque não encontrou algo que queria comer. Constatei que naquele dia a coisa tinha acabado e me abaixei na altura dele para explicar com calma que não tinha mesmo, mas o choro continuava. Foi quando o peguei no colo e passei a explicar o óbvio: que as coisas não aparecem magicamente no armário da cozinha, que é preciso ir a uma loja, colocar tudo no carrinho, passar no caixa, pagar, trazer para casa e colocar nos armários. Expliquei todo o processo e a criança se acalmou, e foi só porque ouviu o óbvio que ainda – na maturidade dos seus 3 anos – não sabia.

Outra situação em que há um preparo interno e que não percebemos é quando mudamos algo em nossa rotina. Mesmo nas coisas mais simples. Por exemplo, há uma grande diferença entre uma situação de entrar no carro para um trajeto de 30 minutos e se sentar para viajar por 4 horas, certo? Há um preparo interior. Até a maneira como nos acomodamos no assento é diferente. Muitas vezes esquecemos de ajudar a criança nesse preparo óbvio, não avisamos a ela o que vai acontecer nem nos lembramos de explicar a diferença no trajeto. É óbvio que vai demorar para chegar. Mas a criança pode não saber. Ela não tem tantas referências de viagens como nós.

Aliás, o que é demorar? Esse conceito também é óbvio, né? Óbvio para quem? Para uma criança pode ser que nada seja óbvio. É melhor partirmos desse princípio. Melhor repetir o óbvio em forma de combinado do que se frustrar depois.

Agora, se a sua criança tem uma combinação de temperamentos com predominância do temperamento colérico, então existe mais um segredinho: ela tenderá a agir como se tudo fosse mesmo óbvio e poderá achar que está sendo chamada de "burra" se você ficar explicando demais. Quanto desafio! E aí, faz como? Bom, nesse caso – e é o meu caso com meu filho –, eu prefiro usar as *perguntas de confirmação*: "Você se lembra como faz isso? Se precisar posso te explicar". Ou ainda: "Sabe que vamos encontrar Fulano depois da escola hoje, né? Só para ter certeza de que você sabe". E: "Amanhã é aniversário do Ciclano, né? Vamos passar no shopping naquela loja bem legal de brinquedos? Você se lembra para quem será o presente que vamos comprar lá?". A chave é ser sutil. Com inteligência e leveza, ir lembrando, explicando, ensinando, informando à criança daquilo que é (ou nem é tão) óbvio.

Lei 13 - Os seus pontos fortes devem ser enfatizados, e os seus pontos fracos precisam ser treinados

O que acontece quando uma criança vai mal em uma matéria na escola? Na nossa cultura, ela passa por aulas de reforço, pode ficar de recuperação e até chegar a uma reprovação por conta de uma disciplina em que não consiga ir bem. Nesse contexto, onde você acha que fica preso o **foco** dela?

Ela fica com o foco no que **não é** boa, e excelente em reconhecer os seus **pontos fracos**.

Agora mais algumas perguntas:

- O que isso faz com a formação da autoestima da criança?
- O que isso faz com a formação de crenças de identidade e capacidade?
- O que isso faz com o autoconhecimento?
- O que isso faz com o diálogo interno?

Talvez isso explique muito do que sentimos hoje, já adultos. Talvez isso explique a dificuldade em identificarmos nossos pontos fortes, nossos talentos, nossa potência e, especialmente, nosso propósito e nossa missão de vida. Por que será que tantas pessoas têm dificuldade em encontrá-los? Penso que a explicação seja esse foco que a nossa cultura – familiar e escolar – vem reproduzindo por anos e anos no que temos de pior.

É por isso que essa lei vem dizer para fazermos um pouco diferente, questionando: o que você – ou a criança – tem de ponto forte, de talento, de facilidade, de habilidade? Encontrou? Então, isso você enfatiza, realça, faz mais aulas e reforços para ficar cada vez melhor naquilo que é fácil para você. Já os seus pontos fracos você deve treinar para que não te atrapalhem, para que não te limitem. E pronto. Não é preciso dar *toda* a sua energia e atenção para eles. Por favor, não faça isso. Lembre-se de que aquilo em que a gente foca, aumenta! Então coloque seu foco e energia naquilo que você tem de melhor.

Sou da opinião de que deveríamos fazer aulas de reforço naquilo que nos destacamos, e não no que vamos mal. Ou talvez nas duas coisas (né?), um reforço avançado naquilo em que somos potentes e um reforço de treino mínimo naquilo que não somos considerados suficientemente bons.

Isso deixaria a vida mais leve e feliz! Mais prazerosa! Se mais pessoas pensassem assim, elas saberiam mais sobre si mesmas, sobre seus interesses, habilidades, talentos e, claro, sobre sua missão e propósito de vida. Imagina a maravilha que é a sua criança ter a chance de crescer com essa lei ativa na mente dela?

Lei 14 - Você é o que acredita ser

Se você acredita que é inteligente, você ativa seu cérebro para aprender, memorizar, conectar as informações que recebe. Se acredita que é esquecido, você faz o seu cérebro esquecer as coisas, mesmo que isso aconteça de modo inconsciente. Um cérebro sempre obedece cegamente e trabalha para que seu dono tenha razão. Nossas crenças de identidade são os comandos.

Sabendo disso, você precisa compreender que as crenças de identidade que uma criança vai formando sobre si estão íntima e diretamente ligadas às crenças que os adultos ao redor têm sobre ela. A criança aprende a se enxergar da mesma maneira como os adultos a veem. Assim, precisamos ter cuidado com as projeções que fazemos em nossas crianças, as comparações que estabelecemos entre uma criança e outra, os rótulos que emplacamos, os diagnósticos e as palavras que escolhemos usar com, sobre e para cada criança da nossa vida. Isso é muito mais sério do que podemos imaginar.

Somos o que acreditamos ser porque somos potentes para promover mudanças. Podemos transformar uma crença de identidade para nos tornar aquilo que queremos. Quando escutei de uma mãe num parquinho: "Nossa, como você é paciente com o seu filho...", fiquei chocada! Eu cheguei a virar para os lados para ter certeza de que ela estava mesmo falando comigo. Nunca imaginei ouvir um terceiro se referir a mim como "paciente". Logo eu, que tinha a crença de ser intolerante e impaciente (cresci dizendo que não tinha paciência para nada). Ao tomar consciência desse processo, percebi o que estava fazendo comigo, com meu marido e com meu filho e comecei a dizer que estava aprendendo a ter paciência, que estava me trabalhando para ser paciente e que eu tinha paciência com meu filho. E isso foi resultado de um longo processo. Por isso "você é o que acredita ser" faz tanto sentido para mim, porque é o caminho para a mudança que desejamos em nós. Mudamos as crenças e transformamos quem somos.

Algumas pessoas usam as informações de autoconhecimento, por exemplo, os temperamentos para justificar seus maus comportamentos. "Eu sou colérica! Não tenho paciência mesmo!" Também já vi isso acontecer com pais falando sobre os filhos: "Ela é expansiva e fala alto porque é sanguínea, eu não posso cobrar que ela seja diferente!". Nos dois exemplos, a questão é: ganhar paciência e aprender a falar na quantidade e no tom adequados são os objetivos de desenvolvimento dos respectivos temperamentos, colérico e sanguíneo. Reconhecer os pontos a serem melhorados é exatamente o caminho para a evolução. Descobrir nossa combinação de temperamentos é acessar o mapa para definir o processo de aperfeiçoamento do ser humano que desejamos nos tornar e o da criança que a vida confiou ao nosso cuidado. Usar as descobertas sobre si para justificar comportamentos que nos dão resultados negativos é como pegar o mapa para evidenciar o quanto o caminho está errado e continuar dirigindo sem ajustar o rumo para o destino desejado.

Lei 15 - Os outros só fazem aquilo que você permite que façam

Essa é uma verdade verdadeira. Daquelas mais fáceis de entender do que viver. Isso porque muitas vezes essa "permissão" que damos aos outros de fazerem conosco coisas que não apreciamos, desejamos ou aprovamos acontece de maneira completamente inconsciente. Aliás, em muitos casos, a pessoa chega a verbalizar que não permite ou aceita um tipo de comportamento e, ainda assim, permite que o outro faça aquilo com ela.

É complexo, eu sei. Mas, para algumas pessoas entenderem, elas precisam saber que estamos falando sério e, para que isso fique claro, não basta só falar, é preciso falar num tom congruente e, ainda, agir de maneira assertiva sobre a questão. Dizer a alguém que não tolerará o desrespeito, mas não fazer o movimento para realmente sair da relação caso o desrespeito se repita, é o mesmo que dizer que aceita o desrespeito, entende? Às vezes o "não permitir" significa sair da relação ou tomar distância física e não fazer isso significa permitir.

Isso envolve riscos e não é nada simples. A autoestima deve estar em dia para termos essa postura tão firme. Em alguns casos, esse posicionamento é o suficiente; em outros, uma separação definitiva precisa acontecer. É verdade que não é nada simples. Mas é assim que funciona.

Quantas pessoas você conhece que vivem passando de novo e de novo pelas mesmas situações? Trocam de parceiros, de chefes, de casas e os problemas se repetem. Isso tem explicação emocional, já que a estrutura que aceita abuso é forjada na infância. Geralmente, essa estrutura está relacionada à maneira como a criança era tratada por seus pais. Saber disso pode nos dar muita consciência para que possamos realmente escolher como desejamos fazer e falar com nossas crianças a partir de agora.

Se o parceiro, o pai, a mãe, o chefe, o vizinho, a amiga ou quem quer que seja está fazendo repetidamente algo conosco que não desejamos, é porque estamos permitindo isso de alguma forma. Se considerarmos o nível energético e espiritual, então, aí sim, podemos constatar que, além de permitir, pode ser que estejamos atraindo aquele tipo de comportamento indesejado para nossas vidas. Por isso expandir a consciência sobre a parte mais sutil da vida e das relações – sobre o invisível, sobre o abstrato – é tão importante.

Deixo então esse convite da vida para aprendermos sobre áreas que precisamos desenvolver e aprimorar em nós. Nada é por acaso e, uma vez aprendidas as lições daquela situação, elas não mais se repetirão para nós.

Lei 16 - Felicidade e competência são atributos de sua inteira responsabilidade, começam e terminam dentro de você

Essa lei envolve muitos níveis de compreensão e eu ainda me vejo avançando por eles a cada dia. "É a gente que cuida da gente", já dizia minha mãe. A responsabilidade sobre a nossa própria felicidade é apenas nossa. Eu devo me fazer/dar/proporcionar o que eu quero/desejo/preciso para me sentir feliz. Precisamos entender isso para não esperar que o outro descubra sozinho, porque é uma dupla sacanagem: é uma cilada para o outro, que pode nunca acertar o que queremos, e uma enorme chance de frustração para nós mesmos.

Nunca manifestar o que deseja e esperar flores, uma joia ou uma festa-surpresa que não acontece podem ser exemplos simples de não viver essa lei da PNL. Precisamos dar um jeito de ir em busca do que desejamos e de fazer o outro saber o que queremos dele.

Há um jeito mais profundo de olhar para isso, quando pensamos em algo que viria antes de comunicar o que desejamos ao outro. A reflexão fundamental passa por: "se somos responsáveis por nossa felicidade, então para alcançá-la precisamos primeiro saber o que nos faz feliz. Você sabe do que precisa para ser feliz?". Muita gente não tem clareza nessa resposta. Tenho uma querida professora de PNL, Luiza Lopes, que afirma que a PNL deveria mesmo se chamar RNL, ou seja, Reprogramação Neurolinguística, porque o que mais fazemos ao tomar consciência disso tudo é usar as ferramentas da PNL para nos reprogramar. A primeira programação foi feita em nós por nossos pais sem nem saberem que estavam nesse processo. Penso que descobrir o que de fato nos faz feliz pode ser um dos principais objetivos dos processos de autoconhecimento. A PNL me ajuda muito nessa jornada de busca da felicidade, e posso afirmar, sem sombra de dúvidas, que aumentei significativamente o leque de coisas que me fazem feliz, assim como diminuí o cardápio de coisas/pessoas que me fazem infeliz através dos conhecimentos da PNL.

Essa lei também vale para a competência. Sabe aquela coisa de dizer: "eu só não faço isso porque não aprendi". Sermos responsáveis por nossas ações nos lembra de que está nas nossas mãos aprimorar aquilo em que desejamos ter melhor desempenho. Já cansei de ouvir: "a empresa em que eu trabalho não ajuda a pagar cursos por isso não consigo estudar". Bem, levando em conta que felicidade e competência são responsabilidades nossas, se a empresa oferecer alguma ajuda, maravilhoso, se não der... o que faremos? Ficaremos reféns? Para sempre esperando? Que tragédia!

Pior ainda aqueles que pensam que é melhor não aprenderem algo, pois, se souberem, terão de fazer alguma coisa a respeito, a galera que afirma que a "ignorância é uma bênção". Quanta tristeza pensar assim! Raciocínio que nos impede de crescer e evoluir. Que faz com que a gente comemore um caminho equivocado por não sabermos que estamos errando. Uma verdadeira desgraça.

Precisamos também parar com as desculpas verdadeiras, aquelas coisas que podem até ser verdade, mas que continuam sendo desculpas – justificativas – para seguirmos do mesmo tamanho na nossa (desconfortável, mas já conhecida) zona de conforto.

Bora se responsabilizar! Bora ser feliz!

Lei 17 - Se você acredita que é capaz de fazer alguma coisa ou que não é capaz, em qualquer caso você está certo

Ah, as crenças... Já falamos um pouco e vamos ainda falar bastante sobre elas. As crenças são como filtros cerebrais que ativam ou desativam as habilidades e capacidades; que aumentam ou diminuem as chances de acerto e sucesso; que convocam todos os recursos internos (ou não) para conseguirmos alcançar um objetivo.

Uma boa maneira de compreender o funcionamento das crenças em nosso sistema interno é a situação que eu vivi em meu primeiro emprego de carteira assinada: eu trabalhava num *call center* fazendo venda de cursos para empresas italianas. Quando saía o plano de metas do mês, eu decidia se me esforçaria ou não para alcançar o alvo. Se a meta proposta fosse dentro do que eu ACREDITAVA ser possível, eu me esforçava o máximo que podia para conseguir bater a meta. Já se a proposta me fizesse ter a CRENÇA DE QUE ERA IMPOSSÍVEL alcançar aquele número, então eu nem tentava muito. É isso que a crença faz: ela ativa ou desativa o esforço e os recursos internos. A diferença é que no meu processo isso se dava num nível consciente, e, muitas vezes, a crença (limitante) atua em níveis inconscientes sem que nos demos conta dessa autossabotagem.

Lei 18 - Você aprende através dos seus "erros" - o sucesso apenas confirma o que já sabe: se você está acertando muito, cuidado, deve estar aprendendo pouco

Na primeira vez em que ouvi essa máxima na aula de PNL tomei um grande susto! Programada para ser perfeitinha, eu realmente não me dou muitas chances para errar, mas... Eu valorizo demais o aprender. Então pensar que, quando estou acertando muito, devo estar aprendendo pouco deu um nó na minha cuca. Me fez refletir sobre como aprendemos a encarar o erro em nossa cultura.

Na verdade, a grande diferença das pessoas de muito sucesso é exatamente sua capacidade de lidar com os erros. Essa é a chave para qualquer possibilidade de sucesso. Quando você acerta, pouco aprende. Quando erra, se conseguir sair da culpa, pode aprender muito. É necessário desenvolver a inteligência do pensar para conseguir sair da culpa e encarar o erro como um grande professor. Essa análise te ajuda a perceber se o que fez, falou, sentiu ou esperou do outro foi demais ou de menos.

Na verdade, a grande diferença das pessoas de muito sucesso é exatamente sua capacidade de lidar com os erros. Essa é a chave para qualquer possibilidade de sucesso.

Lei 19 - O cérebro aprende por repetição

"Nós já conversamos sobre isso!" Ouço tantos pais dizerem isso aos filhos que é como se apenas uma conversa sobre cada coisa fosse resolver a vida toda. Ah, se fosse fácil assim... Não é! Não vou nem me alongar falando sobre aqueles que surgem, todos os dias, nas minhas redes sociais pedindo uma "dica" para resolver questões complexas. Digo e repito: problemas complexos exigem soluções complexas.

Vamos entender essa lei que fala de repetição. Até porque, quando estamos diante de um aprendizado novo, passamos por quatro estágios. Iniciamos o processo de absorção do novo conhecimento no primeiro estágio, chamado de "Incompetência Inconsciente ou Ignorância Inconsciente". É o ponto em que eu ainda "nem sei que não sei" sobre determinada questão, porque eu *nem sei* que a questão existe. Exemplo: pessoas que não conhecem nada sobre a vida emocional infantil geralmente acham que todo cuidado com o sentir da criança é "mimimi". Ou seja, elas não estão nem conscientes da própria ignorância, pois não sabem o tanto de coisas que existem sobre esse assunto.

Uma vez que algo novo capta a nossa atenção e nos toca de alguma maneira – já que para aprendermos é preciso que a coisa faça algum sentido –, começamos a adentrar aquele novo universo. Pensando na vida emocional da criança, por exemplo, temos: tipos de temperamento, inteligências, casas emocionais e tantas coisas mais. Nesse segundo estágio, chamado de "Incompetência Consciente ou Ignorância Consciente", nos damos conta do quanto não sabemos sobre determinado assunto, é o "agora *sei* que *não sei*".

Caso comecemos a estudar o assunto, nos aprofundando sobre a questão, entramos na fase da "Competência Consciente". E nessa precisamos estar atentos e pensar ativamente para aplicar os novos conceitos. Se descuidamos um pouquinho, voltamos ao piloto-automático do comportamento que vigorava anteriormente, mas agora com uma dose de culpa, porque erramos sabendo onde e como erramos. É por isso que essa fase tem esse nome: a competência só aparece se estivermos conscientes.

Com paciência, persistência e a tal da "repetição", podemos alcançar o estágio da "Competência Inconsciente", quando já criamos uma rede neural forte o suficiente para a ação que o conteúdo novo aprendido passe a ser a primeira opção de comportamento diante de determinada situação. Ou seja, passamos a funcionar considerando as informações sobre a vida emocional da criança consistentemente. Esse passa a ser nosso novo modo de funcionar. Nem precisamos mais ficar parando para pensar. Considerar as informações sobre a vida emocional da criança já virou o nosso modo padrão de reagir.

Lei 20 - O mapa não é território

Essa lei, que trata sobre modelo mental, nos convida a perceber que, na verdade, todas as pessoas têm em mente uma representação da realidade. Assim como um mapa é uma representação do território real (você não anda sobre o mapa, certo?), a nossa visão de mundo é o nosso mapa. Entendemos as coisas e os acontecimentos a partir da nossa perspectiva mental e interagimos no mundo real.

Isso nos dá a chance de questionar a nossa própria mente. O mapa pode estar equivocado ou desatualizado, não é? Parar para questionar as crenças e as certezas do nosso mapa, compreender o mapa do outro e saber que existem mapas específicos com focos diferentes (assim como os mapas climáticos, de vegetação, hídricos) pode ampliar muito a nossa capacidade de compreender a gente mesmo, os outros e, também, a proposição da nossa comunicação.

Se a criança contorce o corpo quando vamos colocá-la na cadeirinha do carro e ficamos irritados pela pressa e pela segurança que está em jogo (pelo nosso ponto de vista), poderíamos pensar: a partir do mapa da criança, o que significa essa resistência? O que ela está expressando? É uma lei que nos leva a ter empatia de verdade, pois só compreendendo o mapa da criança conseguimos falar a língua dela e usar argumentos que façam sentido para ela.

capítulo 3

O PODER PARA SER FELIZ NA VIDA COM CRIANÇAS

Trabalhava numa multinacional no setor de treinamentos e estava envolvida em um projeto de transferência de um *call center* de Dublin para São Paulo. Eu era responsável por treinar a equipe que atenderia os clientes italianos e estava muito animada com o desafio. Estava acostumada a performar bem; solucionava tudo que chegava até mim e apresentava um bom resultado. Adorava desafios porque tinha certeza de que conseguiria superá-los e, eventualmente, até impressionar as pessoas com o meu desempenho. Eu adorava tudo isso, me sentia poderosa!

Mas mal sabia eu que a vida tinha outros planos para mim. Tinha acabado de ser contratada para essa posição promissora nesse projeto e me descobri grávida! Eu até tinha desejado, mas, assim que assumi a nova posição, voltei a tomar o anticoncepcional. Não valeu de nada, pois o menininho já estava ali! Chegou mostrando que eu, definitivamente, não controlava tudo em minha vida.

Passado o baque inicial, tendo digerido a ideia de que não mandariam uma gestante para Dublin várias vezes até o fim do projeto, e agradecendo por não ser demitida da melhor oportunidade profissional que havia tido até aquele momento, decidi que ficaria os quatro meses de licença-maternidade mais um mês de férias com o bebê e, então, encontraria uma boa creche e voltaria a me dedicar à carreira. Seria apenas uma pequena pausa. Logo tudo voltaria a ser como sempre foi.

[Só que não!]

Aquele pacotinho de pouco mais de três quilos não parava de chorar. Não ficava bem mesmo com todas as minhas tentativas de estabilizá-lo. Apresentou uma imaturidade do sistema gastrointestinal, refluxo intenso, dificuldade de evacuar, muita dificuldade de dormir e, quando eu ainda insistia em fazer uma adaptação na creche (louca para voltar a trabalhar), vieram os problemas respiratórios e uma intolerância ao leite não diagnosticada na ocasião. Aquela pessoa acostumada a dar resultado, a ser aplaudida e a adorar desafios agora se sentia fraca, incompetente e impotente: eu não conseguia fazer *meu* filho ficar bem. Essa é uma sensação avassaladora que só quem passou pode ter ideia de como é. Eu estava ali, diante do ser mais precioso do mundo, que dependia de mim para absolutamente tudo, e ele não estava bem. Supostamente, eu é quem deveria conseguir fazê-lo ficar bem, mas... Eu não conseguia. Mais do que isso: eu não me reconhecia ao não conseguir. Não me sentia eu mesma. "Não nasci para ser mãe!" ou "Meu Deus, por que eu fui fazer isso com a minha vida?" ou "Que pena desse bebê, eu não estou fazendo bem a ele. Sou uma péssima mãe!" eram os pensamentos que passavam pela minha cabeça.

E esse foi o meu primeiro fundo de poço como mãe.

Descobri que para alguém conseguir ser melhor como mãe ou pai precisa se tornar melhor como pessoa. É preciso evoluir como ser humano para conseguir melhorar no papel de mãe e pai, entende? Meu filho precisava de disponibilidade emocional materna, e eu não fazia a menor ideia do que isso se tratava. Ele precisava de um ritmo lento e de uma pessoa que se mantivesse no "aqui e agora". Ele precisava de um *ser-humano*. E eu havia sido programada pelo mercado profissional para estar sempre à frente, a ser proativa e antecipar situações. Tinha me tornado um *fazer-humano*. Aquele perfil que eu havia desenvolvido e que era perfeito para ser uma profissional competente e empoderada não me ajudava em nada no ser mãe. Pelo contrário. Eu me sentia a pior mãe do mundo.

Corta para hoje. Quando olho agora para a vida que criei com meu filho e meu marido, sinto uma gigantesca gratidão. E, certamente, não sou a única a conseguir bons resultados em família e na vida como um todo. Muitas pessoas conseguem assumir o controle de suas vidas e se tornam protagonistas das próprias histórias – não se contentam em ser espectadoras reclamando do próprio enredo como muitos fazem.

Consegui sair do ciclo de prisão em pensamentos como:

"Não sei por que isso está acontecendo comigo..."

"Não sei por que fui ter um filho assim?"

"Por que meu filho não é como o de Fulana?" (Sim, vários filhos daqueles que tiveram filhos na mesma época que eu dormiam e não choravam tanto quanto o meu, e eles tinham vida após a maternidade/paternidade.)

"Por que meu parceiro não concorda comigo na forma de educar?"

"Por que é tão difícil ter uma rede de apoio?"

"O mundo não é justo com as mães..."

Quer saber como fiz para sair disso? Quer descobrir qual é o segredo para viver feliz com nossas crianças?

Usando o poder.

Poder é uma palavra que desperta emoções muito diferentes nas pessoas. E pouca gente liga o sucesso na vida com crianças a ela. Para algumas pessoas, aliás, unir *poder* ao sucesso da vida com crianças pode até parecer negativo. Pensando na vivência com crianças, proponha-se os seguintes questionamentos:

Quanto poder você quer em sua vida?

Quanto poder você acha que é certo usar?

O que o poder significa realmente para você?

É importante deixar claro que não estou falando de poder em termos de dominação e controle das crianças. Não, não penso em poder como algo a ser imposto. Isso porque uma imposição é algo autoritário, de cima para baixo, que tem como base o medo, a vergonha, a humilhação, a opressão. Essa forma de poder raramente é sustentável. Geralmente tem prazo de validade, por exemplo, com a famosa fala "Enquanto você morar nesta casa e eu pagar as suas contas, sou eu quem mando!", e provoca distanciamento entre os envolvidos. Na verdade, nos dias de hoje, em que as crianças podem ganhar dinheiro gravando suas telas enquanto jogam algum game do momento e compartilham no YouTube, acho que isso nem é mais uma forma de poder.

Para o adulto que convive com crianças, poder é decidir como será sua vida com elas e conseguir identificar as necessidades humanas – tanto as suas quanto as de suas crianças – e resolvê-las. Você não se sentiria realmente uma pessoa poderosa se conseguisse entender e atender às próprias necessidades e às da sua criança?

Poder para mães e pais também é conseguir ser dono de si, ou seja, conseguir tomar as melhores decisões sobre o próprio pensamento e comportamento, como aqueles que se repetiam em minha mente no meu puerpério.

Em nossa história, o poder se manifestou de diferentes maneiras. Nos tempos primitivos, era uma questão de fisiologia: o mais forte e o mais rápido assumiam a liderança sobre os demais. Com o desenvolvimento da civilização, o poder passou a ser herdado. O rei governando com autoridade inquestionável e os outros tentando conseguir algum poder por sua proximidade com ele. Na Era Industrial, poder passou a ser o capital, pois quem tinha dinheiro dominava o processo.

Todas essas formas de poder ainda são válidas: é mais interessante ter capital do que não ter, é mais desejável ter força física do que não ter. Mas é questionável acreditar que esses modelos possam ser uma base saudável para o exercício do poder na interação adulto-criança.

Hoje em dia, na Era da Informação, uma das maiores fontes de poder é o conhecimento especializado. Em se tratando de adultos que convivem com crianças, há aqueles que dispõem de informação e os que atuam na ignorância, seguindo modelos antigos com base na violência, na agressão e nas ameaças, que, embora possam levar a um bom comportamento em alguns casos, por provocarem medo, são ações comprovadamente ligadas a marcas físicas e emocionais que cobram seu preço: distúrbios como depressão, ansiedade, insônia, questões alimentares, abuso de drogas, ausência de sensibilidade, desumanização e problemas nos vínculos culminando em bullying, relações abusivas e tóxicas.

E sabe o que mais impressiona?

No início da Revolução Industrial, por exemplo, se você não pertencesse à realeza, não seria fácil ascender a ela caso não tivesse muito dinheiro. Atualmente, porém, qualquer pessoa pode ter acesso a esse tipo de conhecimento sobre a maneira ideal de lidar com os filhos.

Aqueles adultos com acesso a certos conhecimentos especializados sobre o cérebro e o desenvolvimento das crianças podem se transformar e, de muitas maneiras, mudar também a qualidade de vida de suas crianças, criando um impacto positivo no mundo. Através daquele primeiro fundo do poço entendi que, se precisamos de uma habilitação para conduzir veículos, por que achamos que podemos conduzir vidas sem o menor preparo? Também é preciso estudar para ser pai e mãe. Se temos aos nossos cuidados cérebros imaturos precisando ser guiados para a felicidade e a realização de obras úteis e que contribuam com a sociedade, necessitamos de uma neuro-habilitação a fim de entender esses cérebros em formação. Muitos acidentes emocionais vêm sendo causados por não conhecermos os “sinais de trânsito” da mente infantil.

Se a informação está à disposição de todos, por que alguns adultos conseguem resultados tão favoráveis na relação adulto-criança e outros não? Tem gente que sempre fala "ah, isso eu já sei!", mas ainda assim não colhe bons frutos com seus filhos. A questão é que saber pode não ser suficiente, é preciso agir. Todo grande sucesso na interação adulto-criança está relacionado à ação ou à observação. É a prática do conhecimento – a ação propositiva – que produz resultados. Você já ouviu aquela máxima de Lao Tsé que diz: "Saber e não fazer é ainda não saber"? O conhecimento é somente um **poder potencial**, até que ele chegue a alguém que saiba como transformá-lo em ação efetiva. Na verdade, sob esse ponto de vista, a melhor definição para a palavra *poder* dos adultos é a habilidade de agir de maneira assertiva com as crianças.

E no agir devemos considerar duas dimensões: é preciso saber O QUE FAZER e COMO FAZER.

capítulo 4

JÁ TENTEI DE TUDO: QUANTAS OPÇÕES EXISTEM NO SEU CARDÁPIO DE COMPORTAMENTOS?

Petrus tinha por volta de 1 ano. Estávamos na rua entrando em nosso prédio, acompanhados por meu pai. O pequeno foi atraído por alguma coisa e saiu correndo em direção à rua. Aquele frio na espinha de pensar no pior que poderia acontecer, um grito do marido, uma corrida até alcançar o menino, pegar no colo e *pá*! Uma palmada! (A única da vida, graças a Deus!) Mais um ato--reflexo do que qualquer outra coisa. Um desejo de aliviar o medo e não sentir aquilo de novo, uma intenção de mostrar à criança que não se podia fazer aquilo, uma necessidade de mostrar aos outros adultos presentes que estava tomando uma atitude diante da situação de risco.

Você já parou pra pensar sobre:

Por que fazemos o que fazemos com as crianças?
Quem nos ensinou a nos comportar dessa maneira?
O que os nossos comportamentos provocam nas crianças?
Estamos mesmo escolhendo nossos comportamentos ou estamos funcionando no piloto-automático cultural-familiar-social?

Como vimos na Lei 10 da PNL, se a criança apresenta algum "mau comportamento", devemos alterar o nosso comportamento até que a resposta comportamental da criança mude para uma opção aceitável.

O problema é que nosso "cardápio de comportamentos" costuma ser muito restrito. Você não tem ideia do número de vezes que escuto: "já tentei de tudo e não consigo mudar esse comportamento da minha criança". Costumo brincar dizendo: "tudo é muita coisa!". E quando questiono: "Tudo? Me conta o que você já tentou...". A pessoa volta com duas ou três ações – geralmente punitivas – que não deram o resultado desejado. Isso é tudo? Pode até ser tudo o que você conhece de opções, mas está longe de ser tudo o que existe.

Aceite o convite para pensar comigo sobre nossa maneira de agir, sobre o que fazemos e sobre como fazemos as coisas com as crianças. Nosso olhar foi respeitoso ou acusador? Por que a criança está evitando nos encarar? Nosso riso foi **com a** criança ou foi um riso **da** criança? Ou foi uma risada que incentivou um comportamento que, na verdade, não queríamos que se repetisse? Pegamos a criança no colo por carinho e acolhimento ou apenas para conseguir que ela fosse rapidamente para onde desejávamos?

Outro dia em atendimento, uma mãe me apresentou uma situação clássica: disse que fazer combinados não funcionava com a criança dela. Quando pedi mais detalhes e me coloquei no lugar da criança pedindo que fizesse comigo o combinado exatamente como fazia com o filho, ficou claro que a mudança não fora suficiente e que aquilo que a mãe fazia era uma ordem disfarçada de combinado. Sim. Ela apenas mudou o nome de ordem para combinado. Também existem muitos pais que castigam e mudam o nome para consequência. Estamos confundindo os termos e dificultando os processos. Não adianta chamar de outra coisa e continuar fazendo as mesmas ações do passado. Isso não é muito inteligente.

Comece a olhar para as situações difíceis com a criança com foco em seu comportamento de adulto:

- Identifique o que você está fazendo.
- Verifique se consegue encontrar outras opções diferentes de comportamento no seu cardápio para lidar com os desafios de outras maneiras.
- Observe as mudanças nas respostas da criança aos seus novos comportamentos.
- Continue usando os comportamentos mais eficazes em cada situação e testando novas opções.

Mas como decidimos o que faremos com as crianças? E como escolhemos efetivamente a maneira de nos comportarmos com elas? Isso é o que entenderemos no próximo capítulo.

capítulo 5

COMUNICAÇÃO QUE FUNCIONA: QUATRO PASSOS PARA CONSEGUIR TUDO COM AS CRIANÇAS

Lembro-me de uma aluna dos meus cursos que tinha uma reclamação importante vinda da escola do filho de 5 anos: ele costumava escalar as grades da quadra esportiva, subir em árvores, dar saltos mortais, deixando todos preocupados, sobretudo porque ele subia várias vezes nos alambrados e palmeiras, de uma altura significativa, e não queria descer. E essas cenas eram frequentes, inclusive fora do ambiente escolar. "Já tentei de tudo pra fazê-lo parar de subir nos lugares altos, mas nada funcionou. O que eu faço, Isa?"

Perceba que essa mãe observava aquele fato como um problema. Possivelmente, ela dizia a si mesma algo do tipo: "Meu filho é terrível! Preciso dar um jeito de fazer com que ele pare de subir em lugares altos ou vai acabar se machucando. Ou a escola não vai mais querer que ele estude lá. Preciso resolver este problema".

Ela veio me procurar para que eu a ensinasse uma maneira eficaz de falar com sua criança a fim de fazê-la parar de subir nas coisas. Mas meu direcionamento foi diferente. Mostrei que ela estava vendo aquilo como um problema, mas que a habilidade de seu filho aos 5 anos era notável e rara. Talvez aquele fosse um dom a ser valorizado, e não um problema para solucionar. Pedi a ela que passasse a dizer a si mesma: "Meu filho é diferenciado! Ele tem um dom. Veio com uma inteligência corporal-cinestésica que o destaca da maioria das crianças. Ele merece ter a oportunidade de desenvolver isso!".

Ela ficou pensativa como que atualizando o próprio diálogo interno e se despediu prometendo avaliar minha sugestão de matricular o menino na ginástica olímpica, atividade a partir da qual ele aprenderia a subir, descer, saltar e até a cair sem se machucar, além de ter um local apropriado para direcionar sua energia vital, onde poderia ser valorizado, e não criticado, pelo que o diferenciava dos demais.

A qualidade da sua vida com crianças é diretamente proporcional à qualidade da sua comunicação consigo e com elas. Seja o que pensamos e falamos, seja como nós nos movemos e usamos os músculos e as expressões faciais, tudo será determinado pelo modo como nós nos comunicamos.

Com frequência, ao vermos pessoas muito bem-sucedidas com suas crianças, acabamos por acreditar que elas têm algum dom especial, ou que são sempre profissionais da área da educação. No entanto, se fizermos uma observação mais detalhada, perceberemos que existem profissionais da educação que enfrentam muitas dificuldades com suas crianças e pessoas que não são da área da educação e que conseguem resultados poderosos com os filhos. O que traz os bons resultados aos pais e mães de sucesso é a sua busca por informações e sua habilidade de agir assertivamente. Esse é um "dom" que qualquer mãe e pai pode desenvolver.

Para que consiga entender melhor sobre isso que estou me referindo aqui, quero apresentar cinco considerações a respeito do conceito de comunicação.

1. Todos nós produzimos dois tipos de comunicação: a interna e a externa. A comunicação interna é aquela que temos com a gente mesmo e se qualifica por: coisas que imaginamos, pensamos e sentimos dentro de nós mesmos. E a externa é dada por: falas, tons de voz, expressões faciais, posturas corporais e ações físicas que usamos enquanto nos comunicamos com outras pessoas. E ambas estão totalmente conectadas entre si – o que digo a mim mesmo, por exemplo, surtirá efeito no que eu falo e na maneira como eu falo com a criança.
2. Toda comunicação que produzimos com as pessoas, principalmente com as crianças, produz algum efeito

em nós e nelas. A comunicação é capaz de alterar a química corporal: podemos ser inundados por hormônios do estresse e entrar numa configuração cerebral de lutar/fugir ou nos encher de hormônios do prazer e da felicidade e nos mostrarmos abertos e colaborativos de acordo com a maneira como falamos com a criança.

3. Todo comportamento e sentimento em adultos e crianças parte de alguma forma de comunicação; se mudar a comunicação, podem mudar o comportamento e o sentimento.
4. Seu nível de inteligência da comunicação que exerce com seus filhos determinará seu nível de sucesso na vida com eles.
5. O nível de sucesso que você experimenta internamente – felicidade, alegria, amor – é o resultado direto de como você se comunica consigo mesmo. Como você se sente não é o resultado do que a criança faz ou de como se comporta. É, sim, resultado da sua interpretação sobre o que ela está fazendo. A qualidade de nossas vidas com crianças não é determinada pelo modo como estão se comportando, mas pelo que falamos a nós mesmos sobre isso.

É você quem decide como se sente ou age, com base nas maneiras que escolheu para descrever para você mesmo sua criança e os comportamentos dela. Nenhuma ação da criança tem qualquer significado em si, exceto aquele que nós atribuímos a ele. E é por isso que precisamos desligar o piloto-automático. A maioria de nós já tem esse processo de diálogo interno de interpretação sobre o comportamento da criança de modo irrefletido, definido pela cultura que vigora em nossa sociedade, mas podemos mudar esse cenário e, também, nossa experiência de vida com as crianças.

Frequentemente, nós pensamos em nossos estados mentais e no que acontece em nossas mentes como algo que está fora do nosso controle, contudo podemos controlar nossas atividades mentais e comportamento muito mais do que imaginamos. Ambos, estar chateado ou satisfeito com seu filho, são comportamentos por você produzidos e que passam pelo diálogo interno.

É importante estabelecer que não se "pega" emoções, como a raiva, a tristeza, a culpa, a frustração, a irritação etc. E não é a criança que faz essas emoções chegarem em você, apesar de ser comum ouvir por aí: "Meu filho me tira do sério!", "Meu filho me deixa doida!", "Minha filha me irrita!". Não. Isso, na verdade, é impossível! *Você* cria cada experiência interna, assim como cria qualquer outro resultado em sua vida, através de ações específicas mentais e físicas.

Calma que eu explico.

É preciso esforço para criar a irritação, um trabalho pesado e complexo, que requer um conjunto específico de ações e comunicações internas e externas. Veja, você tem que pensar na sua criança e no comportamento dela de maneira específica. Tem que falar certas coisas para si mesmo, em tons de voz exatos. Tem que assumir uma postura específica e respirar de determinada maneira. Parecem muitos passos e realmente são. Porém, algumas pessoas já criaram esse estado tantas vezes desde a própria infância, que, para elas, é fácil repeti-lo. A isso chamamos de *casa emocional* – um tipo de emoção para a qual voltamos com muita frequência sem nem termos consciência disso.

Algumas pessoas passam tanto tempo em suas casas emocionais que começam a acreditar, ou melhor, a comunicar para si mesmas que esse é o seu estado natural de viver. Pensam e verbalizam que são daquela maneira: "Sou medrosa mesmo", "Sempre fui ansioso assim, desde pequeno", "Não tem o que fazer, sou nervosa. Nasci assim", "Desde que me conheço por gente eu sou chorona". Mesmo que nem se deem conta do trabalho árduo que é preciso e da energia vital gigantesca consumida em reproduzir aquela emoção ou aquele pensamento. Outras pessoas viveram tanto tempo em suas casas emocionais que agora se sentem bem nelas, como uma emoção confortável de manter por perto, tornando-se um com seu próprio estado interno. Mas isso não é verdade. Ninguém é para sempre a mesma coisa.

Vale lembrar nesse ponto que a casa emocional das crianças com as quais convivemos está sendo definida agora. A forma como as educamos, o estilo de relação que desenvolvemos com elas podem ser determinantes para essa construção emocional. Se nossa maneira de educar se dá com base no medo, a criança pode crescer tendo o medo como sua morada emocional. Se usamos de humilhação, a vergonha ou a raiva podem ser a casa emocional dessa criança até em sua vida adulta.

Uma metáfora da PNL para facilitar a compreensão sobre esse processo é o trabalho de um diretor de cinema. Para conseguir apresentar ao espectador os resultados que deseja, o diretor manipula o que a pessoa vai ver e ouvir. Se quiser provocar medo, escolherá cuidadosamente o som e os efeitos especiais na tela; se quiser que o espectador fique inspirado, selecionará a música e a iluminação para produzir isso. O mais interessante é que um diretor pode produzir uma comédia ou uma tragédia a partir do mesmo evento, dependendo das decisões que toma.

Por intermédio do desenvolvimento da PNL, você descobre que é o diretor do cinema da sua mente, entende que pode tomar as decisões sobre as coisas que vão aparecer na tela dos seus pensamentos e direcionar sua atividade mental diante de cada ação ou comportamento da criança. Ciente de que sua atividade mental é a base de todas as suas ações físicas, você pode assumir o controle sobre tudo isso e usar seu cérebro em vez de ser usado por ele, decidindo onde colocar ou tirar luz e som nas ações da sua criança.

E como conseguir isso?

Há uma fórmula para ter resultados na interação com as crianças e o primeiro passo para utilizá-la é saber claramente o RESULTADO que você quer. Isso pode até parecer fácil, todavia muitas vezes com as crianças os adultos sabem **o que não querem**: "Não quero que meus filhos gritem", "Não quero que minhas crianças briguem por tudo, não aguento mais", "Me irrito com a preguiça para estudar".

Saber o que se quer parte de transformar essas frases em objetivos, por exemplo (e essas são só algumas de outras possibilidades): "Quero que meus filhos aprendam a usar tons de voz adequados às situações", "Quero que eles saibam chegar a acordos e se entender", "Quero que tenham bom aproveitamento escolar".

Certa vez uma aluna me disse que o filho andava triste, e tinha o desejo de que sua forma de interagir com ele o deixasse feliz. Então lhe perguntei: "Quais atitudes você pode tomar para que ele se sinta bem ao falar com você?". Depois de pensar um pouco, ela respondeu: "Talvez não ficar dando lição de moral. Não falar que ele não treinou o suficiente". Percebe que ela falou duas ações que ela não quer fazer, mas continua sem ações para fazer? A questão é: "Em vez de dar lição de moral, o que você vai passar a fazer?". Por exemplo: fazer mais perguntas? Ouvir o que a criança acha que pode ajudá-la nos próximos dias? As possibilidades são imensas no momento em que nos abrimos a elas.

O segundo passo é FAZER. Você precisa definir e realizar as *ações* que acredita que criarão o resultado desejado com as crianças. "Para que meus filhos aprendam a usar tons de voz adequados às situações, eu vou: contar uma história sobre alguém que entrou gritando em uma igreja e ficou superconstrangido com a reação das pessoas; ou vou mostrar a eles quando vir alguém falando baixinho ou alto em algum lugar para que tomem consciência; ou, ainda, vou falar com eles no tom de voz adequado a cada situação para servir de modelo etc.".

Mas, mesmo sabendo o RESULTADO que queremos e mesmo AGINDO para que isso aconteça, pode ser que não alcancemos o resultado planejado. Por isso, o terceiro passo é desenvolver uma ACUIDADE DE PERCEPÇÃO – habilidade afinada para entender as respostas que estamos conseguindo, e determinar se essas respostas estão nos aproximando ou afastando do resultado desejado.

Se estamos obtendo da criança comportamentos que não são interessantes para nós nem para ela em seu processo de desenvolvimento, é importante entender o que fizemos para provocar isso e aprender com a experiência. Assim, chegamos ao quarto passo: desenvolver FLEXIBILIDADE para mudar as ações até conseguir da criança um comportamento que você considera adequado.

Se observar um adulto que se relaciona bem com crianças, você certamente vai conseguir identificar esses quatro passos: ele sabe o que quer como resposta por parte da criança – tomar banho, por exemplo. Então, ele age rumo a esse objetivo – convida a criança para o banho. Depois, ele busca ler na criança que respostas está conseguindo – percebe que a criança disse "não" e virou o rosto de volta para os blocos de montar, continuando no exemplo. Então, esse adulto vai adaptando, ajustando, mudando seus comportamentos, até achar um que funciona, como pegar dois pequenos potes e transferir a água de um para o outro na frente da criança, despertando seu interesse enquanto diz "no banho podemos trocar a água de pote, vamos?" e conduz a criança para o banheiro.

De forma resumida, a fórmula que temos para obter resultados com as crianças é:

1. definir o resultado que quer;
2. agir;
3. ter percepção sobre o que está obtendo;
4. ter flexibilidade para tentar agir de outras maneiras.

E aqui vai uma situação pessoal que vivi com meu filho Petrus, quando ele tinha 8 anos, e que exemplifica em detalhes o uso desses passos.

1. DEFINIR O RESULTADO QUE QUER: eu queria que ele experimentasse ovos de codorna.
2. AGIR: convidei, chamei, falei que era gostoso.
3. TER PERCEPÇÃO SOBRE O QUE ESTÁ OBTENDO: ele recusou, disse que não queria.
4. TER FLEXIBILIDADE PARA TENTAR AGIR DE OUTRAS MANEIRAS: pedi que segurasse para mim, disse que descascaria três ovinhos para comermos juntos, passei sal e entreguei um, depois outro e... ele comeu!

O problema de muitos adultos em relação a essa fórmula é que: ou não têm clareza do passo 1 – não sabem bem o que querem e focam o que não querem – ou ficam em looping nos passos 2 e 3 – ou seja, mesmo sem conseguir o resultado, continuam agindo da mesma maneira. É preciso estar disposto e empenhado em mudar e em ser flexível até criar a vida que deseja, até desenvolver o vínculo que busca ter com a criança, ter a harmonia em casa que almeja e se tornar um adulto que não constrói obstáculos, e sim que ilumina a vida das crianças com quem convive, guiando-as por caminhos de mais amor e menos traumas.

capítulo 6

MODO ESTRELA-CADENTE *VS.* MODO ESTRELA-GUIA

Você já se perguntou como é possível que tantas pessoas neste mundo vivam tão alegres, apesar das adversidades, enquanto outras parecem estar sempre existindo a partir de reclamações, ou de desespero, ou da raiva de tudo, ou, ainda, da constante tristeza por alguma coisa?

Pense em Candy Lightner, que nasceu na Califórnia, Estados Unidos, e viveu uma terrível tragédia: a morte da filha atropelada por um motorista embriagado. Ela acabou transformando a dor da perda em uma causa nacional e fundou uma organização que já salvou milhares de vidas, o movimento Mothers Against Drunk Driving ("Mães contra a direção embriagada"). Em outro extremo, pense em Amy Winehouse, uma pessoa que teve um sucesso fabuloso e acabou se autodestruindo ainda jovem. Assim, eu te pergunto: qual é a diferença entre os que têm alegria e os que não têm? Qual é a diferença entre os que podem e os que não podem? Qual é a diferença entre os que fazem e os que não fazem? Por que algumas pessoas superam desafios inimagináveis com seus filhos e fazem de suas vidas um triunfo, enquanto outras, apesar de todas as vantagens, transformam suas vidas num desastre? Por que algumas pessoas aproveitam qualquer experiência e fazem com que ela trabalhe a seu favor, enquanto outras fazem qualquer coisa para que ela trabalhe contra?

Qual é a diferença que faz a *diferença* na vida?

As pessoas bem-sucedidas não têm menos problemas do que as que falham. As únicas mães, os únicos pais e os únicos professores que não têm problemas são aqueles que estão no cemitério.

Você conhece a história de Nancy Matthews Elliott? Tempos atrás, quando esse tipo de situação ainda acontecia, ela recebeu a informação de que um de seus sete filhos estava sendo expulso da escola por ser considerado, segundo expressão da época, "portador de retardo mental". Naquele momento ela precisou escolher como interpretaria essa informação. E mais: como a compartilharia com sua criança. Esse fato poderia ter significado uma razão para lamentar, não estudar e não evoluir. Mas Nancy preferiu acreditar que os professores é que não estavam aptos a lidar com a mente genial do filho dela e que ela daria conta de ensiná-lo em casa. Será que ela poderia imaginar o quanto o pequeno Thomas Edison se destacaria no mundo?

Como resultado dessa comunicação consigo mesma e com a criança, utilizando em alto grau a Inteligência da Comunicação, formou um conjunto de crenças e valores que passou a dirigir sua vida e a de seu filho, observando mais vantagens que tragédia nesse cenário – e começou a fazer o que hoje se chama de *homeschooling* (educação domiciliar).

O sucesso deixa pistas. Não é suficiente apenas saber o que a mãe de Thomas Edison e as de outras pessoas bem-sucedidas comunicavam para si para produzir resultados. Precisamos compreender, especificamente, como elas faziam isso. Através do conceito de modelagem, a PNL nos mostra que alguém que reproduz as ações de sucesso dos outros pode alcançar a mesma qualidade de resultado. A isso, deu-se o nome de "estratégia". Então, se há alguém que pode tratar a sua criança de maneira respeitosa e, ainda, conseguir que ela fique comportada e se adapte às mais variadas situações, podemos descobrir sua estratégia: como ela olha para as coisas? Como usa o corpo quando a criança faz ou fala uma coisa que a faria sair do sério? E assim por diante. Se há um pai ou uma mãe que conseguiu ser amigo dos filhos até no período da adolescência, e nós conseguirmos descobrir as crenças desse pai e dessa mãe que criaram esse resultado, podemos modelar e adotar essas atitudes e crenças para alcançar resultados semelhantes.

Durante minha vida, consegui o resultado de ser muito agressiva (sim, isso também é um resultado). Comecei a compreender que, se desejasse mudar, precisava modelar pessoas que eram pacientes e calmas - descobrir o que faziam, como faziam, o que pensavam, quais eram suas crenças -, a fim de obter o mesmo resultado. Foi assim que ouvi recentemente do meu filho: "Mamãe, eu acho que você está mudando do temperamento nervoso para o calmo!" (risos).

Também sempre me considerei uma pessoa notívaga, alguém com uma rotina, hábitos ou costumes noturnos. Diria mais: uma notívaga convicta! Mas, se alguém é capaz de levantar-se de manhã, com rapidez, facilidade e cheio de energia, isso é um resultado obtido. A pergunta que fica é: como ela conseguiu isso? Uma vez que as ações são a origem de todos os resultados, quais ações específicas, mentais e físicas, produzem o processo neurofisiológico de acordar do sono com rapidez e facilidade? Criei essa realidade para mim a partir disso.

A PNL pode ajudar nesse caso, visto que uma de suas pressuposições diz que todos temos a mesma neurologia. Assim, se alguém no mundo pode fazer qualquer coisa, você também pode, se conduzir seu sistema nervoso exatamente da mesma maneira. Esse processo de descobrir, exata e especificamente, o que as pessoas fazem para conseguir um resultado pontual é chamado de *modelagem*.

Se é possível para os outros no mundo, é possível para você. Não é uma questão de saber se pode conseguir os resultados que outra pessoa conseguiu. É uma questão de estratégia, ou seja, de descobrir como a pessoa consegue os resultados.

Caso alguém que você conhece se comunique muito bem com o filho, você pode fazer o mesmo. Se alguém acha fácil levantar-se com rapidez pela manhã, você também pode. É só copiar como outras pessoas dirigem o próprio sistema nervoso. Claro, algumas tarefas são mais complexas do que outras e podem levar mais tempo para serem copiadas por exigirem treino e prática, por exemplo, mas sempre é possível modelar. A verdade é que estamos modelando o tempo todo. Como uma criança aprende a falar? Como um jovem atleta reproduz o que um mais velho já faz? Modelar não é nada novo. Todo grande inventor copiou as descobertas de outros para oferecer alguma coisa nova. Toda criança copia o mundo à sua volta.

O problema é que a maioria das pessoas copia de modo desfocado e aleatório. Tomamos ao acaso pedaços e partes desta ou daquela pessoa. Copiamos alguma coisa boa aqui e alguma ruim acolá. Tentamos copiar alguém que respeitamos, mas descobrimos que, na verdade, não sabemos como fazer o que ela faz.

Você já passou pela experiência de estar num dia bom com seu filho? De sentir que nada poderia dar errado, quando tudo parecia em paz? Talvez numa saída para o restaurante quando a criança se comportou muito bem, ou numa ida ao shopping em que você foi hábil o bastante para dar conta de comprar aquilo de que precisava e ainda se divertiu com a criança, ou mesmo em sala de aula, conseguindo se conectar bem com os alunos e cumprindo tudo o que planejou. Provavelmente, já passou também pela experiência oposta: aquele dia em que nada dá certo. Com certeza, você se lembra de ocasiões nas quais explodiu com uma coisa banal que a criança fez, confundiu as coisas, interpretou mal um sinal, tentou de tudo, mas nada deu certo.

O que acontece nesses dois extremos? Por que consegue resultados frustrantes uma hora e resultados potentes em outra? Por que é que mesmo os melhores atletas têm dias em que fazem tudo certo e, em seguida, dias em que não conseguem acertar uma bola, ou marcar um ponto? A diferença é o estado neurofisiológico em que você está no dia, as coisas que você comunica de modo interno e externo.

Há estados que ativam confiança, amor, força interior, alegria, criatividade, conexão, crenças positivas – deixando emanar grandes quantidades de poder pessoal. Eu chamo esse estado de Modo Estrela-Guia. E há os estados paralisantes, quando somos tomados por confusão, tristeza, medo, ansiedade, raiva, frustração e que nos deixam sem poder. A esse estado dou o nome de Modo Estrela-Cadente.

Se você puder mudar seu estado de Modo Estrela-Cadente para Modo Estrela-Guia, poderá mudar seu comportamento. Entender sobre estados internos e saber fazer essa transição constitui a chave para compreender sobre as mudanças e ter excelência no que faz. Nosso comportamento é o resultado do modo em que estamos. Sempre fazemos o melhor que podemos com os recursos de que dispomos, mas, algumas vezes, nos encontramos no Modo Estrela-Cadente, um estado sem recursos.

Os seres humanos recebem e representam informações sobre o meio através dos sentidos: o visual, o auditivo, o tato (a cinestesia), o olfato e o paladar. Esses receptores especializados transmitem o estímulo externo para o cérebro. Por meio de processos de generalização, distorção e omissão, o cérebro, então, pega esses sinais elétricos e os transforma em uma representação interna – que é a sua verdade individual ou psíquica. Portanto, a sua representação interna, sua experiência do evento, não é exatamente o que aconteceu, e sim uma representação interna personalizada.

A mente consciente de um indivíduo não pode usar todos os sinais enviados para ela. (Com certeza, ficaríamos loucos se, conscientemente, precisássemos processar os milhares de estímulos que recebemos a todo instante.) Então, cada cérebro filtra e guarda a informação de que precisa, ou acredita que vá precisar mais tarde, e permite à mente consciente do indivíduo ignorar o resto.

Esse processo explica como duas pessoas podem observar o mesmo evento, mas divergir quanto às versões a respeito dele. Essas pessoas também têm fisiologias diferentes, o que afeta o processo de percepção. Uma pode ter a visão ou a audição menos potente quc a outra. Talvez uma tenha uma representação muito viva já estocada sobre um evento similar que viveu ou presenciou, algo que também afeta o registro mais recente. Independentemente do caso, as duas poderão ter representações muito diferentes do mesmo acontecimento. E guardar essas percepções e representações internas como novos filtros, através dos quais passarão as experiências que viverão no futuro.

E assim os novos filtros vão sendo construídos. É um processo dinâmico e infinito.

Então, tudo o que acontece/existe – ou seja, a realidade que entra em nossa mente através dos nossos cinco sentidos – passa pelos filtros de omissões, generalizações, distorções, metaprogramas, valores, crenças, memórias e nos encontra em um estado – Modo Estrela-Cadente ou Modo Estrela-Guia –, que define nossa fisiologia, nosso comportamento.

Já aconteceu de, no Modo Estrela-Cadente, eu fazer ou dizer coisas ao meu filho e mais tarde me arrepender, ou até me envergonhar. Talvez você também já tenha passado por isso. É importante se lembrar dessas ocasiões quando alguém trata mal alguma criança tendo em mente que você também já viveu no Modo Estrela-Cadente anteriormente. Apenas assim você pode acessar o sentimento de compaixão, no lugar de raiva. Lembre-se: as pessoas não têm, necessariamente, o mesmo nível de consciência que você.

Quando falamos da interação adulto-criança, é necessário fazer uma travessia. A cada conhecimento novo que você acessa, sua consciência vai se expandindo, construindo uma ponte entre a Disciplina Tradicional e a Disciplina do Equilíbrio. Quando você já está lá do outro lado, vivendo mais no Modo Estrela-Guia, colhendo os frutos de uma educação respeitosa e feliz, você deseja que todos evoluam também e começa a chamar seu parceiro para estar ao seu lado. Como o outro não construiu ponte nenhuma, ele te vê chamando para o outro lado, mas só enxerga um abismo diante de si. Sem ter acessado os mesmos conteúdos que você, não expandiu a consciência para criar a própria ponte e, portanto, acha que você está enlouquecendo. A única referência de educação que ele tem e que acredita funcionar é aquela tradicional baseada no medo e na punição/recompensa. Nesses casos, precisamos de muita paciência e persistência para ajudar o outro a construir a própria ponte. Não é fácil ser o motor da evolução de um sistema familiar; às vezes, nos cansamos. Contudo, é muito gratificante quando encontramos algum argumento que faça sentido para o outro e que funciona para aquela "virada de chave" que abre a mente dele para iniciar a construção de sua própria ponte rumo à Disciplina do Equilíbrio.

Aliás, o ponto fundamental nesse processo em relação aos demais é tomar conta de nossos estados e, assim, de nossos comportamentos. Como seria se você pudesse ficar a maior parte do tempo no Modo Estrela-Guia, mais relaxado, com mais recursos, num estado mais criativo, cheio de ideias e alternativas para guiar a criança com energia positiva? Seria lindo, não é mesmo? Com a PNL, você pode conseguir isso.

Um estado pode ser definido como a soma de milhões de processos neurológicos que acontecem dentro de nós. A maioria de nossos estados se dá sem qualquer direcionamento consciente de nossa parte. Vemos alguma coisa e respondemos a ela entrando automaticamente num estado, sem ter muito controle a respeito. Pode ser um estado rico e útil (Modo Estrela-Guia), ou um empobrecedor e limitador (Modo Estrela-Cadente): muitas vezes, a diferença entre conseguir bons resultados ou falhar consiste em sua capacidade de conseguir se colocar no Modo Estrela-Guia acessando recursos que o ajudam em suas realizações.

Se todo comportamento é o resultado do estado em que estamos, poderemos alcançar diferentes comportamentos e comunicações quando estivermos em cada um dos modos, com menos ou mais recursos. Podemos dizer que a capacidade de dirigir sua vida consiste na habilidade de saber como administrar seus estados. Para isso, você precisa aprender a controlar o seu cérebro.

Como o cérebro funciona? O que cria um estado?

Existem dois componentes principais do estado:

1. nossa representação interna;
2. nossa fisiologia.

O que e de que modo você imagina as coisas, assim como diz coisas para si mesmo sobre a situação do momento, criam seu estado e, assim, o comportamento que ele produz. Em resumo, trata-se da soma:

Pensamentos
+
Comunicação Interna
=
Modo/Estado
P + CI = M/E

Por exemplo, como você trata seu filho ou aluno quando ele não faz imediatamente algo que solicitou ou de que precisa na hora?

Bem, seu comportamento dependerá, em grande parte, do seu modo atual quando isso acontecer, o qual, por sua vez, será determinado em grande escala pelo que estava representado em sua mente como razão da negação da criança em te atender.

Se você imagina que a criança está com fome, cansada ou passando por alguma situação particular de mudança em sua vida, pode ser que se interesse em fazer perguntas sobre o que está acontecendo com ela. Esse comportamento surge do Modo Estrela-Guia, que te leva ao estado de interesse ou preocupação.

Agora, se imagina que a criança está te desafiando ou te manipulando, achando que é ela quem está no controle da situação, se ficou repetindo para si que ela só está te testando e provocando, então sua reação será bastante diferente, como resultado do Modo Estrela-Cadente. Quando estamos em um estado de cansaço extremo ou quando fazemos da raiva a nossa casa emocional, surge todo um conjunto novo de comportamentos.

A pergunta seguinte é óbvia. O que fez uma mãe, um pai ou um professor representar a partir do Modo Estrela-Guia com interesse, enquanto outros criam representações internas que levam ao Modo Estrela-Cadente?

Há vários fatores que explicam isso. Nós podemos ter copiado as reações de nossos pais ou de nossa cultura, modelo para essas experiências e relações com as crianças. Se, por exemplo, quando era criança, as pessoas sempre achavam que você estava querendo manipular ou controlar a situação, você pode também representar as coisas dessa maneira agora. Se sua mãe falava que as crianças manipulam os adultos se eles deixarem, você pode ter copiado esse padrão.

Tudo sobre o que falamos se refere ao fator número 1: a nossa representação interna. Há, ainda, o outro fator, o número 2, que afeta o modo como percebemos e representamos o mundo: é o padrão de uso de nossa própria fisiologia, por exemplo, tensão muscular, aquilo que comemos, como respiramos, nossa postura, o nível global de nosso funcionamento bioquímico; tudo provoca um impacto importante no nosso estado. A representação interna e a fisiologia trabalham juntas. Tudo que afeta uma automaticamente afetará a outra. Assim, mudanças de estado envolvem alterações de representação interna e fisiológica. Se seu corpo estiver em estado de muitos recursos, Modo Estrela-Guia, é provável que pense que a criança está passando por um momento difícil e, por isso, se recusou a contribuir. Caso, no entanto, você esteja num estado fisiológico de grande tensão muscular, ou muito cansado, com dor, ou com pouco açúcar no sangue, a tendência é representar as coisas de modo que possam aumentar seus sentimentos negativos, Modo Estrela-Cadente.

Lembro-me bem de uma semana em que tinha retomado a atividade física e, portanto, sentia dores e me dava conta de músculos que eu nem sabia que tinha. Era sexta-feira e eu levava meu filho para fazer um exame de kung fu para troca de faixa. No caminho, ele me contou algo da escola que eu não aprovei, a que respondi agressivamente. Ele falou: "Por que você está estressada, mãe?". Rapidamente respondi que *não* estava estressada. Mas a pergunta dele me fez pensar, e eu percebi o cansaço do meu corpo, a dor que me acompanhava a semana toda e meus pensamentos e... Ele chorava ao meu lado em silêncio pela maneira grosseira como eu tinha falado com ele. Pedi desculpas e disse que ele tinha razão: eu estava estressada, cansada e com dor, o que tinha afetado minha maneira de falar com ele. Ufa! Ele ficou melhor e passou no exame.

Pense nisso: quando você está se sentindo fisicamente bem, não olha para o mundo de maneira diferente daquela quando está cansado ou doente? A condição de sua fisiologia muda por completo o modo como representa e, assim, experimenta o mundo. Quando você sente as coisas como difíceis e perturbadoras, seu corpo não segue o exemplo e fica tenso? Esses dois fatores, representação interna e fisiologia, estão sempre em interação, para criar nosso modo atual. E esse modo determina o tipo de comportamento que produzimos. Assim, para controlar e dirigir nossos *comportamentos*, devemos controlar e dirigir nossos estados, e, para controlá-los, devemos controlar e, conscientemente, dirigir nossa *representação interna e fisiologia*. Imagine-se sendo capaz de tomar consciência e controlar seu estado nas circunstâncias envolvendo a criança. Isso muda a vida.

capítulo 7

AS SETE CARACTERÍSTICAS DO ADULTO ESTRELA-GUIA

Chamo de Adulto Estrela-Guia, tipo que tem sete características, o adulto que ilumina a vida das crianças. Para introduzir este tópico, quero te contar uma experiência da minha vida de bailarina.

Fiz balé clássico dos 9 aos 23 anos. Foi uma atividade muito especial que trouxe arte, disciplina, postura e muitos outros benefícios para minha vida. Certa vez, ao estar há várias semanas tentando fazer uma pirueta superdifícil, finalmente consegui! Toda feliz, corri até minha professora perguntando: "Você viu? Você viu?". Calmamente, ela respondeu: "Não vi. Faça de novo". Ao tentar executar novamente o passo, não consegui, ao que ela acrescentou: "Foi sorte. Quando se consegue fazer bem uma coisa apenas uma vez, isso é sorte. Quando se consegue fazer bem uma coisa sempre que se quer, aí sim você conquistou a técnica".

Nunca mais esqueci a lição de minha professora. E o mesmo vale para a parentalidade: quando às vezes conseguimos resultados com a criança e nem sabemos como fizemos pra dar certo... isso é sorte.

A realidade é que você consegue fazer qualquer coisa com consistência desde que encontre uma maneira de acreditar nisso e realize as ações efetivas, ou seja, encontrando a técnica para tal. Existe método para tudo. Há padrões consistentes e lógicos de ação direcionada às crianças, caminhos específicos para relações saudáveis com elas, que estão ao alcance de todos. Apenas precisamos aprender as técnicas de como mudar e usar nossa mente e nosso corpo da maneira mais eficiente e vantajosa.

Lembro bem de quando eu não conseguia fazer o meu filho dormir. Ele já passava dos 3 anos, e só meu marido conseguia ter sucesso nessa tarefa. O tempo foi passando até que um dia meu marido me disse: "Então, você vai se conformar com isso?". Olhei meio sem entender, e ele continuou: "Você não vai nem mais tentar fazer seu filho dormir? Desistiu mesmo?". Achei que ele tinha razão. Então, compartilhei com ele a minha dificuldade e perguntei quais eram as táticas dele para conseguir fazer o menino dormir. Ele me disse que contava histórias. Respondi do mesmo modo como muitas mães respondem às minhas orientações: "Também faço isso, mas comigo não funciona".

Curiosa e um pouco indignada, perguntei de que modo, exatamente, ele contava histórias. E então ele me entregou a técnica passo a passo: "Primeiro eu deito com ele no escuro, bem tranquilo, sem pressa, e falo que vou pensar numa história. Só aí eu já ganho uns minutos de aquietação. Algumas vezes, ele já adormece aí, mas é raro. Normalmente ele questiona: 'Já pensou, papai?'. Então digo que sim e começo a contar uma história muito devagar. A história não pode ser animada ou engraçada, mas calma e lenta. Sempre penso um pouquinho entre uma frase e outra. Então, se ele ainda não tiver dormido e pedir outra história, digo que vou pensar e já ganhamos mais uns minutinhos. Nunca passa de três histórias".

Brilhante!

Recordei-me das minhas histórias cheias de ação e interação, focada muito mais em demonstrar a minha competência como contadora de histórias do que em fazer a criança dormir, pensei na minha agitação interna e na pressa que eu tinha de que meu filho se entregasse logo ao sono para eu poder me dedicar às 252 coisas que pretendia fazer durante a soneca dele e comecei a entender os motivos do meu insucesso.

A situação descrita serve apenas para ilustrar que existe técnica pra tudo. Assim como existe um conjunto de características presentes nas pessoas que conseguem bons resultados na vida com crianças. Todas elas agem com paciência e persistência e desenvolvem as sete características fundamentais apresentadas a seguir.

1 - Paixão

Essa é fácil! Todos somos apaixonados por nossas crianças! Certo? Sim e não...

Na verdade, somos apaixonados pela ideia romantizada por nossa cultura sobre a maternidade e a paternidade, uma ideia que perde seu brilho muito cedo também. Basta a criança começar a engatinhar e a andar, explorando o ambiente, que começa a ouvir a palavra "não" com a maior frequência de sua vida. Basta crescer mais um pouquinho – e alcançar o início do processo de individuação, manifestando seus interesses e vontades – que os adultos já rotulam essa fase como "os terríveis 2 anos". Ou seja, quando as crianças fogem das expectativas que criamos, começamos a não ser mais tão apaixonados assim por elas.

Por isso, aqui estou falando de uma paixão consciente em que a gente olha a criança com admiração, honra e respeito. Uma paixão que se atinge ao ter consciência de que ela é um indivíduo assim como o adulto, e que é uma grande honra tanto ser o anfitrião dela nesse começo da vida quanto guiá-la em seu processo de desenvolvimento.

Para mim, a melhor professora de amor pelas crianças foi Maria Montessori. Já mencionei o nome dela outras vezes, mas é porque sua obra ampliou muito a minha consciência sobre o ser infantil e o processo de educar. O que fez com que eu mudasse meu comportamento, minhas falas, minhas emoções e minha vida como um todo. Não é à toa que brinco que a minha vida se divide em A.M. (Antes de Montessori) e P.M. (Pós-Montessori).

Ouso dizer que ela me mostrou que nossa sociedade faz adestramento de crianças, sem ter a menor ideia do que seja, de fato, o processo de educação de um ser imaturo em crescimento. Aplaudir e elogiar o que consideramos certo, depois punir e brigar quando a criança faz algo que consideramos errado é o mesmo que dar um petisco a um cão que obedece e provocar dor quando ele nos decepciona. Isso não é educar.

O modo como Montessori observa a criança é carregado de tanto respeito, admiração e pureza que a gente se apaixona pela alma infantil conforme vai conhecendo mais como eles se relacionam com o mundo, seja nos copiando, seja criando as próprias percepções:

> Embora amando profundamente a criança, alimentamos um instinto quase de defesa contra ela. [...] A partir do instante do nascimento da criança, o espírito do adulto se exprime nesse sentido: cuidar para que a criança não estrague, não suje, não incomode.[17]

Depois, percebendo na nossa cultura a aversão à mão da criança com tapas e frases do tipo "você vê com as mãos?", Montessori diz:

> O adulto que ainda não compreendeu a atividade da mão infantil como uma necessidade vital e não reconhece nela uma primeira manifestação de um instinto de trabalho, impede a criança de trabalhar. [...] Ocorre um intercâmbio entre o indivíduo e o ambiente, e, graças a este, o indivíduo se forma e aperfeiçoa.[18]

Mas por que estou defendendo a ideia de que você se apaixone pela criança? Porque é a paixão que determina nossas prioridades e o uso do nosso tempo. É muito difícil encontrar tempo para estudar para ser pai e mãe se você não é ainda verdadeiramente apaixonado por sua criança. Por algo ou alguém por quem você esteja realmente apaixonado, você consegue se deitar mais tarde

---

17 MONTESSORI, Maria. *A criança*. São Paulo: Círculo do Livro, 1980. p. 34.

18 *Ibidem*, p. 99.

ou se levantar mais cedo para aprender. Paixão nos dá poder, cria interesse em nós e nos capacita a dar novos significados para nossa função de pai e mãe. É a paixão que nos faz evoluir e, por isso, torna-se imprescindível olhar as crianças com mais paixão.

2 - Crença consciente

As crenças moldam nossos pensamentos. Essa ideia pode parecer clichê, mas é totalmente verdade. Nossas crenças sobre que mãe ou pai somos e sobre que tipo de mãe e pai podemos ser determinam o que conseguiremos como resultado. Se acreditamos/pensamos em alegria e amor, viveremos uma vida com alegria e amor. Se acreditamos/pensamos que nossa vida é dura, pesada e cheia de limites, de repente e – às vezes – inconscientemente, transformaremos esses limites em nossa realidade. E o pior é que não nos daremos conta de que estamos criando isso. Acharemos que temos menos sorte que outros ou que nosso destino é esse mesmo e não há nada a fazer. Mas não precisa ser assim. Podemos nos encher de poder e começar a viver uma vida muito melhor com nossa família ao tomar consciência de que aquilo que acreditamos ser verdade torna-se verdade, torna-se possível. Se acreditamos que uma criança é difícil, terrível, exigente, teimosa, birrenta, manhosa ou dramática, tanto mais isso ela será. E esses pensamentos transbordam em nossa fala.

Vejam o que a fala da mãe fez com Igor, um garoto que conheci numa sala de espera de um consultório. Comecei a puxar papo, perguntei seu nome e idade, e disse: "Que menino bonito de 4 anos, hein?!". Naquele momento, a mãe virou e falou: "Isso é porque você não conhece, ele é terrível!". Nessa hora, buscando atender à expectativa do adulto – especialmente da mãe –, o menino fez uma "cara de terrível" e disparou, sem contexto nenhum, a respeito de um comportamento também "terrível": "Joguei o prato na professora!".

A mãe falou: "Menino, se seu pai ficar sabendo disso, você vai apanhar!".

O menino estava normal até a mãe falar que ele era terrível. Não cabe aqui eu repetir o resto da conversa, mas, se você se interessou, pode encontrar o relato todo no meu TED Talks.[19]

Eu costumo dizer que toda palavra dita ou pensada sobre uma criança é uma semente plantada que tende a crescer rápido. Portanto, transforme toda opinião que você tenha sobre alguma característica ou comportamento da sua criança em algo positivo. Mesmo quando o comentário vier de outras pessoas.

Para aprimorar essas ideias, vou deixar aqui uma lista de sugestões para algumas SUBSTITUIÇÕES no vocabulário dos adultos Estrelas-Guias para falar das crianças:

Agitada → Animada
Ansiosa → Eufórica
Envergonhada → Seletiva
Lerda → Calma
Preguiçosa → Sossegada
Teimosa → Persistente
Terrível → Dinâmica
Tímida → Reservada

---

19 TEDX TALKS. O Mundo Sob A Perspectiva da Criança | Isabela Minatel | TEDxPedradoPenedo. YouTube, 16min25s. Disponível em: https://www.youtube.com/watch?app=desktop&v=VW87Oa14tMQ&t=0s. Acesso em: 17 mar. 2025.

Muitos pais, mães e professores são cheios de intenções positivas, mas, por suas crenças limitadas sobre si mesmos e as crianças de suas vidas, nunca agem de modo a produzir resultados efetivos. Apenas amor e boa vontade podem não ser suficientes para termos sucesso na educação de uma criança. É preciso mais, e isso vem em forma de informações e de traçarmos uma... estratégia.

3 - Estratégia

Utilizar uma estratégia para educar e se relacionar com as crianças tem a ver com a noção de pensamento organizado. Um processo cognitivo que parte da estruturação e ordenação de ideias para resolver problemas. Trata-se de ser sagaz com as informações que a criança passa e saber ter flexibilidade para mudar sua comunicação e seu comportamento para reforçar os valores em que acreditamos.

Lembrando que isso é muito diferente de usar manipulação para fazer as crianças obedecerem cegamente a todos os comandos. Também é importante esclarecer que utilizar uma estratégia para obter os melhores resultados, e buscar recursos e conhecimentos para educar, não tem a ver com deixar de ser você mesmo. Muito pelo contrário, trata-se de colocar para fora o que há de melhor em você. Diferente de perder a naturalidade e a espontaneidade, definir uma estratégia é encontrar um meio de utilizar os recursos da maneira mais efetiva. Você pode abrir uma porta a pontapés ou encontrar a chave certa. Buscar viver a vida com crianças com estratégia consiste em encontrar a chave certa de cada criança em cada situação e usá-la.

Alguém pode fazer o filho prometer que não vai mais bater na irmã sob a ameaça de ficar três dias sem TV ou sem chocolate. Mas, ao seguir essa ideia, ficam algumas perguntas:

- Vai funcionar?
- Se funcionar, por que a criança parou de bater na irmã?
- A motivação foi positiva para a relação entre os irmãos?

Usando estratégia, podemos fazer *rapport*, dar razão para a emoção, e não para o comportamento, e, ainda, contar uma história em que o irmão bate na irmã, depois precisou da ajuda dela e não podia pedir nada porque havia batido nela antes. Perdeu uma aliada. Então, ele entendeu que formavam um time, uma equipe, que poderiam sempre contar um com o outro e se ajudar. Fizeram um tanto de combinados para não mais baterem um no outro quando discordassem. E aprenderam a conversar para resolver suas questões.

- Você concorda que a chance desse combinado funcionar é maior?
- Se funcionar, por que a criança parou de bater na irmã?
- A motivação foi positiva para a relação entre eles?

Sem estratégia, muitas vezes acabamos em uma espécie de processo de adestramento que faz a criança não voltar a repetir um mau comportamento por ameaças, punições, e não por um real processo de educação que envolve aprendizagem, consciência, princípios e valores. E isso nos leva ao próximo tópico.

4 - Clareza de valores

Podemos entender "valores" como o que cada um julga relevante para si, o que realmente importa afinal. Para essa decisão, utilizamos um julgamento pessoal de cunho ético, moral e prático. De modo mais simplificado, "valores" são um tipo específico (e pessoal) de crenças sobre o que é certo e errado.

Muitos pais e mães não têm a noção clara do que é mais importante para eles. Ou nunca pensaram objetivamente sobre isso ou nunca discutiram isso de maneira aberta, alinhando os valores de um com os valores do outro. É comum vermos pessoas fazendo coisas que, depois, acabam deixando-as infelizes e insatisfeitas consigo mesmas. Isso acontece, em grande parte dos casos, pela falta da ideia clara e consciente do que acreditam ser o melhor para elas. Quando se trata de criar filhos, então... a questão dos valores pode ficar ainda mais desafiadora.

Em muitas famílias, o cenário é o seguinte: uma pessoa que não tem bem certa a definição de seus valores discutindo com a outra, que também não sabe direito os próprios valores, mas fez algo que a outra não aprova. Isso se esclarece quando colocamos foco e consciência sobre nossos valores e evoluímos na clareza desses pensamentos/crenças especiais.

Como os valores são pessoais, o que é considerado positivo para uma família, pode não ser interessante para outra. E está tudo bem. O que importa é termos claro o que funciona dentro do nosso núcleo familiar e respeitar os demais. Ter uma consciência clara sobre os próprios valores representa um passo importante para conseguir viver o processo de educar crianças no Modo Estrela-Guia na excelência.

Os valores também podem ser muito importantes para definir as brigas que devemos comprar. Como saber quando devemos deixar passar um comportamento inadequado? Ou nunca devemos deixar passar nada? Como saber quando devemos intervir ou interferir?

- Esse comportamento inadequado da criança fere algum de nossos valores principais?
- Onde ele se encontra na nossa hierarquia de valores?
- Que outros valores estão envolvidos nessa situação?
- O que é mais importante para nós nesse contexto?

Ter essas perguntas em mente ajuda a colocar foco, energia e consciência sobre nossos valores e nos auxilia a evoluir a clareza desses pensamentos e crenças especiais.

5 - Energia

A infância de uma criança dura apenas doze anos, motivo justamente pelo qual não é possível aprender devagar sobre as melhores maneiras de lidar com ela, sob o risco de ser tarde demais para reverter algumas marcas, referências e traumas. Assim, é preciso colocar energia e intenção nesse processo, fazendo um mergulho profundo logo que tomar consciência das necessidades de estudar para ser pai e mãe. Sempre que conseguir, leia, faça cursos, acompanhe conteúdos diariamente, faça parte da constelação de Estrelas-Guias e não caminhe sozinho. Há muitas pessoas que cumprem os passos anteriores, têm paixão por suas crianças, estabelecem crenças que apoiam sua visão sobre a infância, traçam uma boa estratégia, estão com os valores alinhados, mas vivem cansadas, não têm vitalidade física para agir naquilo que sabem ou energia para brincar, conversar, contar histórias, cantar, dançar, correr com as crianças. Até a paciência – tão fundamental para um bom convívio com as crianças – fica curta quando falta energia. O sucesso como pais, mães e professores exige muita energia física, intelectual e espiritual. Cuide dessas áreas de sua vida e ficará muito mais fácil conseguir tudo o que almeja.

Se você está trabalhando demais, avalie o que pode ser diferente. Pense em opções novas. Olhe as cartas sobre a mesa e procure encontrar novos jogos possíveis. Se o seu trabalho é muito estressante, repense. Será que vale tudo por dinheiro? Se está sem cuidar de você, procure alguma forma de autocuidado que consiga inserir em sua rotina, ainda que seja pequena. Isso já vai nos abastecendo um pouquinho.

Outro fator importante para que tenhamos energia consiste em eliminar os roubos energéticos emocionais. Precisamos resolver as questões com nosso passado. Os perdões que não liberamos roubam muito da nossa energia. Se não conseguimos avançar em alguma questão por nosso próprio esforço, busquemos terapia, imersões, sessões de PNL, coaching, atendimentos. Isso fará uma diferença significativa no quanto você se sente disposto para viver a vida com sua criança.

6 - Redes de relacionamentos ou de apoio

Desde que deixamos de viver em tribos ou em comunidades familiares, perdemos muito no que diz respeito a educar e criar as crianças. Um casal é muito pouco para conseguir suprir as necessidades de uma criança. Uma mulher só então... A cultura de a mulher no puerpério passar dias, semanas e meses sozinha com sua cria em uma residência fechada é insana, insalubre, enlouquecedora.

Na verdade, eu penso que a expressão "rede de apoio" traz consigo um equívoco quanto ao termo "rede". Por passar uma ideia de rede de proteção – como aquelas usadas no circo para proteger os acrobatas de uma eventual queda –, parece que é necessária apenas em alguns momentos da vida da família com crianças. Mas essa não é a realidade. Por isso afirmo que a expressão mais adequada seria "estrutura de apoio", uma vez que todos precisamos formar laços duradouros e afetuosos com os demais. Nós não precisamos de redes somente para apoio físico, mas também para apoio mental, emocional e espiritual. Não nascemos para ficarmos sós. Não fomos programados para isso.

Hoje temos ferramentas de comunicação capazes de facilitar muito o encontro com pessoas que estão vivendo as mesmas fases e os mesmos desafios que nós. Precisamos criar redes de mães – e as mulheres precisam se unir e se apoiar (ainda não descobrimos o tanto que podemos conquistar juntas!). E os homens também precisam se juntar às conversas sobre as crianças. Sabe aquele ditado "metendo os pés pelas mãos"? No quesito filhos, minha proposta é mudarmos para "metendo os PAIS pelas MÃES". Imagine quantas mudanças positivas na sociedade e no mundo virão a partir do momento em que os homens se envolverem mais nas questões da infância? Novas leis, novas políticas nas empresas e muitos ganhos para todos os envolvidos.

Ah, e lembre-se de que rede de apoio é como dinheiro: algumas pessoas a herdam, outras precisam conquistá-la! Não fiquemos no papel de vítima chorando por não termos rede de apoio. Vamos agir, falar, convidar, tomar iniciativas, dar os primeiros passos para criarmos nossas redes. Se você não teve a sorte de receber uma rede de apoio como herança (a pessoa que foi sua cuidadora agora cuida do seu filho, por exemplo), então aja para conquistar a sua.

7 - Inteligência da comunicação

A maneira como nós nos comunicamos com as crianças é o que determina grande parte da qualidade de vida delas. Leia de novo: *a maneira como nós nos comunicamos com as crianças é o que determina grande parte da qualidade de vida delas.*

Falando sobre a comunicação interna, aquela que cada um faz consigo mesmo, podemos aprender a aceitar qualquer desafio que a vida com crianças nos apresenta comunicando essas situações internamente como oportunidades. Muitos pais e mães falham porque interpretam as adversidades da vida com crianças como limitações ou como prova de seu fracasso no papel de pai e mãe.

O desenvolvimento da Inteligência da Comunicação é a base para que alguém possa ser um Adulto Estrela-Guia – que apoia a criança em seu desenvolvimento. Sem um bom manejo da comunicação, muitos adultos, mesmo bem-intencionados, acabam se mostrando verdadeiros obstáculos ao desenvolvimento das crianças. A ideia é construir novos caminhos neurais para que você tenha mais recursos de comunicação e passe a se responsabilizar pela interação com as crianças, já que você é a parte madura e adulta da relação. Aprender a dirigir seu próprio cérebro e corpo com muito mais consciência e, portanto, com mais eficiência do que conseguia antes. Você poderá atuar sobre os fatores que afetam a sua comunicação consigo mesmo – comunicação interna – e descobrir como se comunicar de maneira mais efetiva com as crianças – comunicação externa –, sendo assim capaz de antecipar os diferentes tipos de comportamentos apresentados pelas crianças.

Você pode conseguir resultados incríveis na sua vida por tentativa e erro, mas, quando se trata de crianças, nossos erros acabam deixando marcas emocionais. Às vezes, o tempo que gastamos para aprender é um bem valioso que jogamos fora e que nunca mais voltará. A PNL é um acelerador do seu processo de aprendizagem sobre comunicar-se bem com as crianças.

capítulo 8

AS SETE CRENÇAS DO ADULTO ESTRELA-GUIA

O primeiro passo em direção ao Modo Estrela-Guia na educação de crianças ou na interação adulto-criança é encontrar as crenças que nos guiem em direção aos resultados que desejamos.

Desse modo, sugiro que olhe para as sete crenças apresentadas a seguir e decida se são úteis para você. Não estou dizendo que são as únicas crenças úteis ao Adulto Estrela-Guia, mas são um começo. Elas funcionaram para outros pais, mães e profissionais, e gostaria que avaliasse se funcionam para você.

Crença 1: cada criança entra na nossa vida por uma razão, é assim que tinha que ser

Assim que uma criança chega, cabe a nós aproveitar o jeito dela e trabalhar com isso a nosso favor e em favor dela também. Muita gente ainda se frustra se a criança não é como desejavam que fosse, acontece na família e até na escola... Mas as crianças não existem para atender às expectativas dos adultos, não é?

> Pouco tempo depois do nascimento do meu bebê, uma prima também teve filho. Logo depois, uma amiga, e, então, minha cunhada. Enquanto eu vivia noites e noites em claro no desafio dos choros infinitos e dos gritos sem fim, os bebês delas dormiam. Enquanto o meu bebê regurgitava todo o leite com jatos que me faziam precisar trocá-lo dez vezes ao dia, os bebês delas mamavam bem e quase não vomitavam. Enquanto o meu bebê só foi dar o primeiro esboço de sorriso (o que acontecia de modo raro) com quase 6 meses, os bebês delas sorriram por volta dos 2 meses e não pararam mais. Enquanto elas fizeram ensaio de recém-nascido com seus anjinhos dormindo em seus peitos, eu quase

não tenho fotos desse período em que eu chorava junto com ele tamanho o meu desespero.

Descobri muito tempo depois, mas tive um bebê *high need*.[20]

- Por que o meu filho é assim?
- Por que comigo?
- Por que, meu Deus?

É importante olharmos para a criança buscando entender: "O que a vida quis nos dizer quando colocou exatamente essa criança para a gente?".

Ela está te convidando a ter mais calma? Está te ensinando a ser mais alegre? Está te chamando para a leveza? Está te trazendo mais dinamismo? Mais caridade? Mais amor?

A vida é perfeita e sábia, e coloca as crianças nas nossas vidas do jeitinho que elas precisam ser. Mais do que querer que elas mudem, é importante que a gente busque saber: que mudanças elas vieram provocar em nós?

Independentemente do que seja, é uma boa reflexão porque te faz olhar com atenção para si e para a criança. Depois de identificar os convites e os aprendizados que o jeitinho de

---

20 Em resumo, o bebê *high need* é um bebê que tem alta necessidade de atenção e de cuidado dos pais, principalmente da mãe, precisando de colo e contato físico o tempo todo desde que nasce. Ele chora muito, é agitado e quer mamar frequentemente, além de não dormir mais de 45 minutos seguidos. Para saber mais: FREITAS, Hyndara. Choro, exigências e necessidade de atenção em excesso: conheça os bebês high need. *O Estado de S. Paulo*, 12 jul. 2017. Disponível em: https://www.estadao.com.br/emais/bem-estar/choro-exigencias-e-necessidade-de-atencao-em-excesso-conheca-os-bebes-high-need/. Acesso em: 18 mar. 2025.

cada criança veio nos trazer, é o momento de refletir sobre outra questão: há algo que você possa ajudar a equilibrar ou até a aprimorar nessa criança?

Primeiro pense sobre seu aprimoramento, depois sobre o aprimoramento da criança. Como uma via de mão dupla: a criança impulsiona o desenvolvimento em novas áreas e nós a ajudamos nos processos de crescimento e equilíbrio dela. Não importa quão negativo seja o "retorno" ou o feedback do ambiente – escola, familiares, amigos –, olhe para a criança em busca de possibilidades: o que há de bom nela? O que tem de positivo? Quando vistas de outro ângulo, as características consideradas negativas podem ser positivas?

Tudo acontece por uma razão, toda adversidade contém uma oportunidade de crescimento e aprendizagem. Pense sobre isso em sua própria vida. Há infinitas maneiras de reagir a cada situação. E ainda mais possibilidades de julgar um modo de ser. Pense, outra vez, em suas crenças. Em geral você espera que determinada criança tenha bom ou mau comportamento? Você espera que seus esforços e tentativas em melhorar a relação com ela sejam um sucesso, ou ainda pensa que provavelmente não vão funcionar? Você vê o potencial da criança ou foca mais os obstáculos?

"É porque você não conhece a MINHA criança!" – há pessoas que dizem isso para garantir que nada vai funcionar para elas. E isso é MUITO limitante! (E irritante também!)

Muitas pessoas tendem a focar mais o lado negativo das coisas do que o positivo. Fomos treinados para isso – jornais, fofocas, redes sociais etc. Mas o primeiro passo para mudar isso é reconhecer se esse padrão está presente em você quando o assunto é a sua criança...

Crenças limitantes criam passos limitados. Pais limitantes criam filhos limitados.

Crença 2: não há fracassos na interação com uma criança, apenas resultados

Já mencionei esse ponto, mas ele é importantíssimo e deve ser internalizado por aqueles que vivem com crianças.

> No meu primeiro livro *Crianças sem limites*,[21] relato o seguinte caso: "Há algum tempo, eu estava com uma família que, como é muito comum, subestimava a capacidade de compreensão de seu filho de 2 anos. Falando sobre a vontade deles de que a criança parasse de usar chupeta, ouvi que ela só pedia o objeto na hora de dormir.
>
> Ocorre que falaram tudo isso usando o nome do objeto na frente da criança, que, imediatamente, abriu a bolsa, pegou a chupeta e pôs na boca. Os pais repreenderam: 'Não, filho, agora você não vai dormir. Guarde a chupeta'.
>
> O que eles sequer perceberam foi que eles mesmos deram o estímulo à memória da criança ao falar sem cuidados sobre o objeto na frente dela, que já entendia muita coisa.
>
> Adultos confundem as crianças muitas vezes!"

É muito comum que, quando não conseguem receber da criança o comportamento esperado, algumas pessoas julguem que a relação com ela é um fracasso. Especialmente se há outra criança com a qual aquela relação possa ser comparada... A conclusão é de que uma criança é "fácil" e a outra é "difícil". Uma

---

21 MINATEL, Isa. *Crianças sem limites*: educação empreendedora na primeira infância. São Paulo: Figurati, 2019.

criança é "tranquila" e a outra é "terrível". Uma é a que "funciona" e outra é a que "dá problema". Está vendo a caixinha em torno de cada uma?

No entanto, todos nós passamos por situações em que quisemos uma coisa e no fim conseguimos algo completamente diferente do que tentamos. Todos já fomos reprovados em algum teste, já sofremos por um romance que não deu certo, talvez já tenhamos investido dinheiro em algo que deu errado... Essas tentativas em que não atingimos o alvo foram *fracassos*?

Não! Essas tentativas foram "resultados". Lembre-se de que você já tentou algo com as ferramentas disponíveis e não conseguiu o resultado *esperado*, mas conseguiu um resultado mesmo assim.

Pais, mães e profissionais adeptos da Disciplina do Equilíbrio não são pessoas que não falham, na verdade não acreditam nessa palavra. São pessoas que simplesmente sabem que, quando tentam alguma coisa e não obtêm o resultado desejado, pelo menos tiveram um aprendizado. Então usam o que aprenderam e tentam novamente de maneira diferente. Tomam novas ações e produzem novos resultados.

Quando nós tememos o fracasso, fazemos, com antecedência, representações internas do que poderá não funcionar, criamos a opção negativa para nossas relações. Isso pode fazer com que as coisas acabem se dirigindo, inconscientemente, para isso. É por isso que não devemos educar nossas crianças nem nos relacionarmos com elas com base nos MEDOS. Medo de acidentes, medo de abusos, medo de erros, medo de julgamentos... Vejo um sem-número de adultos vivendo a vida com crianças com base em seus medos.

Mark Twain uma vez disse: "Não há visão mais triste do que um jovem pessimista". Ele estava certo. Pessoas que acreditam em fracasso vivem a possibilidade de uma existência medíocre.

Não é que não existam resultados ruins, mas podemos não considerar isso *fracasso*, entende a diferença? Dessa forma, não juntamos emoções negativas de frustração e desespero a alguma coisa que não funciona.

Pais, mães e professores com poder pessoal entendem que, se você tentar alguma coisa com uma criança e não conseguir o efeito que quer, isso é simplesmente uma oportunidade de fazer de novo, só que melhor. Para a Disciplina do Equilíbrio, se você tentar alguma coisa com uma criança e não conseguir o efeito que deseja, isso é simplesmente um feedback. Você usa essa informação negativa para pegar pistas mais objetivas sobre o que precisa fazer ou falar para produzir os resultados que deseja numa próxima oportunidade. A criança aprende a falar e a andar por tentativa e erro, e nós também aprendemos a forma de guiá-la assim. Deu errado? Bora tentar de novo e buscar o acerto! É isso o que as crianças fazem!

A humanidade só aprendeu a partir de seus erros. Algumas vezes aprendemos com nossos erros, outras com os erros dos outros. Essa visão de erro com mais naturalidade, como aliado, e não como um inimigo mortal a ser temido, mexeu muito comigo quando aprendi e torna nossa jornada muito mais tranquila. Você se lembra da Lei 18 do Capítulo 2? "O aprendizado acontece com o erro. O acerto só confirma o que você já sabe. Se você anda acertando muito, cuidado! Você deve estar aprendendo pouco!"

Quando consideramos o erro um grande fracasso, cada equívoco e engano tende a fixar-se em nossa bagagem emocional, tornando-se um grande peso. Muitas pessoas, por exemplo, ficam frustradas porque "explodem" com as crianças. Se consideram isso um fracasso, suas atitudes com relação ao fato de serem assim não mudam nada. Outra maneira de olhar para isso seria focar o aspecto de que estão tendo sucesso na obtenção de um resultado: "são enérgicas" e que agora conseguirão um novo resultado chamado "são calmas".

E elas alcançariam esse novo resultado praticando novas ações. Se você não estiver certo de quais ações precisa para conseguir esse resultado, lembre-se do que falamos sobre modelagem e procure saber o que alguém que consegue o resultado de ser calmo costuma fazer, ler, assistir... Descubra quais são suas ações mentais e físicas para permanecer sempre calma. Consiga as mesmas ações e alcançará os mesmos resultados. Enquanto encarar suas explosões como um fracasso, você estará paralisado. Quando mudar a sua interpretação de fracasso para apenas um resultado que conseguiu desta vez, portanto um resultado que você pode mudar na próxima vez, então seu sucesso estará a caminho.

A crença no fracasso é um modo de envenenar a mente. Quando armazenamos emoções negativas, afetamos nossa fisiologia, nosso processo mental e nosso estado entrando no Modo Estrela-Cadente. Uma das maiores limitações de grande parte das pessoas é o seu medo de fracassar. Na próxima vez que estiver com medo do resultado, pense: "O que eu tentaria fazer se soubesse que não existe fracasso?".

Ou, melhor ainda, corte a palavra "fracasso", adote a palavra "resultado" no seu vocabulário e comprometa-se a aprender com todas as experiências que tiver na vida.

Se realmente acreditasse que não poderia falhar, você acessaria toda uma série nova de ações e de recursos internos que te levariam a novos resultados desejados e fortalecedores. Não é essa a única maneira de crescer? Tentando e mudando a maneira de tentar de acordo com os resultados?

Portanto, sugiro que adote a ideia de que não existem fracassos – há somente resultados. Você sempre produz um resultado. Se não é aquele que deseja, pode mudar suas ações e produzir novos resultados. Posso dizer, pessoalmente, que essa simples tomada de consciência sobre a maneira de encarar o fracasso como resultado virou o jogo na minha vida!

Pare um minuto para refletir sobre os cinco maiores "fracassos" de sua vida... O que aprendeu com essas experiências? É provável que tenham sido algumas das mais valiosas lições que aprendeu na vida. Registre-as aqui.

Fracassos:

1. ....

2. ....

3. ....

4. ....

5. ....

Aprendizados:

1. ....

2. ....

3. ....

4. ....

5. ....

Crença 3: criança é efeito, adulto é causa

Pais, mães e profissionais no Modo Estrela-Guia acreditam que, independentemente do que esteja acontecendo com sua criança, seja bom ou mau, eles têm o poder de influenciar isso. Mais: sabem que muitos dos maus comportamentos e até das doenças e acidentes de suas crianças podem ter sido criados, inconscientemente, por eles mesmos, por dinâmicas estabelecidas, por conexões invisíveis. Sabem que se não realizaram isso com suas ações físicas, talvez o tenham feito pelo nível e teor de seus pensamentos e sentimentos mais profundos ou ainda pelo impacto de seus campos energéticos. Esse é um nível elevado de Inteligência da Consciência. Nem todos estão preparados para ouvir que um acidente pode ter sido criado também por influência de suas crenças, pensamentos e campos energéticos.

Nós criamos nossas experiências na vida e, também, na vida das crianças que convivem com a gente por comportamentos ou pensamentos, conscientes e inconscientes, e podemos aprender com tudo isso. Se você não acredita que está criando o seu mundo, sua vida e sua realidade, assim como a de seus filhos e alunos, então você é refém (vítima) das circunstâncias. As coisas simplesmente acontecem com você. Você é um espectador, não um protagonista. E acaba levando a vida seguindo aquela canção do Zeca Pagodinho, sabe? "Deixa a vida me levar, vida leva eu..."[22]

Assumir responsabilidade é, na minha opinião, a melhor forma de empoderamento que existe, e é prova de maturidade. Se algo está em minhas mãos, posso tomar decisões, posso

---

22 DEIXA A VIDA ME LEVAR. Interpretada por Zeca Pagodinho. Composta por Eri Do Cais e Serginho Meriti. Produzida por Rildo Hora. Fonte: Universal Music Ltda.

fazer alguma coisa sobre isso! Posso mudar essa realidade de alguma maneira. Se você estiver no controle – pelo menos no controle de buscar novas possibilidades –, terá mais chances de sucesso. Aqueles que assumem responsabilidade se fortalecem. Aqueles que a evitam se enfraquecem. Eis aqui um novo paradigma: fomos acostumados a acreditar que mais responsabilidade significa um peso maior. Não! Mais responsabilidade significa mais CONTROLE, mais ESCOLHAS, mais PODER. Vire a moeda do PESO e da CULPA para o outro lado e estará escrito: PODER.

Pense na seguinte situação: você já tentou falar com a criança de maneira positiva e ela entendeu como algo negativo e reagiu mal. Em geral, nossa tendência é de reagir com mais aborrecimento, culpar a criança e torná-la responsável por qualquer mal-entendido que tenha surgido. Essa é a maneira mais comum, mas nem sempre a mais sábia. O fato é que sua comunicação pode ter sido o gatilho acionador dessa reação. A FORMA como você falou pode ter sido a CAUSA da reação da criança.

Vou concluir a respeito da crença 3 trazendo um exemplo de Maria Montessori:

> Certo dia a professora chegou um pouco atrasada e constatou que muitas crianças tinham aberto o armário e cada uma pegava um objeto e levava consigo. A professora julgou que era furto e que havia necessidade de severidade e educação moral. Acreditei que as crianças já conheciam tão bem os objetos que eram capazes de escolhê-los sozinhas. E assim foi. Desde então foram adotados os armários baixos.[23]

---

23 MONTESSORI, Maria. *A descoberta da criança*. São Paulo: Círculo do Livro, 1982. p. 93.

Quanta diferença na interpretação de dois adultos! Imagine você: qual sequência teriam os fatos e como ficariam as crianças sendo tratadas como pequenos delinquentes? Em contraponto: veja o legado que Maria Montessori deixou tratando-as como grandes indivíduos autônomos e capazes de decidir e escolher com base nos próprios interesses.

Criança é efeito. Adulto é causa. Comunicação é resultado. Ou seja, não vale o que você quis dizer ou o que você pensou ter dito, e sim o que a criança entendeu. Mudando suas ações, sua percepção, você pode mudar sua comunicação. Chamando para si a responsabilidade, você tem o poder de mudar o resultado que produz. Aliás, a palavra RESPONSABILIDADE parece uma junção de RESPOSTA + HABILIDADE, ou seja, habilidade de dar respostas. É isso o que pais, mães e professores que acessam o Modo Estrela-Guia fazem: investem em conhecer mais sobre o cérebro infantil para aumentar sua habilidade de dar respostas assertivas às crianças. A culpa não é delas! Elas não são o problema! Mesmo aquelas com os temperamentos mais desafiadores.

Crença 4: comece antes de estar pronto e nunca fique pronto

Muitos pais, mães e profissionais adeptos da Disciplina do Equilíbrio se apropriam de saberes de outras pessoas. Elas não acreditam que precisam saber tudo, sobre tudo.

Eu estava simplesmente desesperada. Meu bebê, que já estava com 8 meses, não parava de chorar. Sem trabalho (havia me demitido para tentar estabilizar a criança), sem dormir (pois ele acordava mais de nove vezes a cada noite) e sem família (morava a mais de dois mil quilômetros dos meus pais e sogros), estava triste, impotente, exausta e sem perspectiva de mudar aquela realidade. Sentia que tinha acabado com a minha vida para sempre, me perguntava por que havia feito aquilo comigo e me culpava por pensar dessa maneira. Um círculo vicioso e triste em que me afundava cada vez mais. Até que uma pessoa me fez uma pergunta: "Você já leu algum livro sobre como ser mãe?".

Não! Eu não tinha lido, aliás, eu nunca havia nem pensado nisso. Não fazia a menor ideia de que se podia estudar para ser mãe. Logo eu, que adoro ler e estudar, não havia cogitado estudar sobre ser mãe. Nesse mesmo dia coloquei meu bebê na cadeirinha de segurança no carro e fui a uma livraria comprar meu primeiro livro sobre maternidade. Era tão grosso que parecia uma Bíblia. Foi como se uma venda tivesse sido retirada dos meus olhos. Tudo começou a mudar. Passei a entender muitos comportamentos do meu bebê e tive orientações que o fizeram aprender a dormir respeitosamente (sem deixar chorando sozinho no berço). Não, eu não precisava saber tudo sozinha. Não precisava dar conta de tudo sem buscar conhecimento. Existia conhecimento transformador disponível. Desde essa descoberta eu nunca mais parei de aprender sobre as relações entre as pessoas.

Tempo é uma das coisas que ninguém pode criar para você, e a infância da sua criança não pode ser prolongada, por isso não espere estar pronto para começar a fazer mudanças, não espere acabar o curso, não espere o fim de um ano letivo para iniciar as mudanças que a sua criança está pedindo, não espere terminar de ler este livro (mas, por favor, termine o livro e comece outros!). A ideia é não esperar o momento ideal para começar, mas para sempre continuar a buscar mais e mais.

Algumas pessoas resolvem alguns problemas superficiais da relação com a criança e já param de buscar informações sobre isso. Esquecem-se de que uma relação é algo vivo, dinâmico e infinito. Cuidar dela não é como tomar um remédio de vez em quando se algo não vai bem, mas, sim, alimentar-se bem todos os dias para evitar precisar do remédio. Uma criança pode demandar mais que outra e isso é normal. Precisamos estudar justamente para saber o que é essencial e o que não é e para encontrar o equilíbrio entre uso e conhecimento. De nada adianta saber demais e fazer de menos e talvez pior ainda seja fazer de mais e saber de menos...

Lembre-se de que pais, mães e profissionais Estrelas-Guias nem sempre são as pessoas que têm mais informações, ou maior conhecimento, mas são os mais eficientes em usar as ferramentas que têm. São eles os que conseguem resultados. E, o mais importante: são pessoas que nunca param de aprender.

Crença 5: nós e as crianças somos uma equipe

Não há felicidade e bons comportamentos duradouros na vida de uma criança sem relações de qualidade entre ela e as pessoas com as quais convive. Pais, mães e professores Estrelas-Guias que conseguem resultados interessantes têm um tremendo senso de respeito e admiração pelas crianças. Para conseguirmos bons resultados com elas, a melhor maneira é formar uma equipe que esteja trabalhando junto. Um por todos e todos por um.

> Ela era uma mãe dedicada. Preocupada com que sua menina fizesse tudo certo e fosse obediente. Uma pessoa cheia de boas intenções e de um amor rígido. As coisas começaram a ficar desafiadoras: sua criança tinha um temperamento forte e contestador, daqueles que não obedecem sem enxergarem sentido nos comandos (vale dizer, ordens e comandos são muito mal recebidos por esse tipo de criança). De desafiadoras, as coisas passaram a ficar insustentáveis após a chegada do irmãozinho. A mãe, temendo que a menina o machucasse, defendia o bebê da filha, que tinha severos ataques de raiva. E, quanto mais a mãe defendia o bebê e via a menina como uma ameaça, mais raiva e comportamentos inadequados dominavam a criança maior. Um terrível ciclo de afastamento entre os irmãos, uma fissura emocional profunda entre a mãe e a primeira criança. Um padrão muito triste que vejo se repetir em incontáveis núcleos familiares por falta de conhecimento. A coisa culminou com um evento muito marcante – ao entrar no quarto do bebê, a mãe encontrou a filha de 5 anos enfiando o dedo no olho do pequeno rival. Esse é um relato real de uma mãe que se tornou minha aluna. Felizmente as coisas mudaram drasticamente e, de uma mentalidade de separação e punição, a mãe passou à crença de que somos uma equipe com as crianças. Se não está bom para um elemento do grupo, todos os outros se unem para resolver e ajudar.

Por muito tempo, os adultos se enxergavam como seres superiores em relação às crianças. Essa visão é fruto de uma cultura de dominação que ainda tem forte presença na nossa sociedade.

Um lamentável traço da nossa história que ainda nos faz pagar o preço até hoje. Homens dominavam mulheres, brancos dominavam negros, humanos dominavam animais, adultos dominavam crianças.

Nessas relações de dominação não há respeito com o dominado. Há exploração, agressão, violência, tristeza, ódio, revolta, rebeldia, medo, vergonha, culpa, vazio, carência, separação, trauma, dor, desamparo, desespero.

Montessori fala muito sobre isso:

> [...] Embora amando profundamente a criança, alimentamos um instinto quase que de defesa contra ela. [...] A partir do instante do nascimento da criança, o espírito do adulto se exprime nesse sentido: cuidar para que a criança não estrague, não suje, não incomode.[24]

Esse tipo de relação não é o ideal, já que você vai limitar e podar o desenvolvimento da criança. Não estamos em lados opostos. Somos uma equipe. E, mesmo que exista hierarquia, as relações serão horizontais, respeitosas, as necessidades de todos os elementos serão levadas em consideração, todos têm vez e voz, as decisões serão compartilhadas (aqui deixo a dica sobre os conceitos de macro e microdecisões que apresento no livro *Temperamentos sem limites* para saber como partilhar decisões com crianças), os pontos de vista serão diversos e as pessoas terão o ambiente para se desenvolver sem defesas, amarras, máscaras ou couraças.

---

24 MONTESSORI, Maria. *O segredo da infância*. São Paulo: WMF Martins Fontes, 2019. p. 36.

E esta é uma das principais diferenças entre métodos de educação, como o montessoriano, e metodologias tradicionais: o intenso respeito com as crianças e com as outras pessoas envolvidas.

Uma equipe pode ter elementos de diferentes faixas etárias, perfis e ritmos. Os elefantes, por exemplo, sabem disso instintivamente. Veja mais uma passagem registrada por Maria Montessori:

> Corresponder às necessidades do ser imaturo, adaptando-se a elas e renunciando às próprias necessidades – eis o que deve fazer o adulto. Quando o elefantinho é conduzido pela mãe à manada de adultos, a grande massa dos enormes paquidermes diminui a marcha para acompanhar a andatura do pequenino. Quando este se cansa e para, todos param também.[25]

Relações mais horizontais promovem bons resultados até no universo profissional. As fábricas japonesas, nas quais operadores e diretores fazem as refeições no mesmo refeitório e se comunicam sobre seus desempenhos mútuos, refletem as maravilhas que podem ser realizadas quando se respeitam as pessoas, em vez de tentar manipulá-las. Dificilmente há um tema mais potente em empresas excelentes do que o respeito pelo indivíduo. Empresas bem-sucedidas são aquelas que tratam as pessoas com respeito e dignidade, que olham seus funcionários como sócios, não como ferramentas ou como um mal necessário.

E, sim, sei que é mais fácil aceitar essa crença do que adotá-la no dia a dia. É fácil concordar com a ideia de que é positivo tratar as crianças com respeito, mas não é tão fácil fazer isso de fato.

---

25 MONTESSORI, Maria. *Educação para um mundo novo*. São Paulo: Círculo do Livro, 1982. p. 25.

Precisamos nos manter alertas, reajustar nosso comportamento e recalibrar nossas certezas para nos certificarmos de estarmos nos encaminhando para onde realmente queremos. Dizer que trata as crianças como parte da equipe e considerá-las dessa maneira não são a mesma coisa.

É importante sempre se voltar a fazer essas perguntas:

- Como podemos fazer ainda melhor?
- Como podemos aceitar a criança? Seu jeito? Seu ritmo?
- Como podemos conseguir mais resultados nessa relação?
- O que as reações dela dizem sobre a forma como está sendo tratada?

Lembrando que é mais difícil ainda se manter respeitoso quando se está cansado, sobrecarregado, esgotado, com sono, infeliz, trabalhando por pura obrigação em algo que não te toca o coração. Tome decisões para ser mais feliz se quiser conseguir ser respeitoso com as pessoas com as quais você convive.

Crença 6: estudar sobre a infância é parte de amar a criança

Você conhece alguma pessoa de grande sucesso em uma área que odeia?

Eu não.

Mark Twain uma vez disse: "O segredo do sucesso é fazer de sua vocação sua distração". Aprender a gostar de estar com a criança, interagir com ela, observá-la e estudá-la (na presença e na ausência dela) é a chave para dirigir seu caminho para o crescimento e a expansão da consciência.

Se, para você, estudar sobre a criança é algo chato e você não tentar descobrir formas dinâmicas de fazer isso, então é provável que sua relação nunca será algo extraordinário. Não estou sugerindo que você deva se tornar um especialista na infância. Ou que você concentre toda sua energia em torno do desenvolvimento da criança. E, sim, que seu mundo e sua vida serão enriquecidos se você trouxer para o estudo sobre a criança a mesma curiosidade e vitalidade que traz para seu lazer.

É a qualidade do compromisso que define seus resultados. Compromisso é um componente importante do sucesso em qualquer área. De que adianta dizer que ama a sua criança, que ela é a coisa mais importante da sua vida, se faz brincadeiras que acabam com a saúde emocional dela? De que adianta dizer que a criança é tudo para você se faz as coisas no lugar dela, impedindo que ela se desenvolva?

Estudar sobre a infância é parte de amar a criança.

Crença 7: é preciso ter confiança na criança e persistir nos estudos

Confiar na competência de sua criança, acreditar que ela é capaz de entender o mundo do jeitinho dela, que ela mesma pode saber o que é melhor para o desenvolvimento dela, que consegue tomar decisões, que comunica suas necessidades, interesses e que prefere falar sempre a verdade é uma base sólida para desenvolver uma relação de respeito e afeto.

Com uns 8 meses, meu filho usava um andador daqueles de rodinhas. Quando ele saía para a sacada do apartamento, não conseguia voltar, pois enroscava no pequeno degrau da porta de correr. Ficava ali gritando feito um desesperado para que alguém levantasse um pouquinho o andador para que pudesse passar. Percebendo a repetição frequente dessa cena, pensei: vou ensiná-lo a fazer isso sozinho. (Lembre-se de que estamos falando de um bebê de 8 meses.)

Na vez seguinte em que a situação se repetiu, eu disse: "Filho, pegue no andador e levante, assim...", demonstrando de longe o que ele deveria fazer.

O mais incrível para mim foi que ele fez! Levantou a parte da frente do andador e conseguiu passar. Ele ficou mais autônomo e independente, e eu também.[26]

Se você não acreditar que mesmo muito pequena a criança é sábia, capaz, competente, que se conhece e que consegue cuidar de si mesma, de certa maneira ficará muito difícil respeitá-la como indivíduo.

Sobre persistência, Tony Robbins registrou em seu livro sobre alguém que falou que o Michael Jackson era um "milagre surgido da noite para o dia", sobre o qual ele escreve, indignado:

> Milagre da noite para o dia? Michael Jackson tem grande talento? Certo que tem! Mas ele trabalhou seu talento desde os 5 anos de idade! Tem feito shows desde então, praticando seu canto, aperfeiçoando sua dança, escrevendo suas canções. É claro que tinha algum talento natural. E também cresceu

---

26 Um dos casos publicados originalmente no meu primeiro livro, *Crianças sem limites*.

> num ambiente que o ajudou, desenvolveu sistemas de crenças que o estimularam, teve muitos modelos de sucesso disponíveis, além uma família que o guiou. Mas o principal é que quis pagar o preço.[27]

É preciso fazer o que for necessário para conseguir uma boa conexão com sua criança. Mas, além disso, é preciso ser persistente, nada acontece do dia para a noite, ainda mais se você não está em um ambiente propício, se você tem pouco conhecimento, se as coisas acontecem e você não reflete sobre os seus atos... É preciso pagar o preço de estudar, ler, se informar, buscar conhecimento para entregar o melhor de si aos seus pequenos. Isso faz toda a diferença.

Inúmeras pessoas que conhecem meu filho agora, aos 14 anos, dizem que ele é educado e tranquilo. Mal sabem elas que esse já é o resultado de um trabalho gigantesco de manejar, conduzir, equilibrar e guiar um menino de temperamento superforte. Não, ele não é tranquilo, e não, nunca foi sorte! Confio profundamente nele e estudo sem parar. Esse é o resultado.

Essas sete crenças fizeram maravilhas para outros pais, mães, professores e profissionais, e acredito que poderão fazer coisas incríveis também para você tomar a decisão de se comprometer com elas.

---

27 ROBBINS, Tony. *Poder sem limites*. Rio de Janeiro: BestSeller, 2017. p. 58.

capítulo 9

O QUE SUA MANEIRA DE PENSAR E ACREDITAR FAZ COM VOCÊ?

Para abrir a conversa sobre esse tema, quero compartilhar mais uma história pessoal.

Decidimos ir de Campinas para Ilhabela passar o Ano-Novo. Como muitas outras famílias (claro!) tiveram a mesma ideia, acabamos enfrentando quase oito horas de congestionamento numa viagem que deveria durar apenas quatro. Almoçamos e tomamos um banho de mar enquanto meu marido trabalhou de dentro do carro. Uma superevolução, já que ele não foi sempre flexível assim. Fez por mim. Pelo filho. Fez por nós. Deu o horário de fazer check-in na pousada, escolhida pelo marido: bem localizada, com piscina, uma delícia pra nós, por nós. Piscina, curtição e alegria até ele terminar os trabalhos e vir curtir com a gente.

Depois saímos para jantar. Paramos num barzinho apenas por causa do cantor. Amo uma boa música ao vivo! E uma caipirinha com bolinho de camarão, hummmm, perfeito! Como ele sabe que eu gosto, concordou rápido em comer ali. Mas entrou também porque gosta – novamente, ele fez por mim, pra mim, pra nós.

Na hora de pegar o carro no estacionamento, falei algo num tom de voz um pouco mais alto e ele me censurou com um olhar feio e uma reclamação. Odeio isso e não é de hoje. Em situações assim, me sinto agredida na essência: além de não ter sido nada tão grave, parece que meu jeito de ser é podado. E essa sou eu: se não gosta disso, não gosta de mim. Quis seguir o piloto-automático do temperamento e da vida e ficar brava o restante do dia por causa do último lance errado. Na verdade, fiquei furiosa, mas meu nível de consciência e os recursos internos de que já dispunha me permitiram não externar nada antes de processar internamente. Consegui não ser levada por meus pensamentos e assumi o controle da situação.

> Pensei no saldo: “tanta coisa legal e só uma ruim: vale a pena emburrar?”. Também pensei que ninguém é perfeito e que essa reação de contenção dizia muito mais sobre ele mesmo e a maneira como foi tolhido do que sobre mim. Por que tomar essa atitude para mim?
>
> A raiva foi se atenuando. Nunca tinha tido essa chance antes da consciência que a PNL me trouxe. Elaborei tudo internamente e consegui ficar bem. Não precisei falar nada. Fiquei bem de verdade, e isso é uma conquista pessoal. Antes eu não conseguia: ou reprimia pra soltar em outro momento como mola encolhida, indiretas, ironias e sarcasmos, ou já fechava a cara e acabava com o clima ali mesmo, ignorando o dia todo incrível que havíamos tido.

Você está sendo convidado a pensar sobre seus pensamentos. Para que comece a compreender esse processo, faça as seguintes perguntas a si mesmo:

- Você controla seus pensamentos ou é (miseravelmente) controlado por eles?
- Você usa seus pensamentos ou é usado por eles?
- Você faz o que quer com seus pensamentos ou eles fazem o que querem de você?
- Você pensa sobre seus pensamentos? Sobre a sua forma de pensar?
- Se nós, adultos, não temos muito conhecimento da nossa esfera mental, como podemos ajudar as crianças a serem donas de seu próprio espaço mental?

A PNL nos propõe o movimento de pensar sobre o pensar, chamado de METAPENSAMENTO. Ele pode nos colocar em outro nível de consciência sobre as mais diversas questões que envolvem nossas vidas – nossas relações, vínculos, como interpretamos os eventos que acontecem – e mudar nosso comportamento, nossa maneira de comunicar, como nos sentimos e, enfim, como vivemos.

Voltando ao caso relatado no início do capítulo, se eu acredito que, por ter me criticado no volume da minha fala, meu marido não me ama, vou para um lugar emocional e comportamental de poucos recursos. Se acredito que essa contenção dele em relação a mim diz mais sobre o modo como foi contido em sua infância, minha emoção e meu comportamento mudam.

Segundo Anton Tchekhov, um escritor russo, "o homem é o que ele acredita ser", por isso o maior poder é a nossa crença, já que é algo que expressa um princípio orientador de significado e direção para nossa vida. É um filtro pré-arranjado e organizado sobre nossa percepção do mundo. E, quando acreditamos com convicção que alguma coisa é verdade, é como se mandássemos um comando para nosso cérebro de como representar o que está ocorrendo.

É por isso que as crenças podem abrir a porta para a excelência ou para o fracasso na sua relação com a criança. Com crenças orientadoras fortes sobre a criança, a infância e a educação infantil, você tem o poder de criar o mundo no qual quer viver. As crenças te ajudam a ver o que quer e te energizam para alcançar isso. Elas nos ajudam a liberar os mais potentes recursos que estão dentro de nós para que alcancemos os resultados desejados. E é por isso que dediquei um capítulo todo para esse tópico.

Sem as crenças potentes sobre as crianças, sobre a infância e sobre a educação infantil, a relação adulto-criança pode ser totalmente enfraquecida. Em essência, a história de um adulto com sua criança é a história da crença desse adulto sobre essa criança, já que as crenças de identidade que uma criança vai formando sobre ela mesma estão íntima e diretamente ligadas às crenças que os adultos ao redor têm sobre ela. A criança aprende a se ver como os adultos que têm por perto a veem. Sério isso, não? Muito mais sério do que podemos imaginar.

É por isso que precisamos cuidar das projeções que fazemos em nossas crianças, com expectativas que são nossas, das comparações que fazemos entre uma e outra, dos rótulos, dos diagnósticos, das palavras que escolhemos usar com, sobre e para cada criança da nossa vida. A fala "as crianças testam os adultos" é um exemplo de crença comum e limitante sobre as ações e os pensamentos na infância. Quem tem essa crença pode passar qualquer ação da criança por esse filtro e aí já viu como isso vai impactar na emoção e no comportamento desse adulto em relação à criança, não é? Ao dizer alguma coisa constantemente, você entra no estado de acreditar que aquilo deve ser verdade. Quer mais um exemplo de crença limitante sobre nossas crianças muito comum na nossa sociedade? "Criança quieta é porque está aprontando." Se entendêssemos de cérebro infantil, saberíamos que aquilo que faz uma criança ficar mais quieta é o desenvolvimento de sua concentração. Assim, é importante utilizar as crenças com inteligência e objetivo, uma vez que podem ser as mais poderosas forças para criar o bem na sua vida com crianças. Por sua vez, utilizar as crenças comuns e engessadas da nossa sociedade pode ser devastador tanto para o desenvolvimento pleno das crianças quanto para nosso vínculo com elas.

Todos nós temos uma hierarquia, uma escala de crenças. Muitas são profundas, tão fundamentais que morreríamos por elas – coisas como nossa família e amor. Mas grande parte de nossa vida é governada por crenças sobre possibilidades, sucessos ou felicidades que adquirimos, inconscientemente, durante anos. A chave é utilizar essas crenças e ter certeza de que trabalharão para você, que elas são efetivas e fortalecedoras.

Para mudar nossos próprios comportamentos negativos temos que alterar nossas próprias crenças. Sempre existe a possibilidade de transformarmos uma crença de identidade e nos tornarmos o que queremos.

Tomemos como exemplo o efeito placebo. Quando se diz às pessoas que um remédio terá certo efeito, muitas vezes elas realmente o experimentam, mesmo quando recebem uma pílula sem propriedades ativas. Sobre isso, o famoso jornalista político Norman Cousins disse: "As drogas não são sempre necessárias. Mas a crença na recuperação sempre é".[28] Há registros de um estudo em que uma pessoa em transe hipnótico era tocada com um pedaço de gelo, representado para ela como um pedaço de metal quente. Ao sair do transe e verificar os lugares de contato, havia bolhas. Gelo não cria bolhas, metal quente, sim. O que contava não era a realidade, mas a crença, ou seja, a comunicação direta, não questionada pelo sistema nervoso. O cérebro simplesmente faz o que é programado pelas crenças para fazer.

Crença é um estado, uma representação interna que governa o comportamento. Pode ser uma crença fortalecedora, como a de que seremos bem-sucedidos com nossas crianças independentemente da combinação de temperamentos delas. Ou uma enfraquecedora, como a crença de que nossas limitações são gigantes porque nossa infância não foi como gostaríamos. Se você acredita em sucesso, ficará fortalecido para conseguir isso. Caso contrário, sua crença tenderá a te levar ao fracasso. O cérebro sempre trabalhará para mostrar que seu dono tem razão.

Mas o que precisa ficar claro para você é que, a partir de agora, as crenças serão sua escolha, algo consciente. Você pode escolher

---

28 COUSIN, Norman. *Anatomy of an Illness As Perceived by the Patient*: Reflections on Healing and Regeneration. Nova York: Open Road Media, 2016. p. 17.

crenças que o limitam em sua relação com a criança, ou que o apoiam nessa relação.

O processo de educar crianças pela Disciplina do Equilíbrio usando a potência da PNL passa por escolher crenças que contribuam para o sucesso e os resultados que você deseja, e descartar as crenças que te distanciam desse resultado. Ou seja, cuidado ao dizer "não consigo". Quando diz que não consegue se lembrar de algo ou fazer alguma coisa, você fecha os caminhos e seu cérebro não tenta com todas as suas forças. Quando diz que consegue, você dá uma ordem a seu sistema nervoso que abre os caminhos para a parte do cérebro que tem a capacidade de dar as respostas necessárias.

Se queremos modelar as crenças que favorecem uma educação de crianças que leve em conta o desabrochar de todo o seu potencial, a primeira coisa que precisamos descobrir é de onde vêm essas crenças.

Ambiente

É gigante o efeito que o ambiente tem nas crenças e nos sonhos das pessoas. Se sua história é recheada de adultos desrespeitando as crianças, batendo, colocando-as de castigo, tirando sarro delas, achando que elas manipulam e testam os outros o tempo todo, que estão ali para servir e fazer tudo o que o adulto solicitar, que querem mandar quando ainda não sabem de nada, que só dão trabalho e incômodo, é muito difícil para você formar representações internas que favoreçam o respeito, o diálogo horizontal e a busca da satisfação das necessidades da criança. Se você cresceu na violência, na pressa e no desrespeito, é daí que vêm seus modelos e possibilidades.

Uma das maiores dificuldades que tive com meu filho em seus três primeiros anos de vida foi com relação ao leite: desde recém-nascido, ele regurgitava quase todo o leite que ingeria. Diagnóstico: refluxo gastroesofágico intenso. Além disso, ele apresentava secreções e inflamações, sempre com os seios da face e peito congestionados. Isso resultava na necessidade de um uso frequente de antibióticos e em um sofrimento atroz para todos. Depois de testar quase sete tipos diferentes de leite, quando ele completou 3 anos, e já se alimentava de tudo, comecei a compreender que a retirada completa do leite poderia ser a solução. Porém, encontrei muita resistência no meu marido, na sogra e até na minha mãe, já que todos tinham a mesma crença – se a humanidade se fez tomando leite, as crianças necessariamente precisam de leite.

Então, mesmo que eu já tivesse ciência de que muitos dos males da minha criança poderiam ser cessados com a retirada do leite de sua dieta, continuei a preparar a mamadeira. Inicialmente, para mim, era como se eu estivesse envenenando-o, depois comecei a diluir com água – o que provocou reclamação do meu filho e fortes críticas do meu marido –, e, por fim, decidi propor um período de teste de trinta dias. Com o acordo do marido, ainda que descrente de algum resultado positivo, partimos para um mês sem leite. O menino se livrou dos antibióticos e está sem leite até hoje, com 14 anos.

Como se pôde perceber na história, com a resistência do meu marido e de nossas mães, a primeira fonte de crenças é o ambiente.

Já dizia Albert Einstein: "Poucas pessoas são capazes de expressar opiniões que diferem dos preconceitos de seu ambiente social. A maioria das pessoas é até incapaz de formar tais opiniões". E é por isso que uma das primeiras crenças que precisamos mudar diz respeito ao ambiente.

Acontecimentos

Depois de tudo o que aconteceu com nosso filho, meu marido passou a acreditar que o leite poderia fazer mal a algumas crianças. Eventos, portanto, podem ajudar a criar ou modificar crenças.

Há certos acontecimentos, grandes e pequenos, dos quais a gente nunca se esquece. A maioria de nós tem experiências assim, circunstâncias que provocaram um impacto, que ficaram instaladas para sempre em nossos cérebros. São essas as experiências que formam as crenças que podem mudar nossas vidas.

Por isso crescemos tanto, emocional, física e espiritualmente, diante das adversidades. Experiências de quase-morte, um acidente ou outro tipo de situação extrema nos marcam de uma maneira que até depois de adultos conseguimos nos lembrar da sensação do antes e depois.

Sempre recomendo que a gente dê um jeito de criar experiências desafiadoras e significativas para nossas vidas como formas de nos levar ao crescimento, seja uma aventura na natureza, abrir um negócio, fazer caridade, viagens, lançar-se em um projeto, fazer terapia, cursos de autoconhecimento, workshops vivenciais etc. Cada um vai fazer aquilo que se encaixar na própria realidade, mas todas essas experiências podem nos fazer acreditar em nosso potencial de maneira muito poderosa.

E, se quisermos apoiar a criação de crenças fortalecedoras de autoestima e autoconfiança em nossas crianças, o que podemos fazer?

- Deixar que corram riscos calculados.
- Deixar que tomem decisões e lidem com as consequências naturais.
- Permitir que brinquem livremente.
- Proporcionar um relacionamento com crianças de idades mistas.
- Promover interações com crianças de todos os tipos.
- Evitar interferir e "salvar" a criança sem uma necessidade real.
- Deixar a criança viver, mesmo que isso envolva pequenas quedas.

Quando decidi que queria vender brigadeiros aos 12 anos, minha mãe hesitou, mas permitiu. As crenças que isso me trouxe sobre minha identidade e minhas capacidades são extremamente potentes até hoje. Acredito que posso ganhar dinheiro com facilidade. Acredito que sou boa em comunicação e vendas. Acredito que tenho potencial de ganhar cada vez mais. Imagine se ela tivesse ficado com vergonha? Ou se ela tivesse me "poupado" com o discurso: "Você não precisa disso, filha".

Conhecimento

Um terceiro caminho para criar crenças é por meio do conhecimento. Leitura, filmes, música em outros idiomas, a arte em geral, ver o mundo retratado por pontos de vistas diferentes é uma das grandes maneiras de quebrar as algemas de um ambiente limitador.

Morávamos em apartamento e, sempre que precisava sair a pé, por exemplo, para ir à padaria, levava meu filho, naquele momento com 1 ano e meio, para que pudesse sair um pouco. Como eu não tinha muito conhecimento sobre as crianças e suas necessidades, retornei de um daqueles passeios reclamando com meu marido: "Está cada dia mais difícil sair com esse menino! Fica parando em todos os degraus, pega as pedras sujas do chão, quer mexer nas coisas das prateleiras da padaria, não para... Uma coisa que deveria levar uns 15 minutos, olha só, levou mais de 40!". A isso, meu marido respondeu que simplesmente pegaria a criança logo no colo porque não tinha paciência para essa demora toda.

Naquele mesmo dia, fui dar continuidade ao livro de Montessori, *A criança*, já citado aqui, e, oportunamente, me deparei com o seguinte trecho:

> *Certo dia, observei e segui os passos de um pai japonês que levava para passear o filhinho com cerca de 1 ano e meio ou 2 anos de idade. De repente, o menino abraçou-se às pernas do pai e este parou, ficando à disposição do filho, que começou a voltear em torno da perna escolhida. Quando o menino terminou o exercício, o lento passeio recomeçou. Pouco depois, entretanto, o menino sentou-se na beirada da calçada e o pai parou ao seu lado. O rosto paterno se apresentava sério e normal. O homem nada fazia de excepcional – era apenas um pai que levava o filho para passear. Assim se deveria fazer para possibilitar às crianças o exercício essencial de andar na época em que o organismo tem necessidade de fixar tantas coordenações motoras, que tendem a estabelecer o equilíbrio do indivíduo e a realizar a enorme e difícil tarefa reservada aos seres humanos: andar ereto apenas sobre duas pernas. [...] A criança não desenvolve a capacidade de andar ereta esperando que ela chegue, mas "andando". O primeiro passo, acontecimento festejado com tanta alegria pela família, é realmente uma conquista da natureza e assinala a passagem do*

primeiro para o segundo ano de idade. É quase o nascimento do homem ativo que substitui o homem inerte: inicia-se para a criança uma vida nova. [...] Sabe-se que a criança se lança a caminhar com um impulso irresistível e corajoso. Quer andar. É um verdadeiro soldado que se atira à vitória sem se preocupar com os riscos. E, por isso, o adulto deseja colocá-la ao abrigo de tais riscos, com proteções que são, na verdade, obstáculos; procura mantê-la protegida no interior do cercado, ou prende-a no carrinho no qual é levada a passear, por longo tempo – mesmo quando já possui pernas robustas. Isso acontece porque a criança tem o passo mais curto que o do adulto e menos resistência que ele nas longas caminhadas – e o adulto é incapaz de renunciar ao seu próprio ritmo. É o adulto que deve adaptar-se às condições da criança, não o inverso. [...] A criança entre 1 ano e meio e 2 anos de idade é capaz de percorrer quilômetros a pé e, também, de superar trechos difíceis, ladeiras e escadas. Só que ela caminha com uma finalidade totalmente diferente da nossa. O adulto anda para chegar a uma meta externa e segue diretamente para ela; além disso, tem no passo um ritmo já estabelecido, que o transporta quase mecanicamente. A criança anda para elaborar suas próprias funções e, portanto, tem um objetivo criativo por natureza. É lenta e ainda não possui um ritmo de passadas ou uma finalidade. Sente-se, porém, atraída pelas coisas e afasta-se ocasionalmente do caminho. O auxílio que o adulto poderia proporcionar seria abrir mão de seu próprio ritmo, de sua meta.[29]

Esse excerto já teria sido suficiente para me tirar da ignorância e mudar minhas crenças sobre o andar da criança. Confesso que já estava envergonhada, mas continuei a leitura:

---

29 MONTESSORI, Maria. *A criança.* São Paulo: Círculo do Livro, 1980. p. 89-90.

Conheci em Nápoles uma jovem família cujo filho caçula tinha 1 ano e meio. Para chegarem à praia, no verão, tinham que percorrer cerca de um quilômetro e meio de uma estrada íngreme que descia o morro, quase impraticável para automóveis e carrinhos. Os jovens pais desejavam levar o menino consigo, mas era por demais cansativo transportá-lo no colo. A própria criança os ajudava, percorrendo a pé o longo trecho de estrada. Parava a intervalos, perto de alguma flor, ou sentava-se no capim para observar algum animal. Certa vez, permaneceu cerca de quinze minutos observando atentamente um jumento que pastava. Assim, todos os dias ele descia e subia, sem fatigar-se, o caminho longo e difícil.

Esses conhecimentos foram essenciais para me tirar da ignorância e mudar minhas crenças sobre o andar da criança.

Não importa quão rígido seja o seu mundo, se puder ler sobre as realizações dos outros, pode criar as crenças que lhe permitirão ser bem-sucedido nessa missão de educar crianças de maneira mais potente, com maior vínculo e mais felicidade.

Em uma bela passagem do livro *O segredo da infância*, Montessori conta que um dia, pensando que as crianças achariam graça, ensinou-as como assoar o nariz. Ninguém achou graça. As crianças olharam fascinadas, enquanto a professora dobrava o papel, usava e descartava com elegância e cuidado. Quando ela terminou, as crianças irromperam em uma salva de palmas. As crianças não se fascinaram somente pela lição, mas também pela possibilidade de escapar da vergonha. Diariamente escutavam adultos dizendo que precisavam assoar o nariz, que estavam sujas, mas ninguém nunca se ocupou de ensinar como fazer isso; e, sem aprender, as crianças não tinham como se libertar das broncas e humilhações diárias.

Nossas crianças carecem de dignidade. Não por escolha, nem por natureza, mas porque, assim como fez com o espaço para brincar e a liberdade para comer, dormir e beber água, a civilização adulta roubou da criança a dignidade e o orgulho. Com frases como "não tem nem tamanho de gente ainda e já quer saber das coisas", nós dizemos às crianças que elas são menos que gente. Com todas as ações que colocam as crianças em segundo plano, comunicamos que elas são menos que nós. Tudo isso acontece por ignorância dos adultos, por pura falta de conhecimento sobre a vida infantil. Quando buscamos conhecimentos, mudamos nossas crenças porque passamos a saber o que, de verdade, está em jogo.

Resultados

"Como você fez isso?" O pai perguntou irritado para a mãe do menino de 3 anos. O grande feito tinha sido trocar a camiseta do pequeno para uma mais adequada ao local para onde estavam indo. Ocorre que o menino estava brincando e o pai havia tentado trocá-lo por um bom tempo sem sucesso. Tentou com jeitinho e não conseguiu. Tentou à força e virou uma confusão tão grande que saiu do quarto esbravejando: "Vai lá você senão vou acabar batendo nele!". Ao que a mãe assumiu a situação, entrou no quarto e trocou a camiseta da criança em menos de cinco minutos, levando o pai àquele estado estupefato.

Essa história é de uma família em que o pai, inicialmente, não acreditava em abordagens respeitosas de educação (no caso, a minha!). Até que entendi que precisava de formas novas de criar/mudar crenças diferentes de ficar tentando ser a professora do marido. Aquele dia foi um marco na virada de chave na mente dele. Depois desse episódio ele se abriu para entender e aprender sobre o *rapport* e conseguiu sozinho trocar muitas camisetas do próprio filho.

A maneira mais certa para criar a crença de que você pode fazer alguma coisa é fazê-la uma vez. Só uma vez. Se você for bem-sucedido uma vez, é bem mais fácil formar a crença de que fará novamente com sucesso. Isso porque você já testou, já conhece seu comportamento, suas emoções e pensamentos diante da situação. Mesmo que você não tenha realizado perfeitamente a atividade, você sabe que é possível fazer e tem as ferramentas necessárias para tentar de novo.

Já imaginou educar as crianças com essa consciência?

Acreditar que algo pode ser feito torna-se uma profecia autorrealizadora.

Visualização

O quinto caminho para estabelecer crenças é imaginando a experiência que você deseja no futuro, como se o resultado já estivesse realizado. Visualização é um tipo especial de pensamento intencional, relacionado a pensar sobre o que deseja viver. Trazer de maneira deliberada para sua mente a experiência que deseja no futuro como se estivesse aqui e agora é como fazer um ensaio neuronal. Já usou o seu pensamento dessa maneira? Assim como as experiências passadas podem mudar suas representações internas, aquilo que projetamos na imaginação em relação ao futuro também tem poder de se tornar realidade.

Quando os resultados que têm à sua volta não o estão apoiando para ficar no Modo Estrela-Guia, num estado rico de recursos e efetivo em conduzir sua criança, você pode criar o mundo da maneira como quer que ele seja e entrar nessa experiência mudando seus estados, crenças e ações.

VISUALIZAR o que você deseja fazer na próxima vez que uma situação acontecer é um recurso potente. Por exemplo: vamos supor que você ainda não conseguiu se livrar do vício de gritar com a criança. Quando se dá conta, por mais que se esforce, percebe que acabou gritando outra vez. Nessa hora, seus pensamentos podem ser preenchidos por culpa, autopunição, xingamentos etc., ou você pode gastar essa energia para repassar mentalmente a cena pensando em como gostaria de ter agido. Essa forma de pensar no que você gostaria de ter feito cria não só um novo caminho neural como resposta para o mesmo estímulo, mas também uma nova realidade quântica que te aproxima de conseguir isso no futuro.

Qualquer que seja a sua meta, se criar em sua mente uma imagem clara do resultado que quer e representá-lo para si mesmo como se já o tivesse alcançado, então você entrará no Modo Estrela-Guia, que o apoiará a criar os resultados que deseja.

Essas cinco possibilidades são meios para mobilizar crenças. A maioria de nós forma suas crenças ao acaso. Nós absorvemos coisas – boas e más – do mundo ao nosso redor. Mas um dos propósitos principais deste livro sobre PNL é exatamente te fazer perceber que você pode (e deve!) controlar suas crenças. Pode controlar a maneira como modela pessoas que admira. Pode, conscientemente, dirigir sua vida. Pode mudar. Pode viver (com a criança) uma vida mais feliz.

capítulo 10

CRENÇAS DE IDENTIDADE, TEMPERAMENTOS E COMPORTAMENTOS

Como uma pessoa de temperamento colérico, durante minha infância e adolescência sempre ouvi frases do tipo "Você é muito difícil de conviver!" ou "Você não aceita brincadeiras!". Foram anos para conseguir me livrar da crença de que eu não precisava ficar presa às características principais do meu temperamento dominante.

Vale deixar uma coisa bem clara aqui (caso ainda não saiba): *você não é o seu temperamento dominante e, também, não é o seu comportamento*, embora seja comum misturarmos e generalizarmos as coisas.

Por exemplo, você não é impaciente porque não foi muito tolerante em uma situação. E isso também vale para as crianças. Uma criança não é teimosa porque não colaborou com você hoje ou é necessariamente egoísta porque ainda não consegue compartilhar as coisas ou ceder a vez. Trata-se apenas de alguns comportamentos pontuais que podem estar ligados a tendências da combinação de temperamentos. Com conclusões precipitadas e generalizações, podem se formar crenças limitantes de identidade e se instalar o desequilíbrio. Como foi feito comigo: acreditei que era brava e impaciente por muitos anos. Embora fossem tendências do meu temperamento dominante colérico, não precisavam ser crenças limitantes sobre a minha identidade. Isso afetou por muito tempo minhas relações, como o meu casamento e o meu maternar. Foi preciso um grande trabalho para conseguir tomar consciência e evoluir nesses pontos.

Se você tem crenças negativas, agora já deve saber os efeitos prejudiciais que elas proporcionam. Mas é essencial compreender que é possível mudar crenças tanto quanto o comprimento dos cabelos – suas representações internas podem ser alteradas.

Digamos que uma pessoa tem uma crença de que *não é criativa*. Se ela tem expectativas de fracasso, quanto de seu potencial vai liberar? Não muito. Pois já disse a si mesma que não consegue ser criativa e sinalizou ao seu cérebro a esperar o fracasso. E suas ações provavelmente não refletirão o seu potencial real.

Se você está convencido de que vai falhar, seu cérebro pensa "por que se esforçar"? Assim, se você alimenta a crença que diz que não é criativo para lidar com algum desafio da criança e que não é bom em pensar novas ideias, histórias, músicas ou brincadeiras, seu sistema nervoso responderá assim. Você liberou uma quantidade limitada do seu potencial e os seus resultados possivelmente serão bastante limitados também.

O pior é que não acaba aí, o famoso "nada é tão ruim que não possa piorar". É provável que esses resultados limitados reforcem suas crenças negativas, em uma clássica espiral descendente: fracasso gerando fracasso, como num CÍRCULO VICIOSO. Isso é o Modo Estrela-Cadente, no qual as pessoas, uma vez estando há tanto tempo sem os resultados que desejam, passam a não acreditar mais que possam alcançá-los. Fazem pouco ou nada para liberar seu potencial e tentam sobreviver fazendo o mínimo possível. E quais resultados conseguem? Resultados fracos, que confirmam e pioram suas crenças.

Agora vamos olhar para a mesma situação de modo diferente. Suponha que você comece com grandes esperanças, acreditando com cada fibra de seu ser que terá sucesso. Começando com essa comunicação direta, clara, do que você sabe ser verdade, quanto usará de seu potencial? Provavelmente, uma boa quantidade. Que tipo de ações tomará desta vez? Vai se arrastar e fazer uma tentativa indiferente? Claro que não! Você está animado, energizado, tem grandes esperanças de sucesso, vai dar tudo de si. Se você fizer esse esforço, que tipo de resultados será gerado? Há possibilidades muito maiores de que sejam bons. E o que isso faz para sua crença em sua capacidade de conseguir grandes resultados no futuro? É o oposto do círculo vicioso. É o CÍRCULO VIRTUOSO. Trata-se do oposto do Modo Estrela-Cadente: é o Modo Estrela-Guia.

No caso seguinte, sucesso alimenta sucesso e gera mais sucesso, e cada sucesso cria mais crença e recursos para ser novamente bem-sucedido.

> Meu filho joga basquete como atleta federado e entrou numa fase em que estava melhor nos treinos que nos jogos. Inexplicavelmente, não estava conseguindo levar para os jogos a habilidade demonstrada nos treinamentos. Conversando, entendemos que ele estava sentindo medo de errar, e isso o estava deixando um pouco retraído. Falei sobre as crenças e o poder que elas têm, bem como sobre o pensamento e o quanto ele pode nos controlar se não assumirmos as rédeas da nossa mente. Para que a compreensão ficasse ainda mais clara, convidei o garotão, então com 12 anos, para uma vivência. Temos um banco comprido na varanda. Apontei e perguntei: "Você acredita que consegue chegar ao outro lado sem cair?". Ele respondeu: "Fácil!". Subiu e foi até a outra ponta sem titubear. Daí eu continuei: "Show! Agora você vai fazer isso de novo, mas, quando tiver no terceiro passo, quero que pense 'e se eu errar?', pode ser?". Ele concordou e foi. Quando estava no ponto em questão e pensou sobre a possibilidade de errar, pisou torto e o banco bambeou, a ponto de se desequilibrar. "Isso é o que está acontecendo com você em quadra. O pensamento sobre errar está no pano de fundo de sua mente e o seu potencial não está sendo plenamente liberado. Nos treinos você não está temendo o erro e, portanto, está conseguindo dar tudo o que sabe." Foi uma tomada de consciência incrível, cujos resultados foram aprimorados a partir dessa nova percepção.

Pessoas de sucesso evoluem? Claro que sim.

Crenças afirmativas sempre garantem resultados? Claro que não.

Se alguém alguma vez te disser que conseguiu uma fórmula mágica para garantir sucesso perpétuo e perfeito, fuja – e rápido.

capítulo 11

COMO CONTROLAR AS EMOÇÕES? FISIOLOGIA, PENSAMENTO E CONGRUÊNCIA

Uma vez, estava numa chamada de vídeo com uma mãe que saiu em direção à cozinha, pois ouvia barulho de água e sua criança de 4 anos, que estava lá, não respondia aos seus insistentes chamados. Pronta para dar uma bronca no menino, ela foi surpreendida com um: "Tô lavando a louça do almoço pra te ajudar, mamãe".

"Me quebrou!" – ela me disse. A fala do menino desarmou a mãe. Sua expressão carrancuda virou uma cara de admiração, a musculatura contraída se soltou e os punhos cerrados deram lugar a mãos sensíveis. Toda a reação de raiva saiu do corpo de maneira instantânea. A mãe orientou o menino sobre como ele deveria usar a torneira com paciência e deixou a criança continuar o que estava fazendo. Nesse caso, a fala da criança mudou a fisiologia da mãe, mas e se a mãe aprendesse a alterar sua própria fisiologia de acordo com seus propósitos?

A primeira coisa a compreender nesse contexto é a conexão entre emoção e corpo: cada emoção tem uma fisiologia que a sustenta. Ou seja, ao mudarmos a fisiologia, o estado emocional também muda.

Por fisiologia, entendemos uma marcação corporal. Cada emoção se expressa em nossa face e em nosso corpo de certa forma. Imagine a expressão de alegria e o que ela provoca internamente: batimentos cardíacos mais acelerados, liberação de neurotransmissores, temperatura corporal aumentada etc. Essa marcação corporal de cada emoção é a fisiologia dela. Segundo a PNL, como cada emoção tem uma fisiologia, se eu mudar essa marcação corporal – a postura ou a expressão do corpo –, o estado emocional também muda. É uma via de mão dupla: sentir alegria me faz sorrir e, ao mesmo tempo, sorrir pode me fazer sentir alegria (ou, ao menos, atenuar a tristeza).

A fisiologia é o mais poderoso instrumento de que dispomos para mudar o estado – do Modo Estrela-Cadente ao Modo Estrela-Guia – e produzir resultados dinâmicos instantaneamente. Não há ação poderosa sem uma fisiologia poderosa, até porque a fisiologia e o pensamento são totalmente interligados: se você muda um desses elementos, o outro também muda.

O que significa mudar a fisiologia?

Aprender a controlar sua fisiologia – mudar a postura, o modo de respirar, a tensão muscular, a tonalidade de voz etc. – representa um instrumento poderoso para conseguir controlar o próprio cérebro. Assim, é de extrema importância entender que, quando se trata do nosso emocional, o corpo não é uma variável insignificante; muito pelo contrário, é uma parte absolutamente crucial que está sempre em ação. O corpo é uma ferramenta para dar conta de sair de um estado limitante de poucos recursos – Modo Estrela-Cadente – e acessar um estado rico em recursos e criatividade – Modo Estrela-Guia. Para tanto, existem duas maneiras de conseguir mudar de estado:

- Seu pensamento ou suas representações internas – mudar o nível de consciência e significado que dá a cada coisa.
- Sua fisiologia – mudar seu corpo em sua postura, expressão facial ou seu comportamento.

Assim, em uma situação na qual você chega em casa tarde e exausta e se depara com a cena em que sua criança de 2 anos tirou tudo que conseguiu de dentro dos armários da cozinha, você sente uma vontade enorme de gritar, chorar, bater... Mas sabe que não deve fazer nada disso. Tudo o que você quer é mudar seu estado num instante. E o que faz?

Você tem duas opções: primeira, alterar seus pensamentos e suas representações internas, ou seja, as interpretações que faz e significados que dá àquilo que vê ou mudar sua fisiologia. Atuando nessa opção, você buscaria transformar o pensamento de "que bagunça!" para "quanto aprendizado e desenvolvimento!". Ou ainda: mudando de "que criança terrível!" para "graças a Deus está saudável e descobrindo o mundo!".

Já na segunda, você buscaria parar, respirar fundo, tomar um copo de água e buscar se colocar no estado de gratidão ou de humor, sabendo que um corpo não consegue se conectar ao mesmo tempo na raiva e na gratidão. São como as frequências acessadas pelo rádio: se está numa estação, não está mais na outra. Então, se consegue encontrar algo que te faça rir ou agradecer, pronto, sua raiva diminui instantaneamente. Confesso que devo boa parte da minha vida a esse recurso (eu o uso muito até hoje).

Podemos mudar nossos estados emocionais e nos fortalecer para agir, seja mudando as imagens e os diálogos em nossas mentes, seja mudando a maneira como posicionamos nosso corpo, como respiramos e o tom de voz que usamos. O ideal, na verdade, é mudar ambas – representação interna e fisiologia. Tendo feito isso, logo podemos sentir que dispomos dos recursos necessários e somos capazes de prosseguir com as ações para produzir os resultados que desejamos acessando o Modo Estrela-Guia.

O poder da fisiologia é tão grande que, se você se mantém ereto, se joga seus ombros para trás, se respira profundamente, se olha para cima – se você se coloca numa fisiologia de recursos acessando o Modo Estrela-Guia –, você não consegue ficar para baixo.

Quer entender na prática o poder da fisiologia? Tente você mesmo. Levante-se agora, jogue seus ombros para trás, respire profundamente, olhe para cima e movimente o corpo. Simplesmente, você não consegue se sentir para baixo nessa postura, não? Sim, isso é quase impossível. Em vez disso, seu cérebro está recebendo uma mensagem de sua fisiologia para estar alerta, vital e cheio de recursos. Jogadores de vôlei têm menor incidência de depressão por estarem constantemente olhando para cima, sabia?

Quando você olhar para sua vida com crianças e sentir que não consegue melhorar sua conexão com elas, minha recomendação é: "Aja como se você conseguisse fazer isso". Para a pergunta que certamente surgirá em seguida – "Mas como?" –, eu te recomendo: "Aja como se soubesse como. Fique em pé, do modo que ficaria se soubesse como fazer isso. Respire da maneira que o faria se soubesse como fazer isso agora. Faça seu rosto aparentar como se conseguisse fazer isso agora". Se você fizer esse treino com confiança, levantando-se daquela maneira, respirando daquele modo e colocando sua fisiologia naquele estado, você vai sentir que consegue fazer o que deseja. Simplesmente mudando a sua fisiologia, você pode fazer coisas que nunca conseguiu fazer antes, porque, no momento em que muda sua fisiologia, muda seu estado e acessa um novo arsenal de recursos do Modo Estrela-Guia.

Lembre-se: *todo comportamento humano é o resultado do estado em que estamos*. Esta é para imprimir e colar na geladeira! Vou repetir: todo comportamento humano é o resultado do estado em que estamos.

Quando acessamos o Modo Estrela-Guia, nos sentimos fortes e com recursos, tentamos coisas que nunca tentaríamos se nos sentíssemos amedrontados, fracos e cansados, como ficamos no Modo Estrela-Cadente. Assim, te convido a experimentar fazer coisas diferentes, às quais não está acostumado a fazer com sua criança:

- Se acha que não leva jeito para brincar, desafie-se a brincar. Imagine e coloque-se na fisiologia que você estaria se soubesse brincar.
- Se não é bom em fazer sua criança dormir, coloque-se na fisiologia que você estaria se fosse bom nisso.
- Se sua questão é conseguir acalmar-se, a mesma coisa.

Quando conseguir, esse resultado te dará uma experiência de mudar seu estado e comportamento acessando os recursos do Modo Estrela-Guia para apoiar sua meta, sem levar em consideração o que pensava ou sentia previamente.

A mudança de fisiologia também é importante, por exemplo, para ajudar a criança em crises de choro. Busque fazê-la olhar para cima, para que comece a ter acesso aos aspectos visuais de sua neurologia em vez de seus aspectos cinestésicos.[30] Geralmente, só isso já a fará parar de chorar. Se puder, faça com que ela coloque os ombros para trás. Isso muda as sensações da criança. Se uma criança está chorando porque se machucou, faça com que olhe para cima de maneira sutil, talvez mostrando alguma coisa. O choro e a dor vão parar, ou pelo menos diminuir. Dessa forma, o cérebro recebe uma nova mensagem sobre como se sentir.

---

30 Relativo à cinestesia, conjunto de sensações do próprio organismo.

Pense na questão da atividade física. Se você treinou muito e está sem fôlego, e fica dizendo para si como está cansado, ou quanto você correu, você favorecerá a fisiologia – sentar-se ou arquejar – que apoia essa comunicação. Por sua vez, se – mesmo sem fôlego – você, conscientemente, se levanta disposto e faz com que sua respiração fique normal, se sentirá recuperado em pouco tempo. Quando mudamos nossas representações internas e fisiologia, não são apenas nossas sensações e ações que se modificam, mas também a bioquímica do nosso corpo.

Estudos mostram que, quando as pessoas ficam deprimidas, o sistema imunológico delas segue o mesmo comportamento e se torna menos eficiente: a contagem das células brancas do sangue cai. Também já ouvimos falar sobre o horrível efeito do estresse sobre pessoas que perdem a vontade de viver após a morte de um ente querido. E todos nós sabemos que emoções e estados negativos podem, literalmente, nos matar. Mas o que acho interessante é o fato de parecer haver mais pesquisas comprovando o lado prejudicial da relação mente-corpo e quase nenhuma evidenciando a parte positiva dessa conexão, como os estados positivos podem – também – nos curar.

Uma das histórias mais famosas a respeito desse poder do estado e da fisiologia sobre a cura de doenças é a de Norman Cousins. Ele conseguiu sua recuperação, pasmem, rindo. Oi? Isso mesmo! Rir era uma das coisas que Cousins fazia num esforço consciente para mobilizar sua vontade de viver. Boa parte de seu tratamento se baseava em filmes, programas de televisão e livros que o fizessem rir. É óbvio que isso mudou as representações internas dele, e a risada mudou radicalmente sua fisiologia e, assim, suas mensagens para o sistema nervoso sobre como deveria reagir.

Ele percebeu mudanças imediatas e físicas positivas, como dormir melhor e o alívio da dor. Com o tempo, recuperou-se por completo, a despeito da probabilidade declarada por um de seus médicos. Sobre essa experiência, Cousins concluiu: "Aprendi a nunca subestimar a capacidade da mente e do corpo humano em regenerar-se. Mesmo quando as probabilidades forem as mais remotas. A força da vida talvez seja a menos compreendida das forças da Terra".[31]

A questão é que nossas expressões faciais afetam o modo como nos sentimos. Rir quando não estamos de bom humor, por exemplo, também é capaz de disparar processos biológicos para nos fazer sentir bem. Isso porque rir aumenta o fluxo de sangue para o cérebro e muda o nível de oxigênio, o nível de estímulo dos neurotransmissores. Este é o ponto-chave:

O caminho de ida todo mundo conhece porque é espontâneo. Já o caminho de volta é o da consciência, o do controle, o de fazer o que não é óbvio.

A mesma relação entre expressão do corpo e emoção na mente é válida para as outras expressões. Coloque sua expressão facial na fisiologia de medo, raiva, nojo ou surpresa e vá percebendo como se sente. Os atores já sabem e usam isso há muito tempo.

Tendo em conta essas correlações entre mente e corpo, vale reforçar a necessidade de cuidarmos muito bem de nosso corpo, para, enfim, alcançar a potência máxima do nosso cérebro. Esse foi um argumento muito forte para o meu retorno aos exercícios físicos. Cuido do meu corpo porque desejo alcançar a potência máxima do meu cérebro. Quanto melhor o modo

---

31 COUSINS, Norman. *Anatomia de uma doença:* a percepção do paciente. Rio de Janeiro: Record, 1989. p. 31.

como usa seu corpo, melhor seu cérebro trabalha. Se preciso ser mais flexível na mente, é uma boa trabalhar a flexibilidade no corpo. Você pode criar incríveis transformações internas e de resultados em sua vida por meio da mudança da fisiologia. Moshé Feldenkrais, um pesquisador do movimento e um nome muito relevante na área, afirmava que a qualidade de sua vida é a qualidade de seu movimento.[32]

A importância da congruência

Se trago uma mensagem com a intenção de que seja positiva, mas minha voz é fraca e amadora, e a linguagem de meu corpo é desarticulada e desfocada, como você recebe essa mensagem? Provavelmente não absorverá bem porque dessa maneira estou sendo incongruente. A incongruência não me deixa ser tudo que posso ser, impedindo-me de criar meu estado mais forte. A incongruência externa, que foi passada pela minha forma de comunicar, tem início na incongruência interna. Dar a si mesmo mensagens contraditórias é uma maneira subliminar de atrair negativas, "nãos" e fracassos.

Sabe aquela pessoa que não te inspira confiança, mas você nem sabe explicar ao certo a razão, ainda que o que ela diga até faça sentido? Isso acontece porque seu inconsciente captou algo que seu consciente não captou. A incongruência trabalha contra a pessoa, pois faz com que ela tente ir em duas direções ao mesmo tempo: uma com suas palavras e outra com sua fisiologia. Todos

---

32 O método Feldenkrais é um tipo de terapia de movimento desenvolvida pelo israelense Moshé Feldenkrais em meados do século 20. Trata-se de uma técnica de Educação Somática que busca promover a tomada de consciência de si a partir da experimentação do movimento.

já vivemos e pagamos o preço da incongruência quando parte de nós realmente quer alguma coisa, mas outra parece nos deter. Por exemplo, não sei se concluo o trabalho ou se fico um pouco com minha criança antes de ela dormir. Há casos em que eu não faço bem nem uma coisa nem outra.

Congruência é força. Pessoas consistentemente bem-sucedidas são aquelas capazes de confiar em todos os seus recursos, mentais e físicos, para trabalharem juntos com o objetivo de alcançar uma meta. Desenvolver congruência é uma das grandes chaves para o poder pessoal. Quando nos comunicamos, fazemos isso com o corpo todo: a ênfase das palavras, a voz, a respiração, a energia dispensada, a fisiologia toda. Quando meu corpo e minhas palavras combinam, estou dando sinais claros para meu cérebro que é isso que quero produzir. E minha mente reage de acordo. Agora, se você está dizendo para si mesmo: "Bem, sim... Acho que é isso mesmo o que eu deveria estar fazendo", e sua fisiologia está fraca e indecisa, que tipo de mensagem seu cérebro recebe? Se os sinais que seu corpo envia são fracos ou conflitantes, o cérebro não tem um senso claro do que fazer.

É como assistir a uma live no Instagram com uma conexão instável: muitas vezes a gente acaba desistindo por não conseguir entender bem a mensagem. O mesmo acontece com seu cérebro. É como um soldado indo para a batalha com um general que diz: "Bem, talvez devamos tentar isso. Não sei se vai dar certo, mas vamos ver o que acontece".

Em que estado ficará esse soldado?

Quantas vezes não fazemos isso com as crianças? E depois as culpamos por não terem feito o que pedimos com a boca e não confirmamos com o corpo.

Atenção!

Se você estiver buscando usar toda a sua fisiologia para atingir um estado de poder fazendo a postura do Super--Homem, por exemplo, ou tentando rir para mudar seu estado interno, mas, simultaneamente, ficar dizendo para si mesmo: "Pareço um bobo fazendo isso", então você não aproveitará todos os benefícios porque não seria congruente. Seu corpo estaria dizendo uma coisa e sua mente, outra. O poder vem da entrega de uma mensagem unificada.

Imagine se sua criança já crescer sabendo da importância do uso do corpo e da fisiologia para alterar seus estados? Imagine se ela já tiver a oportunidade de se desenvolver consciente das questões que envolvem a congruência e a incongruência? Esse conhecimento da PNL te dá a oportunidade de ver a sua criança crescer em estatura e em consciência. Quanto ganho de autoconhecimento e inteligência emocional você pode ir adicionando à vida da sua criança se desenvolvendo nos recursos aqui apresentados. Isso porque a maioria de nós foi incongruente até nisso: crescemos no corpo e ficamos minúsculos na expansão de nossa consciência mental, emocional e espiritual. Muitos de nós nos comportamos como crianças educando outras crianças, e precisamos ser lembrados por outros de que somos os adultos da situação.

Finalmente, uma última pergunta sobre mudança de estados internos e fisiologia: por que as pessoas consomem drogas, álcool, cigarros ou comem demais? Não são tentativas indiretas para mudar o estado, mudando a fisiologia? Você pode produzir os mesmos resultados que a comida, o álcool ou as drogas poderiam produzir no seu estado, sem os efeitos prejudiciais para seu corpo ou sua psique. Outra coisa muito importante para a criança crescer sabendo: ela pode alcançar o êxtase da droga sem droga! Ouça uma boa música, dance, brinque, corra, leia, respire, medite. Percebe até onde esse conteúdo pode te levar? Percebe o poder que está sendo transmitido a você neste momento? Experimente. Novas escolhas e possibilidades estão esperando por você! Sua criança também espera mais de você.

capítulo 12

VOCABULÁRIO: O PODER DAS PALAVRAS QUE USAMOS

Já disse aqui que sempre me considerei uma pessoa notívaga. Eu repetia que precisava de mais de oito horas de sono e que produzia muito melhor à noite quando não chegavam mensagens, e-mails ou ligações. Com isso, mantinha uma rotina de dormir até as 11 horas da manhã todos os dias e trabalhar até as 4 horas da madrugada todas as noites. De tão convincente nas minhas explicações de que algumas pessoas tinham uma curva de energia que decaía ao longo do dia e de que a minha era invertida, cheguei a criar um neologismo: dizia que minha capacidade de *redormir* era impressionante! Eu chegava ao ponto de levantar, levar meu filho para a escola, fazer uma aula de balé e voltar a dormir até quase meio-dia. Isso me trazia uma série de questões profissionais, por perder meio período do horário comercial de todos os dias, e pessoais, por ter um marido que acha que um domingo se ganha pela manhã.

Foi me apropriando dos conhecimentos e das ferramentas da PNL que percebi que fazia do sono uma verdadeira fuga. Dormir era um alívio, um escape da dor e do sofrimento, em um lar de origem conturbado por brigas e separações sem fim. Percebe as conexões que cada pessoa faz?

Também dizia sempre que era ansiosa e reclamava de minha memória fraca, em outro uso equivocado das palavras. Já entendeu o que eu estava colhendo desse plantio, né?

Muitas pessoas conhecem o papel poderoso que as palavras desempenharam na história da humanidade, do poder dos grandes oradores para nos emocionar, mas poucos compreendem o próprio poder para usar as mesmas palavras para fortalecer seu corpo, mente, alma e espírito. Menos pessoas ainda têm noção do impacto de suas palavras na vida das crianças. E poucas exercem o poder das palavras para mudar comportamentos e até controlar a intensidade das suas emoções e das emoções infantis.

Pense nas consequências das seguintes situações:

- Uma mãe que diz que sua criança é terrível.
- Um professor que afirma que o aluno tem dificuldade de aprendizagem.
- Uma criança escutando o médico dizer que ela tem seletividade alimentar severa.

Cada uma dessas palavras vai formando as crenças de identidade da criança. E isso pode piorar as coisas.

Depois de descobrir a potência do uso consciente do vocabulário, minha proposta é de que passemos a ser *curadores de palavras*. Isso mesmo! Selecionar com maior cuidado as palavras que vamos usar para descrever as experiências das nossas vidas e, também, das crianças que convivem com a gente. Isso pode expandir nossas emoções mais fortalecedoras e atenuar os estados emocionais limitantes. As palavras bem escolhidas podem dar poder para o que vivemos de melhor enquanto uma seleção de palavras inferior pode nos destruir, nos adoecer, nos empobrecer... nos limitar. E tem muitas famílias e profissionais fazendo isso com as crianças por não terem a menor noção de que usam palavras inadequadas com elas.

Em quase todos os âmbitos das nossas vidas, temos uma consciência muito limitada sobre as palavras que escolhemos usar. Por isso, se não ampliamos a consciência sobre a escolha das palavras e vivemos permitindo que os hábitos inconscientes – familiares e culturais – decidam por nós o que dizer, então podemos perder muito da potência de nossas experiências de vida, bem como da formação da autoestima das nossas crianças.

Também para essa parte é necessária uma expansão da consciência, pois é muito provável que até aqui suas escolhas de palavras tenham sido feitas de maneira inconsciente. Mudei radicalmente minhas falas depois da PNL. Exageraaaaaaada que era, usava muito os extremos. Vivia refém do que havia dito, ofendia pessoas, limitava opções usando com frequência e intensidade termos como "nunca", "sempre", "jamais" etc. Cada construção de frase que falamos repetindo e pensando e repensando vão se transformando na nossa própria experiência.

As palavras que escolhemos afetam significativamente a maneira como nos comunicamos conosco, o que impacta diretamente na realidade emocional e comportamental que experimentamos. Presta atenção no que vou te dizer: temos o poder de alterar radicalmente qualquer experiência emocional por meio da escolha das palavras que usamos para descrever a nós mesmos o que sentimos.

O mais lamentável é que estudamos sobre as palavras na escola, sabemos se são monossílabas, dissílabas ou polissílabas, decoramos que todas as proparoxítonas são acentuadas, lembramos que antes de P e B temos de usar o M, mas a maioria de nós não compreende que as palavras que escolhemos afetam significativamente a maneira como nos comunicamos com a gente mesmo.

Se você descreve uma experiência magnífica como "muito boa", a riqueza e a potência da situação poderão ser reduzidas pelo uso limitado do vocabulário. As pessoas com um vocabulário mais escasso levam uma vida emocional empobrecida, tudo em preto e branco. Já aquelas com um vocabulário mais rico têm uma caixa de lápis de cor com infinitas possibilidades para pintar as próprias experiências, não apenas para os outros, mas também para si mesmas.

Toda língua tem palavras que transmitem uma intensidade emocional importante. Por exemplo, se você desenvolveu o hábito de dizer que "odeia" as coisas – seu cabelo, seu trabalho ou ter de fazer alguma coisa –, não acha que isso aumenta a intensidade de estados emocionais negativos mais do que se usasse uma frase como: "Eu prefiro alguma coisa"? Usar palavras emocionalmente carregadas pode transformar seu próprio estado interior (e também o das crianças) em positivo ou negativo. A partir da mudança do seu vocabulário habitual, você pode alterar o modo como pensa, sente e vive.

Aprendi com Tony Robbins que, em vez de dizer que eu estou p*** com alguma coisa ou que estou muito indignada ou furiosa com alguém, posso usar uma palavra como "desgostosa". Chega a ser ridícula e por isso mesmo tem o poder de diminuir a intensidade emocional da raiva que estou sentindo. Cada vez que faço a substituição, me dá vontade de rir e eu já volto a um estado de Estrela-Guia, no qual acesso mais recursos para lidar com a situação, especialmente quando quem me deixou desgostosa foi meu filho ou meu marido. Descobri que acreditava que a raiva me deixava mais poderosa para tomar decisões e resolver as coisas, então me encaminhava para a força da raiva com muita frequência. Sempre acreditei que podia dar conta de qualquer coisa se ficasse com raiva! Agi e reagi assim a vida inteira. Claro que essa postura ofensiva já me abriu muitas portas – ou eu as arrombei, não sei. Mas essa agressividade já fechou muitas outras também! E será que eu não conseguiria manter os mesmos resultados positivos, ou seja, abrir as mesmas portas sem precisar sentir raiva para conseguir isso? Mais: será que posso ser também eficiente num estado de felicidade? Foi maravilhoso perceber que eu conseguia manter o resultado que obtinha com a raiva sem precisar entrar nela todas as vezes que queria ser bem-sucedida.

Obviamente, o caminho de evolução de cada um é diferente, mas experimente substituir alguma palavra que é corriqueira no seu dia a dia: a experiência também vai se transformar. Se encontramos palavras poderosas, podemos diminuir ou aumentar a intensidade do que sentimos em relação a praticamente qualquer coisa.

Experimente você também, fique "desgostoso" em vez de furioso e veja o que acontece com seu estado interno. Ao mudar o vocabulário habitual, a experiência também se transforma. Se encontramos palavras poderosas, podemos abaixar ou aumentar a intensidade do que sentimos em relação a praticamente qualquer coisa. Na verdade, a ideia não é exatamente evitar a raiva ou lutar contra ela, ou, ainda, ficar com raiva de sentir raiva. Não. Raiva é energia. Se entrar nesse estado, aproveite essa energia! Use essa força para produzir um resultado interessante. Mas, se a ideia não é evitar a raiva, qual é a ideia? É não procurar por ela. É saber que podemos acessar nossa força sem ficarmos "furiosos".

Agora, o caminho de evolução de cada um é diferente. Se você nunca fica com raiva, por exemplo, você precisa procurar por ela, sim. Cada emoção é importante, e não sentir raiva nunca é um grande problema. Pode fazer você ficar em relações abusivas, não saber estabelecer limites para o que os outros fazem ou falam para você, e até para educar as crianças isso é um grande obstáculo.

Como o uso das palavras pode mudar as emoções?

Os nossos cinco sentidos enviam o que vemos, ouvimos e sentimos para o cérebro, ou seja, todos os estímulos visuais, auditivos, cinestésicos, olfativos e gustativos que você recebe são transformados em sensações internas. Mas como sabemos o que eles significam? Um dos mecanismos do cérebro humano para nomear e identificar cada sensação – se é dor ou prazer – foi criar etiquetas: as "palavras".

Tudo o que vivemos todos os dias vai entrando em nossa mente como se fosse uma esteira de fábrica e para cada sensação interna, uma etiqueta (palavra) é colocada para nomear e identificar o significado.

Com o ritmo apressado e estressante que temos criado para nós, cada vez mais desejamos tomar decisões rápidas; então, em vez de usar todas as palavras disponíveis e encontrar a descrição mais apropriada, muitas vezes utilizamos uma etiqueta enfraquecedora. Mais ainda: acabamos elegendo algumas etiquetas favoritas que definem e transformam nossa experiência de vida. Infelizmente, a maioria das pessoas não avalia de maneira consciente o impacto das palavras que se acostumou a usar.

Muitas vezes, estamos etiquetando sistematicamente qualquer forma de sensação negativa com etiquetas-palavras do tipo "deprimida", "humilhada", "arrasada", "desesperada" ou "insegura". Ainda que elas possam não refletir com precisão a experiência concreta, no momento em que as colocamos passam a ser o que experimentamos internamente. O que era "um pouco aflitivo" se transforma em algo "devastador". O mais triste é que a maioria das pessoas tem poucas etiquetas para classificar um número infinito das mais diversas experiências frustrantes, e a etiqueta-palavra que escolhemos para nomear essa sensação torna-se a nossa experiência interna.

Educação emocional

Por isso é tão importante ajudar a criança a nomear as próprias emoções quando ela as experimenta pela primeira vez. Imagine se ela já crescer consciente de que as palavras que usa para expressar suas emoções definem as experiências sentidas e vividas por elas? Usando etiquetas diferentes como as palavras "aborrecido" ou "desgostoso", podemos mudar a intensidade da experiência. Essa é a essência: as palavras que escolhemos e conectamos às sensações que temos se tornam nossa experiência.

Se três pessoas passam pela mesma experiência de terem sido deixadas para adoção pela mãe biológica, por exemplo, e uma delas sente uma raiva profunda, outra sente certa indignação e a terceira sente apenas aborrecimento, então fica claro que as sensações estão sendo definidas pela tradução de cada pessoa. Como as palavras são nossa forma de interpretar ou traduzir as coisas, a maneira como etiquetamos a experiência muda as sensações em nosso sistema nervoso. Precisamos compreender que as palavras são poderosas o suficiente para alterar nossa química cerebral.

Somos as palavras que usamos

Você tem ideia da quantidade de palavras que existem na língua portuguesa? Pelo menos 400 mil palavras, podendo chegar a 600 mil![33]

O que é inacreditável é que, com um número tão imenso de palavras à disposição, nosso vocabulário habitual seja extremamente limitado. Um brasileiro com escolaridade média usa cerca de 3 mil palavras em seu cotidiano. Isso é menos de 1% da língua!

Se pegarmos as estatísticas da língua inglesa, das 500 a 700 mil palavras que formam o idioma, mais de 3 mil palavras são relacionadas à emoção humana, sendo 1.051 para descrever emoções positivas e 2.086 (quase o dobro!) para as negativas. Não é de admirar que as pessoas se sintam mais mal do que bem hoje em dia.

Uma pesquisa[34] realizada numa prisão constatou que um dos poucos meios pelos quais os presos podiam se expressar quando

---

33 SATO, Paula. É possível calcular quantas palavras surgem por dia na Língua Portuguesa? *Nova Escola*, 28 maio 2009. Disponível em: https://novaescola.org.br/conteudo/2539/e-possivel-calcular-quantas-palavras-surgem-por-dia-na-lingua-portuguesa. Acesso em: 26 mar. 2024.

34 ROBBINS, Tony. *Desperte o seu gigante interior*: como assumir o controle de tudo em sua vida. Trad. Haroldo Netto e Pinheiro de Lemos. Rio de Janeiro: BestSeller, 2017.

sentiam dor era a ação física, ou seja, agressão. O vocabulário limitado restringia também o campo emocional, canalizando até os menores sentimentos de desconforto a níveis elevados de raiva violenta.

O mesmo pode ser observado em alguns bebês de temperamentos mais coléricos que, diante de qualquer mínimo desconforto, gritam, esperneiam, se jogam, mordem, batem, atiram coisas ou atentam contra si mesmos (já atendi casos de crianças que batiam com a cabeça na parede). Tudo isso porque a ausência de vocabulário para expressar as emoções aumenta a frequência e a intensidade de ações violentas. É por isso também que, à medida que vão crescendo, em algumas crianças as crises de violência diminuem, continuam ou até escalam: aquelas que adquirem vocabulário e orientações adequadas para extravasar e expressar suas emoções vão diminuindo as ações violentas; já aquelas que são punidas e castigadas sem aumento de vocabulário ou orientação sobre como se autorregular emocionalmente acabam se tornando cada vez mais violentas.

Também usei a mudança do vocabulário com relação à minha alimentação. Depois que virei mãe, acabei desenvolvendo uma relação de prazer com a comida e costumava dizer: "a maternidade me privou de tantas coisas; se eu não puder nem comer, aí eu estou mesmo perdida". Perceba a força dessas palavras e dessa crença. Então, eu comia – sem me fazer de rogada ao compartilhar coisas como "eu como mesmo!" com as pessoas. E fui engordando. Enquanto o tamanho da calça passava do 40 para o 42, depois para o 44, eu dizia que, se as pessoas se preocupassem com a cabeça, a alma e o coração como se preocupam com suas bundas e seus corpos físicos, o mundo seria bem melhor. (Embora eu ainda acredite que isso seja verdade, naquele contexto não me fortalecia em nada!) Dizia que as pessoas que malhavam todos os dias eram fúteis e superficiais. Eu me orgulhava de dividir uma pizza com o marido, de fazer valer o valor gasto nos rodízios, de não ter nada que eu não gostasse de comer (essa foi uma programação desde a infância: não gostar das coisas é frescura, não pode deixar nada no prato, família italiana dos dois lados), e assim chegamos ao manequim 46.

Olhava pessoas intelectualmente inteligentíssimas que tinham abandonado o cuidado com seus corpos e me via daquela forma no futuro, mas não estava feliz de verdade. Cada vez que ia comprar uma roupa para um evento ou uma calça jeans, ficava triste comigo mesma. Cada vez que mergulhava em um novo processo de autoconhecimento e autodesenvolvimento e olhava de novo para a minha roda da vida, lá estava a fatia da saúde e da atividade física gritando por cuidado e socorro. Até que eu cheguei a um ponto máximo e decidi mudar aquele cenário! E para isso acontecer comecei a mudar também todo o meu vocabulário em relação a isso. Passei a dizer que me alimentar pelo gosto das comidas não era inteligente, motivo pelo qual não combinava comigo, que deveria fazer escolhas pela saúde, pelos resultados no corpo e pela nutrição que eu desejava. Passei a dizer que comer de modo saudável combina comigo, que meu cérebro (que eu amo tanto!) merece uma alimentação saudável e que se beneficia dela ainda mais que o resto do meu corpo. Que as atividades físicas fazem mais bem para o cérebro que para o resto do corpo. Que eu poderia nem ficar com o corpo perfeito, mas que as atividades físicas me fariam viver mais e com mais qualidade de vida – elas liberam endorfina e dopamina, e sinto menos fome após realizá-las. Isso tudo, somado a uma alavanca de sentido e valores, me fez emagrecer dezessete quilos em quatro meses!

Foram muitas as mudanças de vocabulário, com novas palavras e crenças inseridas no dia a dia e moldando meus comportamentos e decisões. E é assim que estou desenhando o meu futuro, escolhendo exatamente o que quero e usando as palavras para criar a minha realidade.

Essa conversa sobre as palavras me lembrou outro momento da minha vida.

Quando me mudei para Fortaleza, no Ceará, logo notei que a maneira de falar é bem diferente da usada no Sul e Sudeste, onde havia morado até então. Eu precisava despachar vinte livros nos correios e estava uma fila enorme. O atendimento estava muito devagar e eu tinha um monte de coisas para fazer ainda naquele dia. Quando chegou a minha vez – já estava lá há quase uma hora e vi que até ela carimbar os vinte envelopes eu poderia ficar mais uma –, disse a ela no melhor sotaque cearense que consegui: "Mulher, eu tô toda aperreada hoje!". Ela me olhou como se conseguisse sentir o meu "aperreio" e respondeu: "Ô, mulher, é mesmo? Então deixe isso aqui, pague logo e vá que depois eu termino de carimbar tudo aqui". E, então, ela agilizou a cobrança e me liberou para ir embora. Falar como o outro traz pertencimento, conexão, união. Fico pensando que se eu tivesse dito: "Guria do céu, eu estou *mega* sobrecarregada hoje!", ela teria perguntado: "De onde você é?", e não teria sentido minha aflição e agilizado as coisas para mim.

Mas fica a pergunta: será que, quando adotamos o vocabulário habitual de outra pessoa, adotamos também seus padrões emocionais? Se observarmos as crianças e adolescentes que começam a falar do mesmo jeito que certos amigos e depois passam a apresentar os mesmos comportamentos, reações e padrões, teremos certeza de que a resposta a essa pergunta é um sonoro "SIM". Mas não se engane: isso também acontece com os adultos.

A conclusão é: se um conjunto de palavras que você está usando cria estados que te enfraquecem, livre-se dele e substitua por outras palavras que te fortaleçam! E isso não é só uma questão de semântica, pois, se o uso de novas palavras te fizer romper com seus padrões emocionais habituais, então tudo mudará. Usar de maneira efetiva um vocabulário consciente, escolhido com estratégia, que transforma nossa experiência emocional e nos faz sorrir, produz sentimentos totalmente diferentes, muda nossos estados e faz com que nos façamos perguntas mais inteligentes. E isso é fundamental em nossas relações com nossas crianças e no caminho que queremos construir com e para elas.

E quais palavras temos usado em nossas relações com nossas crianças? Quais precisamos substituir? Que destino queremos construir e como vamos moldá-lo a partir do nosso vocabulário? O que podemos fazer para contribuir com que elas já cresçam conscientes do poder das palavras em suas vidas?

capítulo 13

METAS: O DIRECIONAMENTO DA ENERGIA VITAL DA CRIANÇA

A mente inconsciente está sempre procurando informações para ter um rumo a que possa seguir. Assim, para não ficarmos à mercê da mídia, da cultura ou das programações que nos foram feitas na infância, é importante desenvolver clareza de onde desejamos colocar nossa energia vital.

Uma criança de uns 4 anos, montada no cabo de uma vassoura como se fosse um "cavalinho", corria desenfreadamente pelo espaço confinado em que estava enquanto era filmada por uma pessoa que parecia ser sua mãe. Ela não parava de repetir "cavainho, cavainho, cavainho", dançava sem ouvir nenhuma música, batia com o cabo da vassoura/cavalo na pessoa que a acompanhava e voltava a correr para lá e para cá sem rumo. Exibi esse vídeo várias vezes em palestras para pais e professores e perguntei o que viam ali. A maioria enxergava uma criança feliz.

Disse a eles que eu via uma criança do tipo "fio desencapado". Diante da perplexidade de todos, expliquei: toda criança nasce com uma quantidade de energia vital dentro de si, a qual, à medida que a criança cresce, deve ser usada na interação com o meio em que esta vive, aprendendo a manipular os objetos, trabalhar, ser útil. Quando o adulto está consciente desse processo da mente infantil, ele direciona essa energia da criança para o aprendizado da vida real. A criança, então, participa das atividades do dia a dia com o adulto com algumas adaptações para que ela consiga executar as ações. Ela limpa, lava, varre, seca, cozinha, sempre com a mediação do adulto, que vai adaptando as atividades e os utensílios à idade e à capacidade da criança. Já presenciei crianças com menos de 2 anos envolvidas nas atividades domésticas e amando participar e pertencer ao ambiente. Isso é uma energia direcionada para ações úteis. Quando isso não acontece, a criança precisa liberar a energia, momento em que ela sai desordenadamente em forma de correria, bagunça, confusão, caos e até agressividade... Isso é o "fio desencapado".

Devo dizer também que isso não é uma exclusividade das crianças. Quando a mente tem um alvo definido, ela pode focar e dirigir, refocar e redirigir até alcançar a meta pretendida. Se não houver um alvo definido, a energia é dissipada, e aí se vão horas preciosas na frente do Instagram, YouTube e WhatsApp fazendo nada.

Todas as pessoas, incluindo as crianças, precisam de metas. Indivíduos com metas claras nas quais estão realmente interessados conseguem motivação para liberar todos os seus recursos pessoais internos. Um estudo[35] com estudantes da Universidade de Yale em 1953 identificou que apenas 3% dos graduandos tinham suas metas anotadas. Vinte anos mais tarde, em 1973, os pesquisadores descobriram que os 3% valiam muito mais, em termos salariais, do que os restantes 97% juntos. O nível de felicidade também era superior nos 3%. Esse é o poder das METAS.

Você já tentou montar um quebra-cabeça de muitas peças, sem ter acesso à tampa da caixa com a imagem final que ele apresenta? É muito difícil, né? É exatamente o que acontece com quem vive uma vida sem metas claras e definidas, sem saber o que quer e aonde deseja chegar – ou seja, sem saber o que fazer com sua energia vital disponível. Quando você sabe o que quer, fornece ao seu cérebro clareza de objetivos suficientes para que ele saiba exatamente que tipo de informações priorizar entre todas

35 ROBBINS, Tony. *Desperte o seu gigante interior*: como assumir o controle de tudo em sua vida. Trad. Haroldo Netto e Pinheiro de Lemos. Rio de Janeiro: BestSeller, 2017.

aquelas constantemente recebidas pelo sistema nervoso. Você fornece condições claras de como pode ser efetivo. O comportamento dirigido para metas é o que nos diferencia dos demais animais: enquanto nos animais irracionais as metas que determinam as ações são sempre de caráter imediato e são movidas, principalmente, pelo instinto, nos seres humanos a capacidade de pensar sobre o mundo que o cerca, o próprio desejo e o futuro permitem elaborar suas metas pessoais, sobretudo planejar seus objetivos a longo prazo.

As metas calibram a nossa bússola interna. E eu vivi há alguns anos um episódio muito interessante sobre isso.

Naquele dia, acordei indisposta e sem coragem. Tinha um dia de gravação em estúdio, mas estava sem forças para ir. Ainda que sentisse um grande desconforto, não poderia classificá-lo como uma demanda médica. Era uma angústia, combinada com um aperto no peito e uma enorme falta de vontade de viver aquele dia. Desmarquei a gravação e, quando avisei ao meu marido que não iria mais, ele ficou muito preocupado, pois era bastante incomum para mim desmarcar trabalho. Quando ele me perguntou o que eu tinha, confesso que não sabia colocar com clareza em palavras, mas, à medida que fui tentando me expressar, entendi: eu estabeleci três metas para aquele ano – fazer algumas palestras na Europa, promover um evento presencial para meus alunos no Brasil e iniciar um negócio de chás com a minha marca. Já estávamos em maio e, se eu continuasse acordando e vivendo todos os dias como fiz até aquele momento, nenhuma daquelas metas iria se concretizar! Ufa! O choro veio como cachoeira depois que consegui colocar pra fora e aquela bola enorme na garganta foi se dissipando. Essa crise deu origem a um replanejamento na minha vida, evento a partir do qual minha motivação e disposição retornaram. Duas dessas metas foram realizadas naquele ano e a marca de chás começou a ser desenvolvida com lançamento marcado para o ano seguinte. É para isso que servem as crises. É para isso que servem as metas.

Há pessoas que parecem estar sempre perdidas, de um lado a outro, tentando uma coisa e mudando para outra em seguida. O problema delas é simples: não sabem o que querem. Você não pode atingir um alvo se não souber qual é. E isso também acontece na educação das crianças. Há pessoas que ora estão autoritárias, depois sentem culpa e então ficam permissivas, ora seguem os ensinamentos de uma metodologia rígida, como a da Supernanny (era da sua época?). Depois mudam para outras fontes mais voltadas para a livre demanda e o apego. Isso deixa a criança confusa. (Não só a criança.)

Agora é importante lembrar: metas limitadas criam vidas limitadas. Portanto, ao determinar suas metas, vá o mais longe que quiser. E decidir o que quer é a única maneira possível de conseguir isso. Com inteligência, não há limites para os resultados.

1. **Escreva seus objetivos em termos positivos:** dizer o que quer e não o que não quer. Isso vale também para conduzir as crianças. Muito frequentemente, as pessoas definem como metas aquilo que não querem que aconteça. Mas você não insere no GPS um lugar para onde não quer ir, certo? Assim como qualquer nome de rua que colocar ali será um comando de direcionamento para o GPS, é o seu cérebro, e o da criança.
2. **Seja o mais específico possível:** use todos os seus sentidos para descrever os resultados que quer. Quanto mais ricas de sentidos forem suas descrições, mais fortalecerão seu cérebro para criar seus resultados.

3. **Vivencie o resultado antes de alcançá-lo:** saiba como você estará, como se sentirá e o que verá e ouvirá em seu mundo exterior após ter alcançado seu resultado. Se você não sabe como reconhecer quando o tiver alcançado, pode ser até que já o tenha. Você pode estar ganhando e sentir como se estivesse perdendo, caso não mantenha o entusiasmo.
4. **Esteja no controle:** seu objetivo deve ser iniciado e mantido por você. Ele não deve depender da mudança de outras pessoas para que você seja feliz. Imagine que maravilha se funcionasse estabelecer metas para o cônjuge ou para os filhos e alunos. Mas não é assim que funciona.
5. **Verifique se seu objetivo é ecologicamente sadio e desejável:** projete no futuro as consequências de sua meta atual, pois seu objetivo deve beneficiar você e outras pessoas. Para irmos além de nossas limitações presentes, devemos primeiro ter a experiência maior em nossas mentes, e nossas vidas então seguirão. Normalmente na vida você só pode ir até determinado ponto, mas em sua mente terá tempo para criar uma realidade maior do que a que já experimentou no passado. Então, externará essa realidade interior. Comece fazendo um inventário de seus sonhos, das coisas que quer ter, ser e compartilhar. Crie em sua mente as pessoas, as sensações e os lugares que quer que façam parte de sua vida. Conhecer o objetivo é a primeira chave para alcançá-lo.

Depois que estabelecer suas metas para cada área da vida, defina pelo menos uma ação prática que você pode fazer hoje ou amanhã, começando a construir o caminho para alcançar as visões anteriormente definidas por você.

Anote os nomes de três a cinco pessoas que obtiveram o que você quer conseguir.

Agora, especifique em poucas palavras as qualidades e os comportamentos que fizeram com que elas tivessem sucesso.

Após ter feito isso, feche os olhos e imagine por um momento que cada uma dessas pessoas vai te dar alguns conselhos sobre a melhor maneira de alcançar suas metas. Deixe-se levar por essa experiência de mentoria e aconselhamento mental.

Anote uma ideia principal que cada uma das pessoas escolhidas te daria se estivesse falando pessoalmente com você. Mesmo sem conhecer cada um pessoalmente, por meio desse processo elas podem tornar-se excelentes conselheiras no seu futuro.

Agora, você tem a clara representação interior de onde quer ir na relação com sua criança. Pode economizar tempo e energia, seguindo o exemplo de pessoas que já foram bem-sucedidas nessa caminhada com crianças também.

O exercício proposto é um passo de uma técnica de PNL chamada "estratégia de criatividade Disney", pois o grande Walt Disney fazia esse tipo de aconselhamento mental com pessoas que admirava.

Metas são como ímãs: atrairão coisas que se tornarão verdades. E lembre-se: conforme disse Henry Ford, "pensar é o trabalho mais pesado que há, e talvez seja essa a razão para tão poucos se dedicarem a isso".[36]

Você não pode alcançar seus objetivos se não souber quais eles são. Se não tiver seus próprios planos, outros farão com que execute os planos deles, e aí podemos ficar reféns de mídias, amizades, cultura etc. É fácil para as pessoas ficarem presas "tocando" a vida em vez de a planejando. E aí, quando se dão conta, a vida

36 FORD, Henry. *Minha vida e minha obra*. São Paulo: Hemus, 1964. p. 36.

passou, a criança cresceu e só resta lamentar: "não foi essa a educação que eu dei". Dizem que há somente duas dores na vida: a dor da disciplina ou a dor do arrependimento, e que a disciplina pesa quilos, enquanto o arrependimento pesa toneladas.

Também é importante rever seus objetivos com regularidade, atualizando-os de tempos em tempos: algumas vezes nós mudamos, mas nossos objetivos permanecem os mesmos porque nunca paramos para ver se ainda queremos criar as mesmas coisas para nossas vidas.

E isso funciona? Pode apostar que sim!

Quando me mudei de Fortaleza para Campinas, há alguns anos, fiquei bastante mexida por abrir mão de uma qualidade de vida de cidade de litoral e clima sempre agradável para voltar a São Paulo. Então estabeleci que queria morar em uma casa, não em um apartamento, que fosse ampla, espaçosa e que tivesse contato com a natureza. Quando encontrei a minha casa dos sonhos para alugar nas buscas nas imobiliárias, não acreditei. Era impossível que aquela casa coubesse no valor que eu dispunha para pagar. Mas eu seguia com a minha convicção do que desejava para mim. Queria que meu filho pudesse andar de bicicleta, que pudesse jogar bola e tivesse espaço para ser e viver. Era inacreditável que aquela casa continuasse disponível, estivesse próximo do valor que dispúnhamos e que ainda aceitassem analisar a minha proposta. Negociei dos dois lados: com o marido, para fazermos algum sacrifício e pagarmos um aluguel um pouco maior do que havíamos estabelecido como limite de corte, e com a imobiliária/proprietário, para avaliarem uma proposta. Lembro-me de visualizar todos os dias daquela semana a vida naquela casa, como seria e o que faríamos... Ao enviar a proposta, usei todas as energias que pude acessar, minhas mãos chegaram a formigar e queimar, e então eu apertei o botão de enviar o e-mail. Estava mesmo apreensiva porque já era um achado a casa no preço que estavam pedindo, e eu ainda estava fazendo uma proposta. Enfim, passei alguns anos na casa que tanto desejei. Funcionou para mim e pode funcionar para você.

Agora uma última coisa: você não está fazendo tudo errado! Muitas mães chegam até mim dizendo isso. Elas começam a estudar para ser mães e descobrem que boa parte do seu comportamento com a criança estava inadequado, causando birras e desobediência, ficam desesperadas e desabam: "Isa, estou fazendo TUDO errado!". Mas a minha resposta sempre é: "tudo é muita coisa". E o convite que faço a elas também deixo agora aqui para você: pense em tudo o que já tem de positivo e conquistou na relação com sua criança ou sua turma. Nos momentos felizes e em tudo pelo que você sente gratidão. Algumas vezes as pessoas passam tanto tempo atrás daquilo que querem que não conseguem mais enxergar aquilo que já têm.

capítulo 14

PERGUNTAS: UMA FERRAMENTA PODEROSA DE EDUCAR COM O METAMODELO DE LINGUAGEM

Aprendendo a pedir e a fazer perguntas investigativas: metamodelo

As palavras que usamos para descrever experiências não são as experiências, e sim apenas a melhor representação verbal que pudemos encontrar. Assim, um dos pontos mais relevantes para o sucesso na nossa comunicação com as crianças (e com o resto do mundo) é como nossas palavras podem transmitir com cuidado e precisão o que queremos, ou seja, quanto nosso mapa pode aproximar-se do território.

Consegue se lembrar de uma situação em que sua comunicação foi inteiramente mal compreendida? Algo que você pensou estar dizendo, mas que a outra pessoa entendeu de maneira completamente diferente?

Uma vez meu filho voltou da escola muito bravo com o melhor amigo: "Eu não gosto mais do Arthur!". Fiquei preocupada, já que as duas crianças de 3 anos se davam muito bem. Perguntei: "O que aconteceu?". Ele respondeu num tom de voz com muita raiva: "O Arthur faz umas brincadeiras que eu não gosto e fica rindo de mim. Eu não gosto mais do Arthur!". "Você não gosta mais do Arthur ou você não gosta de algumas brincadeiras que ele faz?" Quase mordendo os dentes, ele disparou: "Das brincadeiras que ele faz!".

Você consegue perceber o que aconteceu nessa conversa? A criança estava colocando toda a raiva no amigo (em todo o ser dele), colocando em risco a amizade dos dois. À medida que comecei a fazer algumas perguntas específicas, ficou claro que o que incomodava eram algumas brincadeiras feitas pelo amigo. E, a partir de então, seguimos conversando sobre como ele poderia reagir às brincadeiras de que não gostava.

O objetivo do metamodelo de linguagem é desfazer as imprecisões da comunicação. Não é do amigo inteiro que meu filho não gosta, e sim de algumas brincadeiras que ele faz. Isso muda tudo. Salva amizades e relações.

Uma linguagem confusa com as crianças pode trazer resultados contrários aos que desejamos, e uma linguagem precisa e assertiva pode nos conduzir a resultados mais claros e a mais momentos felizes.

Vamos conhecer instrumentos que o ajudarão a se comunicar com mais precisão e eficiência do que já consegue até agora. Você vai aprender como guiar as crianças (e outras pessoas) em direção ao objetivo desejado. Há instrumentos verbais simples que podem ser usados por qualquer um de nós para minimizar os desencontros verbais e as distorções. Palavras podem ser muros entre nós e as crianças, mas também ser pontes. É muito importante usarmos as palavras conscientemente para nos unirmos e não nos separarmos das crianças como, infelizmente, vemos acontecer com frequência.

Como fazer para conseguir o que você quer com uma criança?

Peça! Não é para rastejar, implorar ou se rebaixar. Ou pedir coisas descabidas que não respeitam a natureza e o desenvolvimento da criança. É preciso aprender a pedir com inteligência e exatidão, de modo que ajude a criança a conseguir cumprir o objetivo. A seguir, são apresentados cinco passos para pedidos inteligentes.

1. Peça especificamente

Você deve descrever o que quer de modo que a criança entenda. Por exemplo, o que significa "só um pouquinho"? Quanto é "um pouquinho"? Ou que quer dizer com "depois a gente vai"? Quando é depois? Onde? Como? Com quem? Se a criança está fazendo algo inadequado e você diz "assim não!", então como ela deve fazer? Você conseguirá comportamentos adequados da criança se souber como pedir. Você pode fazer a seguinte substituição num ambiente de reunião, culto, uma missa ou qualquer outro evento dessa natureza em que seu filho está falando alto, por exemplo:

De:
"Eu já falei três vezes para você parar! Se fizer isso de novo, vamos embora!"

Para:
"Tenho um segredo. Aqui falamos baixinho. Daqui a 20 minutos vamos lá fora falar alto. Vamos marcar 20 minutos aqui no relógio? O que podemos fazer até os 20 minutos passarem?"

Você deve definir com precisão aquilo de que precisa, por que precisa e quando precisa, além de habilidade para mostrar o que a criança será capaz de produzir com sua colaboração.

2. Peça ajuda à criança

Não basta pedir especificamente, mas é importante considerar se a criança tem recursos disponíveis: ela tem conhecimento, idade, desenvolvimento cognitivo e neurológico, sensibilidade ou experiência para oferecer o que você está pedindo agora? Ela está num estado que permite realizar o que você está pedindo?

Dia desses presenciei uma cena recorrente em nossa cultura: uma criança de pouco mais de 1 ano teve o brinquedo puxado por outra criança de mesma faixa etária. Em um ato reflexo, a criança reagiu e bateu na criança que pegou seu brinquedo. A mãe, que estava junto, imediatamente segurou a mão da filha e orientou: "Não pode bater na amiguinha, tem que fazer carinho". Quando a criança se soltou da mãe, bateu na outra novamente. Qual foi o problema aqui?

A criança bateu na outra por se sentir desrespeitada, já que a outra pegou algo de sua mão sem seu consentimento. Ela está num estado que permite fazer carinho na outra criança? CLARO QUE NÃO! Ela está com raiva! Então, adultos, por favor: façam pedidos possíveis.

Agora, suponhamos que esteja pedindo a colaboração de uma criança de 2 ou 3 anos para ficar quieta e sem andar ou correr pelo recinto por duas horas durante uma reunião, um culto, uma missa ou qualquer outro evento dessa natureza. Será bem-sucedido? Claro que não. Uma criança nessa idade precisa do movimento por estar em pleno período sensível de desenvolvimento motor. Encontrar o pedido possível de acordo com a fase, o momento e o temperamento da criança aumenta a possibilidade de ter sucesso.

Às vezes, achamos que basta ser simpático, falar na altura da criança e esperar que isso se traduza em resultados. Não acontecerá a menos que a simpatia seja combinada com habilidade e conhecimento.

3. Crie valor para a criança

Não se limite a pedir e esperar que a criança faça o que você quer. Primeiro imagine: como aquilo de que eu preciso também pode ser bom para o meu filho? Se precisa ir ao shopping ou ao supermercado ou se necessita de mais 20 minutos, busque uma maneira de fazer com que isso seja proveitoso ou divertido também para a criança. Mostrar como fazer um desenho ou montar um quebra-cabeças, por exemplo, é capaz de fazer o tempo passar mais rápido; assim, vai conseguir benefícios para ambos. Além disso, criar valor não precisa ser sempre tão tangível. O valor que você cria pode ser apenas uma sensação, ou uma satisfação íntima de fazer parte, de estar contribuindo, de ser útil, de bem-estar, de respeito, de se sentir amada e considerada. A pergunta é: como aquilo de que eu preciso ou quero pode ser bom, positivo e agradável também para a criança?

Você pode dizer a ela: "Vamos ao shopping, a mamãe precisa escolher uma roupa. Como você gosta daquele sorvete que tem lá, podemos aproveitar para fazer isso também!". Enquanto estiver experimentando as roupas, peça a opinião e a ajuda da criança, tornando-a participante efetiva daquele momento... e, ao final, o sorvete para fechar o passeio. Isso é um exemplo de como criar valor para todos.

4. Peça com segurança e coerência

A maneira mais segura de fracassar é transmitir incerteza. Se você não está convencido a respeito daquilo que está pedindo, como a criança pode estar?

Passei por isso em um período no qual não concordava com as tarefas que a escola mandava para meu filho, por exemplo. O jeito que eu falava para ele fazer deixava dúvidas. E você acha que ele fazia?

Quando for pedir algo para a criança, peça com convicção. Expresse isso em suas palavras e sua fisiologia. Seja capaz de mostrar que está certo do que quer e de que está seguro de que isso criará valor, não só para você, mas também para ela, a quem você está pedindo algo.

5. Peça até conseguir o que quer

Isso não significa pedir sempre da mesma maneira. Lembre-se: é preciso desenvolver a perspicácia para saber o que está conseguindo e flexibilidade pessoal para mudar. Portanto, quando pedir, você tem de mudar e ajustar até conseguir o que quer. Muitos adultos falam com suas crianças "Eu já falei 300 vezes...". E por que continuam falando da mesma maneira que até agora não trouxe resultado? Será que é a criança que tem problema?

> Esses dias uma aluna compartilhou comigo seu desafio com o filho de 11 anos em relação a estabelecer os limites de tempo de telas. Ela falou várias vezes, tentou usar o timer do celular, marcar tempo e fazer combinados e nada surtia efeito. Foi então que ela teve a ideia de usar as telas para expandir a consciência do menino sobre os efeitos nocivos das telas no cérebro da criança e mandou a ele pelo WhatsApp um trecho de um vídeo de um psicólogo falando sobre o assunto. O menino se interessou e fez perguntas, e, a partir dali, passou a ser mais aberto aos combinados sobre limites.

Se não está funcionando de uma maneira, busque outros jeitos.

Qual é o passo mais difícil?

Para muitas pessoas, o passo mais difícil de todos os descritos é pedir especificamente. Não vivemos numa cultura que dá grande valor à comunicação precisa.

Perceba a diferença: "Mariana é hiperativa". Agora, "Mariana é uma criança de 5 anos, de olhos azuis e cabelos castanhos, que está andando rapidamente para várias direções na sala de aula e procurando uma nova atividade após ter deixado a anterior com respiração acelerada". Esta é a diferença entre oferecer descrições corretas de experiências externamente verificáveis e fazer adivinhações, inferências e interpretações sobre o que ninguém pode ver.

O adulto que fala não tem ideia do que está acontecendo na mente de Mariana, usa seu mapa e supõe que sabe qual é a experiência dela. Muito da nossa comunicação nada mais é do que uma combinação de generalização e suposição, o que pode tirar o conteúdo da comunicação real. Se uma pessoa diz com exatidão o que está acontecendo e incomodando, você pode enfrentar o problema. Mas, se usar frases vagas, generalizações e indiretas, você fica perdido nas confusões mentais dela.

Vou compartilhar agora mais uma das chaves que abriram as portas para um nível novo na comunicação em minha vida – o "metamodelo de linguagem" e as "perguntas de exatidão". Compreendendo e colocando esses dois conceitos em prática, conseguimos desfazer a maior parte das confusões do processo de comunicação com as crianças.

Vamos começar abordando os dois níveis de estrutura existentes em nós em relação a tudo o que vivemos e à nossa maneira de comunicar o que foi por nós experienciado. Estou falando da Estrutura Profunda (EP) e da Estrutura Superficial (ES).

Estrutura Profunda e Estrutura Superficial

A Estrutura Profunda (EP) é aquilo que a gente tem dentro de nossa mente sobre o que vivemos, o conjunto completo de dados disponíveis em nossa representação a respeito da experiência registrada. É a representação propriamente dita.

Já a Estrutura Superficial (ES) é a parte que eu escolho/consigo externar no processo de compartilhar com alguém sobre como se deu a experiência vivida. Trata-se da síntese dos dados disponíveis a respeito da representação da mente, de modo a facilitar o processo de comunicação.

A EP é sempre maior que a ES, pois não é possível colocar em palavras e compartilhar 100% de uma experiência vivenciada. Por exemplo: eu tive a oportunidade de ir a um show do Coldplay no estádio do Morumbis em São Paulo. Posso te contar várias coisas sobre essa minha experiência incrível: as pulseiras de LED coloridas que acendiam de acordo com a música tocada e traziam um clima incrível para todo o público do espetáculo, os fogos de artifício que fizeram todo mundo se emocionar, um cantor brasileiro que fez uma participação muito especial. E mesmo assim não terei te falado tudo. Nunca conseguirei transmitir integralmente a vivência completa. O todo é a EP, e aquilo que eu consigo exprimir é a ES.

A passagem da EP para a ES se dá por meio de três padrões linguísticos: OMISSÃO, GENERALIZAÇÃO e DISTORÇÃO – ou seja, vou selecionar partes que me marcaram para te contar e outras partes que considero menos relevantes vou acabar omitindo. Uma das omissões foi sobre a identidade do cantor brasileiro que fez a participação especial; você sabe quem foi? Uma das generalizações foi dizer que as pulseiras de LED acendendo davam um clima incrível para todo o público do espetáculo. Havia mais de 80 mil pessoas! Como eu posso dizer que todo mundo, 100% das mais de 80 mil pessoas, achou aquilo incrível? E ainda existem as distorções de que nem terei consciência porque são as mudanças de minha própria mente, e eu acabo contando algo diferente da realidade por não lembrar direito. Um exemplo poderia ser dizer que eles tocaram vinte e duas músicas, quando, na realidade, teriam sido dezenove. Apenas para facilitar sua compreensão, ok? Eu não tenho ideia da quantidade de músicas apresentadas no show.

Quando conversamos com uma criança e ela nos diz: "A professora ficou muito brava comigo na escola hoje", o que acontece dentro de nós? O que pensamos que a professora fez e falou? Sentimos vontade de ir lá na escola conversar? Ficamos com raiva da professora? Ou já desconfiamos que a criança estava errada e mereceu o que a professora fez/falou?

A questão aqui é sair das suposições. Precisamos de um caminho que nos leve a buscar mais dados da EP da criança para trazer para a ES. Para conseguir isso, usamos as perguntas que visam aumentar a especificação de pontos obscuros ou imprecisos da conversa: as PERGUNTAS DE EXATIDÃO DO METAMODELO DE LINGUAGEM, que procuram recuperar dados da EP e cujo objetivo é encontrar o maior número possível de informações úteis.

No caso da criança e da professora brava, poderíamos perguntar: "Como, exatamente, ela ficou brava com você?". Então, a criança poderia dizer: "Ela não me deixou ser a primeira a ir até o quadro". Se você imaginou um grande castigo ou uma bronca feia, descobriu que foi apenas o não deixar a menina ser a primeira que a fez concluir que a professora estava muito brava com ela. Claro que se a conversa continuasse você descobriria ainda muitas outras coisas sobre o ocorrido. Mas aqui a função era apenas te mostrar que as coisas podem ter acontecido de maneiras muito diferentes das que constam na nossa imaginação quando não questionamos a ES em busca de mais dados da EP usando as "perguntas de exatidão".

Perguntas de exatidão

A partir de agora, vou apresentar um guia de perguntas para que você consiga desarmar as armadilhas mais comuns na comunicação entre adultos e crianças, bem como na comunicação de modo geral. A ideia é de que a gente se atente para perceber que muitas vezes nos comunicamos de modo impreciso, conseguindo nos guiar e redirecionar nossas falas para um sentido mais específico.

O metamodelo de linguagem nos fornece um meio para qualificar as omissões, generalizações e distorções das crianças, porém ainda mantendo uma concordância com elas. Nos tópicos a seguir, vamos conhecer alguns grupos de palavras-inexatas que precisam ser atravessadas por perguntas de exatidão do metamodelo de linguagem.

Quantificadores universais

As palavras universais – "tudo, todo, todos, todas/sempre, nunca/ninguém, nada" – são ótimas quando se referem a fatos, por exemplo, "todas as pessoas precisam de oxigênio". Porém, com maior frequência, acabam nos colocando em um lugar de inexatidão, imprecisão e inconsequência.

Analise a seguinte frase: "As crianças de hoje em dia perderam o respeito pelos adultos". Trata-se de uma frase que coloca todas as crianças da atualidade no lugar de desrespeitosas em todas as situações. Mas pode não ser uma verdade absoluta, não é? Embora possam acontecer situações de desrespeito por parte de algumas crianças que motivem esse tipo frase, quando generalizamos, estamos indo de uma verdade limitada a uma inverdade geral – ou seja, no específico pode ter sido verdade, mas na generalização não é mais. Talvez aquelas crianças tenham sido desrespeitosas, mas nem todas são. E talvez foram apenas naquele momento, possivelmente não são sempre, percebe?

Portanto, da próxima vez que ouvir generalizações como a exemplificada, simplesmente lembre-se das perguntas de exatidão do metamodelo: repita a afirmação enfatizando o classificador universal desta maneira: "As crianças de hoje em dia perderam o respeito pelos adultos?". "Todas?" "Bem, suponho que não. Só essas em particular."

Quando a criança trouxer generalizações como: "Tudo que eu faço dá errado!" ou "Eu nunca consigo fazer nada!", "Ele sempre é chato comigo!", "Ela nunca me empresta as coisas!", podem-se usar as perguntas de exatidão: "Tudo? Me fale mais sobre isso...".

Palavras restritivas

Já reparou como somos controlados pelas imposições dos outros? É a escola dizendo que *não pode* deixar de fazer tarefas para suas crianças de 3 ou 4 anos, é o pediatra falando que *não pode* parar de dar leite de vaca para o menino. Ou alguém dizendo que a criança *tem de* comer tudo o que pôs no prato, por exemplo. Em todas essas situações, são empregados operadores modais, ou palavras restritivas, como "devo, não devo, tenho de, não posso, é proibido".

Se alguém diz que você não pode fazer alguma coisa, qual sinal ele está enviando ao seu cérebro? Um limitador que dá certeza, de fato, de que você não pode fazer aquilo. "Você *não deve* deixar a criança tomar decisões. Você *tem de* mostrar a ela quem é que manda!" O modo de quebrar esse ciclo é a pergunta de exatidão: "O que, exatamente, aconteceria se eu fizesse isso?". A resposta seria uma lista de ações e sensações positivas e habilitadoras, criando novas representações e possibilidades e, por consequência, novos estados, ações e, potencialmente, resultados. A simples solicitação dessa pergunta começará a mudar sua fisiologia e seu pensamento. Lembro-me de um ano, próximo do Natal, em que havíamos nos mudado para uma casa que tinha um enorme cacto no jardim e tive a criativa ideia de colocar bolas de Natal nele. Meu marido, com uma tendência mais tradicional, disse: "Onde já se viu colocar bolas de Natal num cacto?! Que ideia!". Pensei em deixar para lá e me render ao que todo mundo faz, mas não consegui. Internamente, me questionei: "O que, exatamente, aconteceria se eu fizesse isso?". E olha que lindo chegar à conclusão de que NADA de ruim poderia acontecer. Então, quando ele voltou do trabalho, encontrou um cacto todo enfeitado, que fez o maior sucesso com a vizinhança pela originalidade.

Foi a partir dessa técnica da PNL que criei a "peneira do por que não", outra ferramenta da Disciplina do Equilíbrio. Em sua maioria, como os adultos já estão com os "nãos" automáticos em mente, a cada vez que uma criança quer fazer alguma coisa, eles sentem o ímpeto de dizer "não". Antes de isso acontecer, devemos pensar "por que não?" ou, ainda, "o que aconteceria se a criança fizesse o que ela está querendo?".

Isso serve também para quando as crianças trazem as palavras restritivas: "Eu *tenho de* ir àquela festa!", "Eu *não posso* perder essa aula!" ou "Eu preciso (*tenho de*) comprar esse brinquedo!". A partir delas, podemos começar a ajudá-las a refletir com as perguntas: "O que, exatamente, aconteceria se você não fosse, se você não comprasse ou se você perdesse?".

Muito antes de estudar sobre PNL, na minha juventude, quando estava prestes a fazer a minha primeira entrevista para uma vaga formal de emprego, meu pai usou essa técnica comigo. Estava com ele no carro e, ao ser indagada sobre como estava em relação ao processo seletivo, respondi que estava com medo de não passar. Ele não tinha o conhecimento formal do metamodelo de linguagem e das perguntas de exatidão, mas, mesmo assim, usou isso tudo à sua maneira, dizendo: "Você já não está desempregada? O que de pior pode acontecer se você não passar nessa entrevista? Só vai continuar igual!". O mesmo que perguntar: "O que, exatamente, aconteceria se você não passasse nessa entrevista?". Isso criou um filtro mental em mim que me dá coragem até hoje. Quantos medos sem sentido alimentamos.

Verbos inespecíficos

São verbos como "desrespeitar, ignorar, agredir, educar, controlar, corrigir, orientar, estimular, disciplinar, brincar, brigar, responder, bater, sofrer".

Vale novamente lembrar que seu cérebro precisa de sinais claros para operar de maneira eficaz; do contrário, ele fica vagaroso ou equivocado.

Se você fosse buscar sua criança na escola e a professora dissesse: "Seu filho desrespeitou o colega hoje, converse com ele", o que você faria? Essa pessoa não te disse nada específico. Nem te ofereceu alguma informação com que você possa trabalhar de maneira positiva. Você pode quebrar essa névoa com as perguntas de exatidão do metamodelo de linguagem, por exemplo, "Como, especificamente, meu filho desrespeitou o colega?" ou "O que foi exatamente que aconteceu?". É possível que a professora responda: "Ele empurrou o Leo. E sempre empurra os colegas que disputam brinquedos com ele". Nesse caso, a resposta te leva à outra pergunta investigativa, percebe? Você pode dizer: "Sempre?".

Desfazendo as incertezas da comunicação e conseguindo as informações específicas, você está a caminho de identificar um problema real e lidar com ele de maneira justa, sem suposições e inseguranças. Se você especifica onde está o problema e ocupa-se dele, então está no caminho para alcançar uma mudança valiosa. Quanto mais o mapa se aproxima do território real, mais valioso ele é, ou seja, quanto mais puder descobrir do que o território é feito, mais poder terá para mudá-lo.

E, quando as crianças trouxerem verbos inespecíficos em suas falas, use as perguntas de exatidão para começar a conversa. As crianças podem dizer: "Ela não gosta de mim", "A professora sempre briga comigo" ou, ainda, "A vovó não me ajuda". Para avançar na conversa com esta última, podemos questionar "como, exatamente, a vovó não te ajuda?" e ouvir eventualmente de volta "ela sempre espera pra ver se eu consigo fazer sozinho". Então temos a chance de adequar os nossos pensamentos a respeito do que, de fato, ocorreu, percebe?

Omissões comparativas

São omissões comparativas – ou índice de referencial omisso – expressões como "mais que, menos que, demais, muito, melhor, pior, bastante, pouco".

Muitas vezes, essa omissão comparativa está baseada numa construção arbitrária alojada no cérebro da pessoa. Alguém pode dizer que "trinta minutos de atividade é muito tempo para uma criança pequena manter-se concentrada" ou que "um curso de PNL para pais e profissionais representa uma grande despesa". Porém, você pode sair da névoa das generalizações da pessoa fazendo uma comparação: "trinta minutos de atividade pode ser pouco tempo se o bebê estiver mantendo o interesse em encher e esvaziar recipientes de água, por exemplo..." ou "Se o curso for transformador e conseguir te dar ferramentas para viver melhor e educar sua criança em outro nível, pode ser um investimento até barato pelo retorno...". A única maneira de fazer esses julgamentos racionalmente é ter pontos válidos de comparação. Você descobrirá que, depois de começar a adotar o modelo de exatidão, acabará usando-o com naturalidade.

Usando as perguntas de exatidão, podemos dizer simplesmente: "Comparado a quê?" ou, ainda, "Para quem?". Por exemplo, se a criança levantar pontos como "O vestido dela é muito melhor que o meu" ou "Eu fui o pior de todos", é preciso entender a quem ou a qual situação ela está se comparando e explicar isso a ela.

Lembro-me de uma situação em que o meu filho com 7 anos estava chorando e dizendo "eu queria ser o melhor em alguma coisa no condomínio, não sou melhor em nada!". Usei as perguntas de exatidão e descobri que ele estava se comparando no jogo com um menino de 12 anos. Foi aí que tive a chance de explicar para ele que a comparação não era justa e que deveria medir em relação a crianças de mesma idade. Isso mudou a perspectiva dele, mas, se eu não usasse o metamodelo de linguagem, nunca imaginaria que ele estava se comparando com crianças tão mais velhas.

Outra vez uma amiga me disse: "Meu namorado me agrediu". Imaginei que ele tivesse batido nela. Ao perguntar "como, especificamente, ele te agrediu?", ela me explicou que ele a interrompeu enquanto falava e não a deixou concluir o raciocínio. Tudo é agressão, mas eu poderia dar conselhos muito equivocados se tivesse na cabeça somente a minha suposição inicial, concorda?

A ideia é ir de uma corrente de generalizações, omissões e distorções para uma de informações específicas, visto que, uma vez que tenhamos chegado às informações exatas, seremos capazes de lidar com elas de maneira resolutiva. E isso acontece em todas as comunicações: com adultos e com crianças. O caminho para o pleno entendimento passa por informações mais próximas da exatidão.

Autoria desconhecida

Também chamada de execução perdida, a autoria desconhecida diz respeito aos ditados e às crenças populares ou culturais, como "criança não pode dormir na cama dos pais" ou "se você não corrigir na hora, ela vai esquecer".

Trata-se de crenças que permeiam a nossa cultura em relação à educação das crianças. Quando alguém te disser coisas assim, você pode responder com perguntas de exatidão do tipo: "De acordo com quem?" ou "Como sabe disso?".

Causa e efeito

Essa forma de inexatidão, que pode ter como exemplo a frase: "Seus comentários me deixaram bravo", "Suas observações me fizeram pensar" ou "Você fez ela chorar", tem a ver com atribuir a algo fora de um indivíduo a causa para algo que acontece dentro dele. Quando eu tinha uns 13 anos e ficava muito irritada com qualquer coisa que o meu pai dizia, protagonizamos uma cena que ficou na minha memória para sempre. Ele disparou: "Filha, ninguém tem o poder de te irritar". Meu sangue ferveu na hora e eu só consegui pensar: "Você tem! Você tem! Você *tem*!". Demorei anos para entender que eu dava esse poder a ele, pois interpretava a fala dele de modo que me causava irritação, mas havia outras maneiras de interpretar a mesma fala.

Agora, quando ouvir alguém com uma inexatidão dessas, saberá perguntar: "Como, especificamente, X causa Y?".

Leitura de mente

"Eu sei que ele me ama", "você acha que eu não acredito em você" ou "eu tenho certeza de que ela está chateada comigo" são alguns dos exemplos de leitura de mente, ou seja, quando a pessoa acredita saber o que o outro está pensando, sentindo, vivendo mesmo sem ter conversado abertamente sobre a questão. Ainda, pode ser uma conclusão que alguém tira sobre uma situação. Muito fácil de ser equivocada.

Diante de uma situação característica de leitura de mente, a pergunta de exatidão capaz de ajudar é algo do tipo: "Como sabe disso?" ou "Tem certeza como?".

Quando crianças também fazem leituras de mente – "A mamãe tá brava comigo" ou "minha amiga não gosta mais de mim" –, podemos começar a conversar sobre o assunto usando as perguntas de exatidão para explorar cada caso mais especificamente.

Substantivação ou nominalização

"Amor, respeito, amizade, honestidade, transparência, comunicação, conexão, amizade, lealdade." O que essas palavras têm em comum? São substantivos. Mais ainda, são substantivos abstratos, pois não podemos encontrá-los concretamente no mundo exterior. Você já viu uma honestidade? Não é uma pessoa, lugar ou coisa. Assim, se não deixarmos claro o que cada uma dessas palavras significa, as pessoas podem pensar coisas diferentes a respeito delas.

Para que a comunicação aconteça de maneira mais assertiva, precisamos resgatar o seu significado para a pessoa com quem estamos dialogando. Então, se alguém diz: "Eu quero a sua honestidade", a possível pergunta de exatidão do metamodelo de linguagem a ser feita seria: "O que, exatamente, eu preciso fazer para você saber que estou sendo honesto?". Ou se alguém fala: "Quero uma comunicação melhor da sua parte", você poderia responder: "Como, exatamente, quer que eu me comunique com você? O que preciso melhorar especificamente?".

É muito importante ter consciência do poder das perguntas de exatidão, pois ao fazer as questões certas você consegue conduzir a conversa do problema para a solução, facilitando o caminho para os resultados, além de estabelecer objetivos. Se você pergunta a alguém o que está chateando a pessoa ou o que está errado, conseguirá uma longa dissertação apenas sobre isso. Contudo, será diferente se perguntar: "O que, exatamente, você quer fazer com isso?" ou "Como, exatamente, quer mudar as coisas?"; com perguntas assim, você receberá informações que facilitarão o caminho para resultados.

Em qualquer situação, sua meta deve ser mudar a direção para o objetivo/resultado e se afastar do problema. E você pode conseguir isso fazendo as perguntas certas. Durante os próximos dias, comece a prestar atenção na linguagem que você, as crianças e as demais pessoas usam. Passe a identificar os padrões do metamodelo, os quantificadores universais, os operadores modais ou as palavras restritivas, os verbos inespecíficos e as omissões comparativas. Como você poderia fazer uma pergunta de exatidão do metamodelo de linguagem? Analise a vida de um novo patamar e comunique-se em outro nível de consciência.

> Já parou para pensar na palavra *metamodelo*? Se metalinguagem é a linguagem que fala da própria linguagem (aquela do dicionário), se metapensamento é o pensamento que pensa sobre o próprio pensamento, se metaposição é a posição que observa e analisa a própria posição, metamodelo de linguagem é um modelo que te auxilia a questionar o próprio modelo de linguagem que está posto. Útil para a melhoria contínua.

Para encerrar este capítulo, trago mais três orientações importantes:

1. Se você quer se comunicar em outro nível de consciência, evite palavras como "bom", "mau", "melhor", "pior", ou seja, palavras que indicam alguma forma de avaliação ou julgamento.
2. Escolha perguntas com "como" em vez de "por que". Perguntas de "por que" podem trazer razões, explicações, justificativas e desculpas, mas, em geral, não trazem informações úteis. Por exemplo: não pergunte ao seu filho por que ele está tendo problemas com alguma coisa ou pessoa. Pergunte como ele pode fazer para as coisas ficarem melhor. Não há necessidade de perguntar ao cônjuge por que ele não conseguiu

fazer a coisa da maneira que você estava querendo. Pergunte como ele pode mudar para que consiga na próxima. Bons comunicadores não estão interessados na racionalização de o porquê de alguma coisa estar indo mal: querem descobrir como fazer para essa coisa ir bem. O foco não é em justificativas ou em encontrar culpados, mas em fazer dar certo.

3 Finalmente, a comunicação com a criança é como um quebra-cabeça – se estiver montando um e uma peça não encaixar, você não considera isso um fracasso e para de trabalhar no quebra-cabeça. Você considera isso coisa passada e tenta outra peça que parece mais promissora. E quem monta quebra-cabeça sabe que, se você não separar aquela peça, vai cometer o mesmo erro de tentar encaixá-la no local errado novamente. Na comunicação com a criança é a mesma coisa: existe uma forma que trará resultado para cada situação vivida. Se a forma como você está conduzindo uma questão não te trouxe o resultado desejado, separe essa peça de lado para não correr o risco de tentar encaixá-la no lugar errado outra vez e busque outras opções. Às vezes, as peças são muito parecidas ou até a peça estava correta e só precisava ser encaixada de outra maneira. Com paciência e persistência, você vai se orgulhar do quadro final que conseguirá montar na relação com sua criança.

capítulo 15

RAPPORT

Era aniversário de 11 anos do meu filho, e ele pediu para ir ao parque de diversões do Beto Carrero, em Santa Catarina. Foi um dia delicioso, e eu estava disposta a curtir com ele. Acabamos indo umas oito vezes na mesma montanha-russa e nos divertimos muito! Voltando para esse momento, posso perceber como estávamos em sintonia. Tinha algo que me fazia sentir tão em harmonia com meu filho, e ele se sentia fortemente conectado a mim. Naquele dia estávamos pensando da mesma forma, nos sentíamos do mesmo jeito, e concordar é uma poderosa maneira de se sentir amado. (Você se lembra das primeiras páginas deste livro? Volte lá e leia novamente.) Até o ritmo da nossa respiração estava igual, e a gente saía do brinquedo falando e rindo da mesma forma e no mesmo tom. É possível que nossas crenças sobre aquela montanha-russa fossem semelhantes.

Tudo isso é reflexo do mesmo elemento básico: o *rapport*, a habilidade de entrar no mundo da criança para fazê-la sentir que você a entende e que tem um forte vínculo com ela, ou seja, a habilidade de se transferir totalmente do seu mapa de mundo para o dela. É a essência da comunicação bem-sucedida, o instrumento para obter resultados com as crianças e com quaisquer outras pessoas, para falar a verdade. Se você conseguir desenvolver *rapport* com as crianças, então será capaz de atender às necessidades delas, e vice-versa.

O *rapport* é a porta de acesso à melhor parte do outro. Posso dizer que eu convivia com uma parte dura do meu marido quando não sabia fazer *rapport*. Eu não era boa em acessar à sua parte extremamente doce e amorosa. A maneira como eu me comunicava, as críticas que eu fazia, a minha língua sempre afiada, a dinâmica de sempre procurar ter razão e vencer as discussões o colocava em uma postura agressiva e defensiva; então, a gente se distanciava muitas vezes, perdendo lindas oportunidades de se amar e ser feliz. Estando juntos há dezessete anos, consigo ver bem como foi meu casamento sem e com *rapport*. Agora consigo acessar a parte doce e amorosa dele com muita frequência. Vivo com ele nesse modo carinhoso a maior parte do tempo. Há muito já não ficamos mais sem nos falar (o que acontecia no início do casamento). Não ficamos disputando quem tem razão ou diminuindo o outro só pra dar risada. Aprendemos a usar uma comunicação que nos fortalece e que aumenta o desejo de nos agradar mutuamente, e isso é muito especial. Consegui isso usando *rapport* como piloto-automático. Não preciso mais pensar para fazer *rapport* com meu marido, faço isso o tempo todo como modo de vida. É lindo.

O *rapport* te permite criar um poderoso vínculo com outro ser humano e um relacionamento de compreensão. Muitas pessoas fazem a vida muito complicada e difícil, como eu fazia anteriormente. Ela não precisa ser assim. Na verdade, todas as técnicas deste livro representam maneiras de alcançar maior harmonia na vida com crianças, o que torna quase todas as tarefas mais simples, fáceis e agradáveis. Não importa o que queira fazer na vida, a relação com sua criança fará parte dessas conquistas e realizações, então, para conseguir atrai-la para os resultados que deseja, precisa desenvolver *rapport* com ela. *Rapport* é o vínculo que une adultos e crianças e faz com que se sintam verdadeiros parceiros de vida.

Mas não dizem que "os opostos se atraem"?

É verdade que, quando as pessoas têm bastante coisas em comum, algumas diferenças complementares podem dar uma pitada de admiração na relação. Mas, a longo prazo, com quem você quer passar a maior parte do seu tempo? Você gosta de passar muito tempo com alguém que discorde de você em tudo, que tenha interesses diferentes na maior parte do tempo, que queira dormir quando você quer brincar e que queira brincar quando você quer dormir? Claro que não.

Você quer estar com pessoas que sejam como você, mais parecidas com seu estilo e com interesses semelhantes e que ainda mantenham as próprias opiniões e identidades. É instintivo gostar de quem se assemelha com a gente. Confiamos e nos identificamos com pessoas com quem temos coisas em comum. Já parou para pensar sobre os clubes? São junções de pessoas por afinidades: grupos de mães, grupos de educadores, grupos de pais... Com perfis comuns, cria-se harmonia. Você já foi a um treinamento vivencial de imersão? Nele é criado um vínculo instantâneo entre as pessoas que nunca se viram antes, não é mesmo?

Quando as pessoas não se entendem, dizemos que estão "tendo algumas diferenças", ou seja, queremos dizer que aquilo que não têm de igual está causando problemas. Semelhanças tendem a resultar em harmonia. Isso é verdadeiro numa escala global – e numa escala pessoal. A maneira de ir da discórdia para a harmonia é ir do foco nas diferenças para o foco nas semelhanças. O primeiro passo para a comunicação efetiva consiste em aprender a traduzir o seu mapa de mundo para o mapa de mundo da criança. E o que nos permite fazer isso? O desenvolvimento de *rapport*.

Muitos adultos que decidem não usar castigos e punições acabam querendo resolver tudo a partir de um único recurso na maneira como conduzem a educação de suas crianças: a simples conversa. Mas, novamente, não é assim que funciona.

Uma vez, ao compartilhar um vídeo nas minhas redes sociais sobre o efeito nocivo dos gritos dos adultos no cérebro das crianças, recebi o seguinte comentário desavisado: "A partir do momento que não pode dar um tapa, não pode gritar... resumindo, na visão de vocês, psicólogos, os pais não podem fazer nada que não seja conversar com a criança, mas nem sempre a simples conversa resolve...".

E minha resposta foi: "Quem falou que é a simples conversa? Não! É a conversa com *rapport*, com o não construído, com reparo emocional, mediação, perguntas de exatidão, com metáforas, ressignificação... A simples conversa não é suficiente".

Entendendo a importância do *rapport* para uma comunicação eficaz, como conseguimos criá-lo? A resposta é descobrir ou criar coisas em comum. Se você quer se tornar interessante, seja primeiro interessado. Há várias maneiras de criar interesses comuns com uma criança e, assim, encontrar um estado de harmonia com ela. Seja interessado pelo que interessa a ela, faça perguntas, brinque junto, observe seus gostos e jeito. Aprendi muita coisa sobre cubo mágico e Minecraft® – mesmo sem ter muita afinidade com ciências exatas – ao me interessar pelo que interessava ao meu filho; queria ser interessante para ele, o que nos aproximou muito. Atualmente, ele joga basquete, e eu virei torcedora do Denver Nuggets, da NBA. Isso não seria interesse meu se não fosse meu objetivo manter a conexão ativa e forte com meu filho.

Acompanhar e conduzir

O desenvolvimento de *rapport* é formado por duas ações: ACOMPANHAR e CONDUZIR, sendo a primeira em maior quantidade que a segunda. Na verdade, o acompanhamento representa a condição prévia indispensável ao processo de condução, e talvez o maior erro na comunicação humana seja o fato de as pessoas quererem conduzir sem antes acompanhar.

Lembra-se do feito daquela situação em que a mãe conseguiu trocar a camiseta do filho? Qual foi o superpoder dela? *Rapport*. O menino queria continuar a brincar com seus carrinhos, os adultos queriam sair e, por isso, precisavam trocar a roupa da criança. Enquanto o pai quis interromper a brincadeira e impor a troca de roupa, a mãe perguntou se podia entrar na brincadeira – acompanhar – e, depois de um ou dois minutos, sugeriu que, quando o carrinho chegasse ao posto de combustível, o motorista trocaria a camiseta – conduzir. E assim o menino saiu pronto em menos de três minutos, para espanto do pai.

Uma das formas de acompanhar é o ESPELHAMENTO: é possível espelhar os interesses da criança, ou seja, entregar-se a uma vivência semelhante entrando nas mesmas brincadeiras dela, aprendendo sobre seus personagens favoritos ou cantando junto as músicas de que ela gosta. Ou, ainda, espelhar as crenças dela, por exemplo, ao concordar com a criança caso ela acredite que seja bom dormir abraçada a um travesseiro. Essas pequenas concordâncias são maneiras de criarmos amizades e relacionamentos.

Para além das palavras, temos um meio ainda mais poderoso de nos colocarmos numa frequência em comum com o cérebro de outra pessoa: a fisiologia. Podemos espelhar a velocidade da respiração, a postura, a tonalidade da voz, a velocidade da fala, palavras que a criança gosta de usar e até os gestos dela. Tudo com elegância, discrição e respeito. Espelhamento inteligente, sem brincadeira, exageros ou extremos.

Se o *rapport* for desenvolvido com palavras e fisiologia em conjunto, torna-se ainda mais poderoso, pois as palavras vão trabalhar na mente consciente da criança, enquanto a fisiologia agirá no inconsciente. É aqui que o cérebro pensa: "Ei, esse adulto é como eu, ele me entende. Ele deve ser confiável". E, então, cria-se uma conexão fortíssima, que, por ser inconsciente, é ainda mais eficiente. Quais elementos podemos espelhar na fisiologia?

Os gestos das mãos, a posição das pernas e dos pés e mesmo os movimentos da cabeça da criança são elementos que você pode espelhar. A princípio, isso pode parecer absurdo, mas, se você conseguir experimentar, ela sentirá como se tivesse encontrado sua alma gêmea, alguém que a entende totalmente, que se conecta com ela de maneira profunda. É nesse momento que a criança vai entender que você a entende, criando uma sensação de confiabilidade e uma forte conexão.

Depois de algum tempo de prática, você não terá nem que pensar para espelhar, fará sem perceber um acompanhamento das posturas e da fisiologia das pessoas à sua volta. E, quando começar a espelhar com efetividade, aprenderá que o processo faz com que a criança o siga, não importando o quão diferentes vocês sejam. Você deve procurar pelas coisas que possa espelhar do modo mais discreto e natural possível. Se conseguir estabelecer bastante *rapport* com a criança, em pouco tempo poderá mudar o comportamento dela, fazendo com que comece a acompanhar o seu.

A harmonia não é estática. Não é algo que, uma vez obtido, permanece estável, mas um processo dinâmico, fluido e flexível, a ser desenvolvido e alimentado dia após dia. Acompanhar e conduzir são ações diretamente seguidas por liderança. Quando você estabelece harmonia com a criança, cria um vínculo que quase pode ser fisicamente sentido. Liderar surge naturalmente com o acompanhar e conduzir. Você atinge um ponto no qual desenvolveu tanta harmonia que a criança o segue inconscientemente. Isso é o que tenho vivido hoje com meu filho e marido.

"Isa, e se a criança não me acompanhar quando eu tentar conduzir?" Espelhe sua postura, voz e respiração. Depois de um tempo, mude aos poucos sua postura ou seu tom de voz. A criança te seguiu? Se não, simplesmente volte atrás e acompanhe-a outra vez. Após mais um tempo, tente de uma maneira diferente. Se, ao tentar conduzir a criança, ela não te seguir, isso significa simplesmente que você ainda não tem harmonia suficiente. Desenvolva mais *rapport* por meio de mais acompanhamento e tente outra vez.

> Algumas pessoas afirmam que a técnica do espelhamento não é natural ou é um tipo de manipulação. Mas essa ideia de que *rapport* não é natural é equivocada. Qualquer ocasião em que você esteja em harmonia com alguém, inconscientemente começa a espelhá-la na fisiologia, na tonalidade da voz, e assim por diante. Isso acontece naturalmente. O espelhamento cria uma igualdade de fisiologia que salienta nossa humanidade e empatia, e as neurociências já comprovaram isso pela existência dos neurônios-espelho. O *rapport* é uma poderosa e fortalecedora lição para aprender por experiência, sobre como compartilhar o mundo com outros seres humanos.

Qual é a chave para estabelecer *rapport*? Flexibilidade. Lembre-se de que a maior barreira para o *rapport* é pensar que a criança tem o mesmo mapa mental que você, e que ela enxergará o mundo pela mesma perspectiva que você. É preciso fazer o esforço de olhar o mundo sob a perspectiva da criança.[37]

---

37 Para saber mais, recomendo novamente: TEDX TALKS. O Mundo Sob A Perspectiva da Criança | Isabela Minatel | TEDxPedradoPenedo. YouTube, 16min25s. Disponível em: https://www.youtube.com/watch?v=VW87Oa14tMQ. Acesso em: 26 fev. 2025.

Posso afirmar que quase todas as crianças que fracassam em nossos sistemas educacionais na verdade são capazes de aprender. Nós é que não aprendemos como ensiná-las, não conseguimos estabelecer *rapport* com elas e nunca adequamos nossas estratégias de aprendizado às necessidades delas.

A melhor notícia é que para estabelecer *rapport* da maneira mais efetiva possível os únicos instrumentos de que necessitamos são nossos sentidos (olhos, ouvidos, tato, gosto e olfato), pois estamos sempre nos comunicando e nos influenciando. Fazer *rapport* é simplesmente realizar isso da maneira mais efetiva possível. Se quiser se tornar uma pessoa conectada com as crianças com quem convive, tudo o que precisa fazer é aprender como entrar no mundo delas. Você já tem tudo de que precisa para fazer isso agora.

Posições perceptivas

> Certa vez estava com meu bebê no carrinho em um restaurante com uma vista muito bonita. Fiquei observando admirada enquanto incentivava meu menininho a fazer o mesmo. Fui nomeando e descrevendo a paisagem: as árvores verdes, as montanhas altas, o céu azul, os pássaros. De repente olhei e vi meu filho entediado, incomodado. Quando me abaixei para ajeitá-lo melhor no carrinho e me virei para a paisagem, só vi o muro branco. Lá da perspectiva do meu filho não se via nada daquilo que me enchia os olhos. Nada do que eu estava dizendo fazia sentido a partir da perspectiva dele. Confesso que me senti um pouco estúpida. Comecei a fazer mais vezes o exercício de me abaixar e perceber cada situação da posição perceptiva do meu filho e, acredite,

descobri muito com essa prática. Recomendo fortemente. Entre na sua casa abaixado, vá até os cômodos, perceba como sua residência é para sua criança: é um ambiente preparado para acolher a infância?

Se não nos damos conta de captar a posição perceptiva da criança, fisicamente falando, imagine o quanto não negligenciamos o pensar e o sentir do ser imaturo mental, emocionalmente falando?

A riqueza do nosso modelo de mundo depende da habilidade adquirida de alterar os filtros de percepção obtendo, dessa forma, representações alternativas da realidade. Podemos perfeitamente perceber a realidade das mais diversas posições de modo consciente e deliberado. É possível querermos e conseguirmos nos imaginar no lugar do outro (a tal da empatia, né?).

Em conversas com meus alunos, pais e mães, com muita frequência oriento que fiquem por duas semanas repassando mentalmente todas as situações vividas com os filhos para perceberem como se sentiriam se estivessem no lugar das crianças. Quantas violências invisíveis vêm à tona. Quantas injustiças entre irmãos são percebidas pelos pais com esse exercício.

Importante lembrar que a percepção feita de uma posição diferente da nossa continua sendo uma representação. Mesmo com toda a nossa boa intenção e esforço, ainda podemos deixar escapar vários pontos do sentir original da criança. Mas já é um bom começo. Dito isso, vamos entender as quatro posições que podemos assumir em um processo de comunicação.

- **1ª posição: "EU"** – posição habitual de quem fala ou de quem emite a mensagem. É a posição absoluta de interagir no mundo, egoica e que foca o próprio umbigo, além da mais instintiva, buscando tudo para si e a própria sobrevivência. A criança tende a estar sempre nessa posição – e os adultos imaturos também.

- **2ª posição: "O OUTRO"** – posição de quem ouve, do interlocutor ou de quem recebe a mensagem. É a pessoa a quem a fala se destina. Quando busco assumir a segunda posição, que é a do *rapport*, que nos permite nos colocar no lugar do outro, estou buscando a prática da empatia.
- **3ª posição: "O OBSERVADOR"** – posição de alguém que assiste à interação dos dois primeiros. Alguém neutro, de fora, que não está emocionalmente envolvido na interação e que consegue ver a interação dos outros dois sem tomar partido. Quando busco assumir mentalmente a terceira posição, me desloco para fora da situação e observo a cena de um ponto de vista externo. É o que me permite sair da emoção e voltar a pensar de modo racional. Trata-se da metaposição ou da posição de dissociação, pois me permite me desconectar da emoção sentida e olhar "de fora". Um excelente recurso para não surtar!
- **4ª posição: "O OBSERVADOR DO OBSERVADOR"** – essa não é uma posição de usar no dia a dia, e sim apenas para realizar algumas técnicas da PNL. É a posição de alguém que observa o observador assistindo à cena. Quando busco assumi-la, passo a me ver assistindo à interação. Trata-se de uma posição de dupla dissociação, e não é uma posição de vida, apenas de técnica.

Quando descobri a possibilidade de, durante uma discussão, sair mentalmente da cena e me olhar de fora, sem estar com o corpo quente da raiva por ter sido contrariada, e conseguir pensar "aonde quero chegar com essa conversa?" para decidir a próxima fala ou ação, a qualidade da minha vida com meu filho, marido e com o resto do meu mundo mudou.

Com a prática, isso começou a fazer parte do meu *modus operandi* e, em questão de segundos, quando vejo o "caldo começar a entornar", voo mentalmente para fora da situação e volto com uma resposta mais assertiva que consegue conduzir a conversa para um resultado interessante. Muitas quase brigas, quase agressões e quase violências começaram a fazer parte da minha rotina na qual antes brigas, agressões e violências eram inevitáveis.

Encorajo você a experimentar: quando estiver diante de um conflito, faça o esforço de se observar mentalmente. Projete-se para fora da situação e veja a si mesmo na interação com o outro. Pergunte-se: o que quero como desfecho dessa conversa? E reoriente a sua próxima fala ou ação nesse sentido. Resultados incríveis começam a acontecer.

capítulo 16

FILTROS DE PERCEPÇÃO DO MUNDO (FPM) OU METAPROGRAMAS

Você já reparou como as crianças podem reagir de modo diferente diante da mesma situação?

Imagine a seguinte cena: você está com duas crianças e conta uma historinha para elas – enquanto uma fica bastante sensibilizada, chegando a chorar, a outra nem para pra te escutar. Ou você faz uma brincadeira ou uma piada e, enquanto uma criança gargalha, a outra não move sequer um músculo. A questão é: por que as crianças reagem de modos tão diferentes mesmo em contato com mensagens idênticas? Por que uma criança vê o copo como meio cheio e a outra somente como meio vazio? Por que conseguimos acalmar uma criança em crise com um abraço e, com a outra, esse ato é capaz de intensificar sua fúria? Por que conseguimos a obediência de uma criança usando ordens e voz de comando e, com a outra, ao fazer isso, obtemos o efeito oposto?

A mente de cada criança é como um cofre. É preciso saber o segredo para abri-lo. Se você se comunica com a criança usando o segredo da mente dela, então pode conseguir qualquer coisa. Do contrário, não vai obter nenhum resultado. A melhor historinha, a musiquinha mais divertida, a crítica mais inteligente não farão sentido, a menos que você consiga abrir o cofre, digo, a mente da criança.

Os metaprogramas ou os filtros de percepção do mundo (FPM) são justamente os segredos que cada mente utiliza para processar as informações que surgem do meio externo. Esses filtros particulares são poderosos padrões interiores que ajudam a determinar como ela forma suas representações internas e direciona seu comportamento. O que te chama a atenção? O que te faz rir? Em que você repara primeiro? Como você avalia as coisas? Como classifica pessoas e situações? Todas essas situações são definidas por seus FPM, que definem para você, sendo os programas ou softwares internos que empregamos para decidir a que devemos prestar atenção e como devemos registrar o que vivemos.

A todo instante somos bombardeados por incontáveis estímulos que entram no nosso cérebro através dos nossos cinco sentidos. Como nossa mente consciente só pode prestar atenção a certo número desses estímulos, o cérebro encontrou uma forma de filtrar os estímulos que nos chegam pelos FPM. Assim, omitimos, generalizamos e até distorcemos as informações involuntariamente para darmos conta de lidar com elas. Nosso cérebro capta uma quantidade fantástica de dados e os organiza numa configuração que faz sentido para cada pessoa. Os FPM fornecem a estrutura que governa aquilo a que devemos prestar atenção, como damos sentido a nossas experiências e os comportamentos a que elas nos levam, fornecendo a base com a qual decidimos que alguma coisa é interessante ou chata, uma maravilha ou uma ameaça em potencial.

Assim como para conseguir fazer qualquer coisa no computador, mesmo que uma simples impressão, você tem que compreender seu software e dispor de noções mínimas de conhecimento sobre o que deve fazer para obter as respostas que deseja, você tem que compreender a mente e os FPM da criança para se comunicar efetivamente com ela. As crianças têm padrões de comportamento e padrões pelos quais organizam suas experiências para criar aqueles comportamentos. Somente através do conhecimento desses padrões mentais você pode esperar que sua mensagem seja absorvida e a criança faça o que precisa ser feito, desde comer, tomar banho, ficar na escola até compreender que você realmente a ama. Ainda que as situações possam variar, existe uma estrutura consistente de como cada criança compreende as coisas e organiza seus pensamentos. No meu entender, muitos FPM já vêm com os temperamentos de cada pessoa, outros são instalados no processo de educação do indivíduo. Por isso, para pais, professores e profissionais que lidam com crianças é duplamente importante aprender sobre isso: tanto para saber como lidar com cada criança segundo os seus FPM em cada situação quanto para ter consciência dos FPM que a nossa forma de interagir com elas está instalando ou reforçando nas crianças.

Vamos conhecer alguns FPM?

FPM de motivação - buscar o prazer ou fugir da dor

À medida que algumas pessoas se motivam majoritariamente por "buscar o prazer", outras ativam seu sistema de motivação por "fugir da dor/desconforto".

> Em um dia bastante frio, meu menino, que deveria ter uns 3 anos, não conseguia ficar com o calçado no pé. Pedi pela primeira vez a ele: "Filho, calça o chinelo porque está muito frio". Não obtive resultado e fiz uma segunda tentativa: "Filho, se colocar o seu chinelo, você não fica doente, não pega resfriado, atchim! Calça o chinelo, vai".
>
> Ainda que ele estivesse ouvindo, o que eu falava simplesmente não fazia efeito em sua mente. Como eu já tinha estudado sobre os FPM, pensei: "Até agora só usei filtros de motivação do tipo 'fugir da dor' – frio, resfriado, doença –, mas e se a mente dele for motivada pelo filtro de 'buscar o prazer'? Será esse o segredo que abre a mente-cofre do meu menino?". Desse modo, mudei o foco e disse: "Filho, calça o chinelo pro seu pé ficar bem quentinho, gostosinho". Foi impressionante: como um passe de mágica, ele parou tudo o que estava fazendo, como se aquela maneira de falar destravasse algo na mente dele, e calçou o chinelo.

Todo comportamento humano é motivado por um destes dois objetivos: ter prazer ou evitar a dor. Você se afasta da chama do fogo para evitar a dor de se queimar. Você assiste a um lindo pôr do sol porque sente prazer. Mas nem sempre todos concordam nessas análises, por exemplo: caminhar até o trabalho todos os dias pode ser uma forma de prazer para uma pessoa e, ao mesmo tempo, uma fuga da dor para outra que tem uma terrível fobia de estar num carro ou veículo fechado.

Esse processo de filtragem das nossas percepções do mundo não é absoluto, estático ou mesmo exato. Não. Todos se movem em direção a ou se afastam de alguma coisa. FPM ou metaprogramas são nossas tendências para um ou outro filtro em cada situação. Por exemplo, algumas crianças tendem a ser mais cheias de energia, são curiosas e correm mais riscos, podendo se sentir mais confortáveis indo na direção daquilo que as estimula. Outras tendem a ser cautelosas, atentas e protetoras, veem o mundo como um lugar perigoso e preferem fazer coisas que não sejam ameaçadoras, mesmo que não sejam muito estimulantes.

Então, se você é um adulto que precisa convencer uma criança de alguma coisa, terá melhores chances de resultados positivos se adaptar a estratégia de acordo com os FPM da pessoa com quem está se comunicando. Podemos passear para encontrar amigos para brincar ou para tomar um ar e cuidar da saúde e do corpo. Podemos ir para a escola para aprender um monte de coisas novas e nos divertir ou pelo fato de que lá estaremos seguros e teremos pessoas para cuidar da gente. Sente a diferença? Depende de qual criança eu estou querendo convencer, percebe?

Ao empregar o FPM errado com uma criança, você pode ficar com raiva e achar que ela está te desafiando ou te desobedecendo. Você tenta movê-la em direção a alguma coisa, e tudo que ela quer é o contrário disso. Digamos que você queira que seu filho passe mais tempo fazendo os trabalhos da escola e se dedicando aos estudos. Então você diz: "É melhor você estudar ou não entrará numa boa faculdade". Ou: "Olhe o Fred. Não estudou, e foi reprovado na escola". Como funcionará essa estratégia? Depende do filtro de motivação da criança. Se ela for primariamente motivada por fugir da dor, então poderá funcionar bem. Mas, e se for do tipo que se move em busca do prazer? Nesse caso, será muito difícil mudar o comportamento dessa criança falando sobre alguma coisa da qual ela deva se afastar. Você pode insistir até ficar roxo, mas está usando o segredo errado para tentar abrir o cofre. Está falando em latim, e a criança entende grego. Está gastando o seu tempo – e o dela. E acaba se estressando dizendo "já falei quinhentas vezes!" e acaba gritando. Vejo isso todos os dias na vida das famílias que me procuram.

A melhor motivação nesse tipo de situação seria dizer: "Se você se dedicar mais aos estudos, poderá escolher qualquer faculdade que quiser". Ou ainda: "Ao se dedicar mais aos estudos, tem mais tempo para a diversão".

FPM de fonte de avaliação - externa ou interna

Algumas pessoas tomam a maior parte de suas decisões com base em avaliação externa, já outras acabam seguindo mais a própria avaliação interna.

> Uma vez, vi uma mãe tentando convencer a filha a ir ao cinema: "Filha, você tem que assistir a esse filme. É muito legal! Eu já vi o trailer e adorei, e todas as crianças que foram elogiaram! Falaram que foi o melhor filme que já viram".

Se a criança dela tivesse o FPM de avaliação externa, é provável que tivesse se convencido a ir ver o filme, pois, se todas as outras crianças disseram que é legal, ela tende a acreditar que deve ser mesmo. Mas a menina dela tinha o FPM de fonte de avaliação interna. Nesse caso, contar o que outras crianças acharam não significa muito para ela. Então ela não ficou muito inclinada a aceitar a ideia da mãe.

Essa mãe me procurou dizendo como sua filha era difícil, diferentemente das outras crianças, mais fáceis de lidar. Ela não sabia o que fazer com tamanha rigidez.

Expliquei a ela sobre os FPM e disse que uma das possibilidades que ela tem de convencer uma criança assim é apelando para coisas que ela mesma já saiba ou já tenha vivenciado, por exemplo: "Lembra aquele filme ao qual você assistiu ano passado e adorou? Você se divertiu bastante e disse que foi muito legal. Então, soube que esse filme que está passando hoje no cinema é bem parecido com aquele. Acho que você vai se divertir como daquela vez. Vamos?".

Não existe garantia, mas, falando no segredo que abre o cofre, a chance de a mãe conseguir conduzir a criança porque está falando com ela na linguagem que abre sua mente aumenta significativamente. Essa informação mudou a vida da família. Foi uma virada de chave que mudou totalmente o jogo. Uma menina que já estava com suspeita de transtorno opositivo desafiador (TOD) e que passou a ficar tranquila quando seus pais descobriram um de seus FPM e começaram a considerá-lo em sua comunicação com a criança.

Quanto aos adultos, você pode perguntar para alguém como ele sabe que fez um bom trabalho. Para alguns, a prova vem de fora: o patrão faz um elogio ou oferece um aumento. E, quando consegue essa espécie de aprovação exterior, a pessoa sabe que seu trabalho é bom. Isso é típico de alguém que tem o FPM de fonte de avaliação externa.

Para outros, a prova surge do interior. Eles "simplesmente sabem dentro de si" quando trabalham bem. A pessoa pode até ganhar prêmios, mas, se não sentir por dentro que o projeto é especial, nenhuma aprovação de fora o convencerá. E o contrário também é verdadeiro: entregar um serviço recebido de modo indiferente pelo patrão e pelos colegas, mas, se ele sente que é um bom trabalho, confiará mais em si mesmo. Isso é o que acontece com quem tem FPM de fonte de avaliação interna.

Isso também é perceptível nas crianças. Algumas têm necessidade de avaliação externa, outras nem tanto. É muito importante que pais e professores atuem no sentido de buscar trazer um equilíbrio para as crianças em relação a isso: depender da avaliação externa ou não ligar para críticas externas pode ser igualmente danoso.

Ainda, devemos lembrar que os filtros de percepção do mundo são variáveis em relação a contextos e situações. Por exemplo: se você fez alguma coisa durante dez ou quinze anos, provavelmente tem uma forte fonte de avaliação interna baseada nessa experiência; se for novato, pode não ter uma fonte de avaliação interna tão forte sobre o que é certo ou errado nesse contexto, entende?

Mesmo que seja destro, você usa sua mão esquerda em várias situações, certo? O mesmo acontece com os metaprogramas. Você não é apenas de um único jeito, mas pode variar, mudar. É por isso que você pode testar as opções com sua criança. A ideia é descobrir a chave capaz de abrir aquela porta mental, e agora você está expandindo sua consciência sobre isso, que é como aumentar o molho de chaves que tem em mãos para abrir as portas com maior facilidade.

Quando eu estava grávida, meu marido, que se chama Adriano, queria que o nome do nosso filho fosse... Adriano, também! Eu não queria, pois meu pai, que se chama Paulo, o mesmo nome de meu avô, ainda medindo quase 1,90 metro de altura, é até hoje chamado de Paulinho. Então, eu comentava: "O menino vai ser 'inho' para o resto da vida". Também falava sobre o que dizem os psicólogos sobre o peso de precisar ser igual ao pai, já que leva seu nome e tal, mas o FPM de fonte de avaliação do meu marido é interno, então tudo o que eu dizia não fazia sentido para ele. Durante esse processo, ele rejeitou todos os nomes que eu sugeria: Enzo, Vincenzo, Lorenzo...

Foi então que decidi mudar a estratégia e buscar algo que viesse dele, que fizesse sentido para ele e que atendesse ao FPM de avaliação interna. Eu disse: "Amor, por que a gente não segue a tradição da sua família na escolha do nome do nosso filho? Seu pai não é Edison Luiz Nascimento? Você não é Adriano Luiz Nascimento? Então, a gente pode escolher um nome e colocar Luiz Bassi Nascimento. Que tal?".

Depois de discordar de absolutamente tudo o que eu havia sugerido até então, inacreditavelmente ele concordou. Aí ficamos com a conversa aberta para encontrar um nome que agradasse a ambos e, apenas depois de sair da ideia fixa de que o bebê deveria ter o mesmo nome, ele começou a ouvir e apontar outros nomes. Chegamos juntos a um que agradou aos dois: Petrus.

FPM de interações humanas - introvertidos e extrovertidos

Algumas pessoas sentem a energia diminuir com as interações humanas e precisam se recuperar depois de um período de exposição pública; outras se abastecem no contato com os outros, apreciando a própria exposição.

Crianças que demonstram prestar atenção a quem está falando, que estabelecem contato com olhares, sorrisos ou apoio à pessoa que está à frente da sala tendem a ter o FPM de interação humana extrovertido. Já as que demonstram prestar pouca ou nenhuma atenção a quem está falando, que preferem passar despercebidas ou ficar em seu próprio mundo enquanto outros falam tendem a apresentar o FPM de interação humana introvertido.

É fundamental conhecer esse filtro em relação às expectativas criadas para os filhos – às vezes, as famílias desejam muito que o filho se apresente em público, que cante, dance, faça teatro... Para algumas crianças isso pode ser bem legal; para outras, uma tortura. Embora a ideia seja a de sempre abrir possibilidades para expandir os limites, quebrar paradigmas e romper barreiras, é preciso trabalhar dentro de uma noção da realidade interna da criança.

A essa altura da leitura, você pode estar pensando: "Como eu faço exatamente para descobrir todos os filtros de percepção do mundo da minha criança?".

A gente precisa lidar com a criança do modo como ela é, e não com a maneira que gostaríamos que ela fosse. Sua criança é como é. E a maneira de fazer a educação voltada para o equilíbrio consiste em observar a criança o mais cuidadosamente possível, ouvir o que ela diz, os tipos de metáforas que usa e o que sua fisiologia revela quando ela está atenta ou desinteressada. Ouso dizer que, sob o viés dos FPM, você não conhece a sua criança. As crianças revelam seus FPM numa base consistente e progressiva. Então, observe, observe e observe a criança. Olhe com olhos de ver, ouça com ouvidos de ouvir e sinta a criança com coração de sentir.

FPM de classificação - por semelhança ou por diferença

Algumas pessoas olham para o mundo com foco no que as coisas/ pessoas têm em comum, outras percebem logo o que é diferente.

Esse FPM determina como cada um escolhe a informação para aprender e compreender os outros. Crianças que olham para o mundo tentando encontrar semelhanças são de FPM orientado para classificar por semelhança. Já outras podem ser orientadas pelo FPM de classificar por diferença, buscando as divergências no mundo.

Imagine um professor orientado internamente a classificar por semelhança se encontrando com um aluno orientado a classificar por diferença. Diante de três retângulos desenhados na lousa, por exemplo, o professor diz que todos são iguais e o aluno responde: "Não, não são. São todos diferentes!". Enquanto o raciocínio do professor é de que são todos retângulos, o da criança é de que a espessura das linhas não é a mesma ou os ângulos não são exatamente os mesmos nas três figuras.

Quem está correto? Os dois, pois tudo depende da percepção. Mas aí a confusão já pode estar armada, ocasionando inúmeras situações catastróficas nesse tipo de ambiente escolar.

Muitas vezes, crianças com o FPM de classificação por semelhança ao extremo podem acabar tendo restrições alimentares por desejarem que a comida seja sempre semelhante. Elas podem recusar frutas com pequenas imperfeições ou variedade de maturação, textura, sabores etc., e, em vez disso, preferir comer comida industrializada porque nunca muda. Ainda, crianças orientadas por esse filtro tendem a ser mais conservadoras – ficam felizes em fazer a mesma coisa todos os dias e costumam generalizar as coisas. Já aquelas que classificam por diferenças tendem a ser mais flexíveis e a lidar melhor com mudanças e imprevistos.

Vale lembrar que todos esses FPM nos revelam as tendências das crianças, e não são sentenças de vida. Sabendo das tendências das crianças, pais e professores conscientes podem ajudar e conversar com elas, com base na própria linguagem, explicando como fazer algumas mudanças favoráveis e expandir alguns limites. Isso é a educação emocional e relacional, uma educação para a vida. Algumas tendências são tão fortes que podem se tornar um trabalho de uma vida inteira. São necessários empenho e paciência para equilibrar um perfil de uma criança que tem foco excessivo em buscar diferenças, por exemplo, mas você pode ajudá-la a ser um pouco menos rígida em sua vida. Por sua vez, é útil aos perfis que tendem a buscar semelhanças enxergar mais diferenças, pois eles tendem a generalizar. As diferenças são parte do tempero da vida.

E se você tem os dois tipos de crianças? Uma pessoa que busca semelhanças pode viver bem com uma pessoa que busca diferenças? Sim, desde que se compreendam. Dessa forma, quando houver diferenças, você pode guiá-las a perceber que a outra pessoa não é má ou está errada, simplesmente percebe as coisas de maneira distinta. Você não precisa ser totalmente igual para estabelecer *rapport* e entrar em harmonia, e sim aprender para poder ensinar as crianças a respeitarem e a apreciarem os outros.

FPM de ação por necessidade ou por possibilidade

Algumas pessoas são principalmente movidas pela necessidade – ou seja, pelo que *precisam*, outras são muito mais movidas pelo que *desejam*.

No caso das crianças, algumas fazem as coisas porque devem fazer, não são inclinadas a buscar possibilidades, não procuram experiências diversas e seguem a vida utilizando apenas aquilo de que já dispõem. Outras são motivadas pela busca de possibilidades, sendo menos motivadas pelo que já têm e mais pelo que querem ainda ter e fazer. Elas procuram novas opções, atividades, escolhas e caminhos. Em resumo, a criança motivada pela necessidade está interessada no que é conhecido e seguro, e a criança motivada pela possibilidade está interessada no que não é conhecido, desejando o novo. Quando adulta, ela quer saber no que pode evoluir, bem como as oportunidades que pode aproveitar.

Não se preocupe: há espaço para os dois tipos de pessoas nessa vida. Mesmo se estiver pensando no futuro profissional da criança, saiba que muitas empresas buscam o profissional criativo e de cabeça aberta a novas possibilidades, e existem serviços que requerem atenção para detalhes, firmeza e persistência que uma pessoa com FPM de ação por necessidade atende muito melhor que uma pessoa com FPM de ação por possibilidade.

Agora, se você está trabalhando para fazer as crianças participarem das atividades domésticas, e tem uma que age pela necessidade, precisa mostrar a ela por que ela PRECISA ajudar nas tarefas, por exemplo, falando sobre a importância de aprender a fazer as atividades para ter autonomia quando for morar sozinha. Se a criança é da ação pela possibilidade, a abordagem se difere, visto que ela se aborrece com o que "tem de" fazer; então, você enfatiza as INFINITAS POSSIBILIDADES DIFERENTES de fazer as mesmas coisas. Promova o desafio de diminuir o tempo, apresente novas descobertas possíveis ao realizar os afazeres, novas receitas ou formas de levar o lixo, maneiras divertidas de arrumar a cama.

Os caminhos que levam aos resultados positivos podem ser muito diferentes com cada criança.

FPM de estilo de trabalho - independência, cooperação ou proximidade

Cada criança tem a própria estratégia para trabalhar. Aquelas com FPM de estilo de trabalho na independência ficam felizes se tiverem espaço para exercer sua autonomia, pois precisam ser independentes. Inclusive, podem ter dificuldade em trabalhar com outras pessoas e sob muita supervisão e palpite. Têm uma enorme necessidade de dirigir as próprias vidas e de sentir que estão no controle, mesmo quando ainda não têm 2 anos de idade! A sensação é de que elas desejam seguir sozinhas, sem precisar esperar o tempo das outras, e fazer tudo do jeito delas.

Já as crianças que têm o FPM de estilo de trabalho na cooperação trabalham melhor como parte de um grupo, querem repartir a responsabilidade de qualquer tarefa. Há ainda aquelas com o FPM de estilo de trabalho na proximidade, com uma estratégia no limiar entre as outras duas, ou seja, preferem trabalhar com outras pessoas, mas mantendo para si a responsabilidade da tarefa. Elas até assumem a responsabilidade por algo, mas não sozinhas.

Se quiser conseguir o máximo com as crianças, você precisa descobrir as estratégias de trabalho delas e de que jeito são mais eficientes. Às vezes, você encontrará uma criança brilhante, mas difícil de lidar, já que sempre quer tudo do jeito dela. Talvez ela tenha o perfil de líder, mesmo não sabendo nem falar direito ainda. Pode ser do tipo de pessoa que nasceu para ter o próprio negócio, o que provavelmente acontecerá, mais cedo ou mais tarde. Tudo o que você precisa fazer, no papel de pai e professor, é não obstaculizar o desenvolvimento dessa líder e propiciar um meio para essa criança se expressar. Se você convive com uma criança com esse perfil, tente um meio de potencializar ao máximo seus talentos, dando a ela a maior autonomia possível.

Agora, se quiser fazer com que essa criança faça parte de uma equipe e se comporte como uma liderada, como todas as demais, isso poderá deixar todos de cabelo em pé e trazer muitos problemas para ela, a família ou a turma na escola. Contudo, se oferecer independência, dando a ela algo pelo qual fique responsável, ficará encantado com os resultados que essa criança trará.

Há crianças que trabalham melhor em um ambiente de cooperação, dando o melhor de si com muito feedback e interação humana. Um grande equívoco nesse caso é dar a elas um lugar de liderança mesmo quando são as que mais sabem alguma coisa. Você perde uma criança excelente em seu filtro de cooperação querendo que funcione no de independência. Isso não significa que ela não possa expandir seus limites e horizontes, não que a liderança não possa ser aprendida e ensinada, não se trata disso. Podemos ajudar as crianças a conquistarem as competências que não vieram "de fábrica", é claro. O que não devemos é desejar que se tornem outras pessoas, entende?

As crianças com filtro de trabalho de proximidade querem ser parte de uma equipe, mas fazer suas coisas sozinhas. A chave é ter a sutileza de perceber como a criança funciona melhor em relação ao trabalho e dar as condições para que produza resultados satisfatórios.

Vale lembrar que todos os FPM apresentados nos revelam tendências, e não sentenças de vida. Sabendo disso, pais e professores conscientes podem ajudar as crianças e conversar com elas, em sua própria linguagem, explicando como fazer algumas mudanças favoráveis e expandir alguns limites. Isso significa educação emocional e relacional, uma educação para a vida.

Mais alguns FPM

Existem muitos outros FPM, mas compartilho agora mais alguns importantes para a nossa relação com as crianças.

- **FPM de tomada de decisão** – por sensações ou por lógica: algumas crianças tomam decisões baseadas somente em fatos específicos e números. Outras estão mais conectadas em sua intuição e nas próprias sensações internas sobre alguma coisa.
- **FPM de análise** – das partes para o todo ou do todo para as partes: algumas crianças, para aprender ou para analisar uma questão, têm de saber sobre suas partes para depois chegar à imagem total. Outras crianças sentem necessidade de primeiro entender o conceito geral ou a ideia do todo e, depois, se interessam em compreender os detalhes.
- **FPM de satisfação** – de iniciar ou de finalizar as coisas: algumas crianças se empolgam com os inícios, ficam muito animadas quando têm uma nova ideia se realizando e depois podem perder o interesse e sentir desejo de partir para outra coisa nova. Outras crianças se empolgam quando concluem algo.

Pense em qualquer problema de comunicação e provavelmente descobrirá que compreender os FPM das crianças – e das pessoas em geral – te ajudará a fazer os ajustes necessários e resolver o problema. Pense em alguma criança/pessoa que você ama, mas que parece não se sentir amada por você. Ou então pense em alguém que consegue te irritar de modo bem especial. Consegue encontrar alguém assim? O que você precisa fazer é identificar o FPM em que criança/pessoa está operando e se comunicar nele. Novamente, quando você tenta abrir o cofre com o segredo errado, não consegue. Quando fala com a criança/pessoa no FPM errado, a mensagem também sai errada. Isso pode representar um grande problema tanto para pais lidando com filhos quanto para executivos na liderança de suas equipes.

A maioria de nós não aprendeu a desenvolver a perspicácia de reconhecer e calibrar os FPM básicos que as demais pessoas usam. Agora você está tendo a oportunidade de aprender e educar as crianças para que já cresçam prestando atenção a tudo isso. Quando falhar ao transmitir sua mensagem para uma criança, não há necessidade de achar que ela é teimosa, desobediente ou rebelde, apenas busque desenvolver a flexibilidade de alterar sua forma de comunicar ao FPM da criança.

O que torna tudo mais curioso e desafiador ao se colocar em prática esse conhecimento é que, em alguns casos, o que funciona com a criança é exatamente o oposto daquilo que dá certo conosco. E temos uma forte tendência a acreditar que o nosso jeito de funcionar é o "jeito certo". Talvez esse seja o maior obstáculo a ultrapassar ao colocar na prática esse conhecimento. Às vezes, o que você precisa dizer para fazer a sua criança funcionar te deixaria bravo se alguém dissesse a você, entende? E isso também deve servir para saber que, se a criança falar assim com você, não é por mal, é como ela funciona. É muito comum pais e professores se frustrarem com as crianças quando elas agem de maneira opostas à deles. Isso é um passo e tanto em nossa flexibilidade e um convite gigante à evolução. É por isso que lá no TEDx "O Mundo Sob a Perspectiva da Criança" eu falo que empatia NÃO é fazer para o outro o que gostaríamos que fizessem para nós. Não! Isso é egocentrismo! Empatia de verdade é fazer para o outro o que o outro gostaria ou necessitaria que fizessem para ele. Se formos traduzir para os FPM, não fale com o outro no FPM que você gostaria que usassem com você; fale com o outro no FPM que o outro gostaria que usassem com ele. Isso é empatia – e amor.

Demorei, mas aprendi que as pessoas têm diferentes metaprogramas e padrões. E existe FPM para tudo. Use sua sensibilidade, atenção e imaginação e desenvolva a capacidade de encontrar novos FPM nas crianças por meio da observação de como funcionam e de como fazem as coisas. Perceba como se relacionam consigo mesmas, com as coisas e com as pessoas (crie o hábito de fazer anotações) – esse olhar, somado às ferramentas deste livro, te permitirá obter o mapa da mina para acessar o tesouro de cada criança. De modo constante, observe e ajuste sua forma de tratar cada criança à sua volta, percebendo os padrões específicos que elas usam para perceber o mundo, e comece a analisar se outras têm padrões semelhantes. Com o tempo, isso se transformará em seu comportamento automático, capacitando-o, inclusive, a saber como se comunicar efetivamente com todas as pessoas. Isso é um superpoder! Consegue perceber a grandeza dessa ferramenta? Você vai poder mapear as pessoas com as quais deseja ou precisa se relacionar bem.

capítulo 17

FLEXIBILIDADE

Meu maior objetivo com este livro é oferecer a possibilidade de que você não seja a causa, e sim a solução dos problemas envolvendo crianças. Quero te dar a chance de não escolher seus comportamentos por tentativa e erro, mas se tornar alguém com a consciência expandida, aprendendo a maneira mais efetiva de dirigir seu cérebro no Modo Estrela-Guia à medida que realiza sua missão de guiar o cérebro em maturação da criança.

A mãe e o pai estavam desesperados. Não sabiam mais o que fazer com o pequeno Davi, de 3 anos, que apresentava uma fúria sem precedentes. Ele arremessava as coisas e partia para cima das pessoas quando era contrariado. A mãe me contara na sessão que, para não bater no menino, fechava o pequeno indomável no quarto quando ele tinha essas crises de raiva, e lá ele quebrava quase tudo.

Consegue imaginar uma criança de 3 anos muito estressada e frustrada por algo que não pôde obter ou realizar sendo trancada como uma fera num recinto? Parece uma cena de filme de terror, mas não é. É a vida real de muitos pais que não sabem que o próprio comportamento representa o problema. Sua maneira de dizer "não" e sua falta de recursos para lidar com um cérebro de temperamento forte e imaturo acabam piorando toda a intensidade da raiva sentida pela criança. Em vez de o adulto ser fonte de regulação e apoio emocional, acaba se tornando a causa das crises incontroláveis. Os pais dizem que a criança é difícil. E eu digo que difícil é ser criança no meio de tantos adultos que ignoram os mistérios e as necessidades da mente infantil.

Os pais de Davi só sabiam resolver os desafios com a criança na base da força. Funcionou com o primeiro filho. Mas, quando chegou o segundo – que, além de não se submeter à força, ficava cada vez mais furioso quanto mais pressão lhe aplicavam –, eles não souberam o que fazer. O cardápio de comportamentos deles era muito pobre e inflexível. Usavam a força e, se não funcionasse, usavam mais força!

Pais e profissionais Estrelas-Guias aprendem a ser flexíveis. Não enxergam a adaptação ao jeito da criança como fraqueza ou moleza; pelo contrário, percebem que se moldar ao perfil da criança que precisam educar é o mais alto grau de poder e inteligência que o adulto pode desenvolver. Aprendem como se ajustar a cada criança e situação, mudando o próprio comportamento – verbal e não verbal – até alcançarem os resultados. E esse é o maior segredo de quem se comunica bem: humildade e vontade de mudar. Você não consegue se comunicar bem com uma criança por força ou ameaças. Você só pode se comunicar bem por flexibilidade constante, rica de recursos.

Contudo, muitas vezes, a flexibilidade não surge naturalmente. Isso porque muitos de nós seguimos os mesmos padrões nas emoções que experimentamos. E, embora a repetição consciente seja importante para o aprendizado, não podemos ligar sempre o piloto-automático, sobretudo em nossa relação com as crianças. Neste capítulo, veremos as maneiras de mudar direções, quebrar padrões e redirecionar comunicações.

Há um pensamento do poeta William Blake que diz: "O homem que nunca muda de opinião é como água estagnada que cria répteis na mente".[38] O pai, a mãe e o profissional que nunca alteram seus padrões de comunicação ficam no mesmo lamaçal perigoso, criando lodo nas relações, deixando tudo escorregadio, pronto para provocar acidentes e quedas no próximo passo que alguém for dar. Em qualquer sistema, a pessoa com o maior número de

---

38 BLAKE, William. *The Marriage of Heaven and Hell*. 1790-1793. Digireads.com, 2021.

opções – isto é, maior flexibilidade – terá maior chance de obter bons resultados. É o mesmo com a relação adulto-criança. O que traz mais poder ao adulto é encontrar o maior número possível de recursos e opções, tentando o maior número de chaves e segredos para conseguir abrir diversos cofres, usando as mais diferentes abordagens necessárias para resolver os problemas.

Se você segue uma única estratégia com todas as situações e crianças, será como uma pessoa que tenta abrir todas as portas com uma única chave. E não é uma chave-mestra! Tony Robbins relata em um de seus livros[39] uma situação em que viu uma amiga tentar convencer o recepcionista de um hotel a deixá-la permanecer no quarto por algumas horas além do horário do check-out, porque seu marido havia se ferido num acidente de esqui, e ela queria que ele pudesse descansar na cama até que o transporte fosse providenciado. O recepcionista, polida e persistentemente, continuava dando todas as excelentes razões pelas quais não era possível de forma alguma. A mulher ouvia respeitosamente e então continuava com razões ainda mais convincentes. Ele relata que viu a amiga percorrer toda a gama de persuasão charmosa e feminina, até a razão e a lógica. Sem nunca se tornar arrogante, agressiva, irônica ou provocar um clima de tensão, ela simplesmente permanecia perseguindo o objetivo desejado. Por fim, o rapaz deu um sorriso compadecido e disse: "Madame, creio que está vencendo". Como ela conseguiu o que queria? Porque foi flexível o bastante para se manter produzindo novos comportamentos e manobras até que o objetivo fosse alcançado.

A maioria de nós encara situações de conflito como uma luta de boxe verbal. Você insiste nos argumentos e aumenta a voz

---

39 ROBBINS, Tony. *Poder sem limites*. Rio de Janeiro: BestSeller, 1989. p. 39.

tentando conseguir o que quer. Artes marciais orientais, como o tai chi, são modelos muito mais elegantes e efetivos, visto que a meta não é mensurar quem tem mais força, e sim redirecionar a força do oponente para alinhá-la com aquela força dirigida por você. Lembre-se de que as crianças são mais resistentes ou difíceis quanto mais os adultos são inflexíveis. Em vez de se opor ao ponto de vista de uma criança de muita opinião ou que está irredutível em uma situação, o melhor a fazer é seguir estes passos:

1. Ser flexível.
2. Suportar a situação sem julgamentos e sem levar para o lado pessoal.
3. Encontrar pontos de concordância para se alinhar.
4. Redirecionar a comunicação para o resultado de que precisa.

Benjamin Franklin, considerado um dos pais fundadores dos Estados Unidos, escreveu a respeito da estratégia de comunicação que usava:

> Desenvolvi o hábito de expressar-me em termos de despretensiosa timidez, nunca usando, numa discussão, as palavras "certamente", "indubitavelmente", ou qualquer outra que desse um ar de certeza a uma opinião. Mas eu diria: "eu imagino" ou "entendo que uma coisa seja assim e assim"; "parece para mim"; ou: "eu não pensaria isso ou aquilo, por tais e tais razões"; ou: "imagino que isso seja assim"; ou: "isso é assim, se não me engano". Acredito que esse hábito tenha sido de grande vantagem para mim, quando tive ocasião de persuadir.[40]

---

40 FRANKLIN, Benjamin. *Autobiografia*. Trad. Paulo Henriques Britto. São Paulo: Companhia das Letras, 2011. p. 38.

Também vale destacar que certas palavras criam resistência e problema. É muito importante que o adulto preste bastante atenção nas palavras que usa e no efeito que elas causam. Vamos pensar sobre uma palavra curtinha e perigosa muito utilizada por pais, mães e profissionais com as crianças. A palavra "mas". Usada de maneira inconsciente e automática, pode se tornar uma das mais destrutivas de nossa língua. Se alguém diz: "É verdade, mas...", o que está afirmando? Está afirmando que não é verdade, ou que é irrelevante, pois a palavra "mas" negou tudo aquilo que foi dito antes. Como você se sente se alguém lhe diz que concorda com você, mas...? O "mas" é uma conjunção *adversativa,* ou seja, adversária, que vai trazer algo que vem contra aquilo que já foi colocado. E as pessoas (mesmo crianças) sentem essa posição contrária a elas.

E se, no lugar do "mas", a pessoa disser: "Isso que você falou é verdade. E quer saber outra coisa que também é verdade? (E aí coloca sua opinião)". Ou: "Essa é uma ideia interessante, e aqui está outra maneira de pensar sobre isso". Em ambos os casos, você começa concordando – o ACOMPANHAR do *rapport* – para depois CONDUZIR. E, em vez de criar resistência ou contrariedade pelo uso do "mas", você cria uma soma capaz de permitir um redirecionamento pelo uso do "e", uma conjunção *aditiva,* ou seja, de adição.

Lembre-se: não há crianças que resistem para sempre, e sim adultos que são comunicadores inflexíveis. Assim como há frases e palavras que automaticamente acionam sensações ou estados de resistência, há meios de se comunicar que fazem as crianças se sentirem envolvidas e muito mais receptivas.

Estrutura de entendimento

Você gostaria de conhecer uma técnica de comunicação que pudesse usar para comunicar exatamente o que sente sobre um problema com uma criança sem nunca precisar discordar dela? Bem, aqui está: a estrutura de entendimento.

Ela consiste em três frases passíveis de usar em qualquer comunicação para respeitar a criança com quem está se comunicando, manter a harmonia, compartilhar com ela o que sente ser verdade, sem nunca se opor às opiniões dela: "Eu entendo e...", "Eu respeito e..." "Eu concordo e..." (observe o uso do "e", e não do "mas", ok?).

Se a criança diz nervosa: "Não! Você tá errado!" e você responder: "Não, não estou errado!", vocês vão continuar em harmonia? Não, pois haverá conflito e resistência. Em vez disso, dirija-se à criança com: "Eu respeito o que você sente sobre isso, e acho que, se você ouvir o que penso disso, poderá se sentir diferente". Repare bem: você não precisa concordar com o conteúdo da comunicação da pessoa, mas sempre pode entender, respeitar ou concordar com os sentimentos de alguém, com a posição que a pessoa ocupa na situação, além de sua fase da vida ou de evolução. E sabe por que você pode entender o sentimento da criança? Porque você já foi criança. Mas, como ela ainda não foi adulta, é bem mais difícil para que ela consiga entender você. Porque você já tem o cérebro amadurecido, ela ainda não. Você também pode entender a intenção positiva da criança. Por exemplo, quando um adulto está de um lado do problema e a criança está do outro, muitas vezes o adulto não consegue alcançar o ponto de vista da criança e, em casos mais graves, o adulto nem ao menos consegue ouvir a criança.

Ao usar a estrutura de entendimento, você ouvirá com mais atenção o que a criança está dizendo e, como resultado, descobrirá novas formas de entendê-la. Você se coloca com ela observando a questão. Assim, a criança se sente respeitada e ouvida, não há disputa de poder ou desentendimento, e, ao mesmo tempo, são introduzidas novas possibilidades. Essa fórmula é passível de usar com pessoas de qualquer idade, aliás tudo na PNL foi feito originalmente para adultos.

Faça o seguinte exercício de hoje em diante: sempre que discordar da criança sobre uma questão, coloque o seu ponto de vista sem usar a palavra "mas" e sem tentar diminuir ou invalidar o ponto de vista dela. Use "eu respeito e..." ou "eu entendo e...". Posso te falar? É uma experiência libertadora!

O adulto aprende muito mais quando consegue apreciar o ponto de vista da criança do que quando pretende invalidá-lo, criando assim pontos de entendimento. Do contrário, quando ela percebe que seu ponto de vista está na mira do adulto para ser destruído, quer se fazer valer como pessoa e acaba colocando para fora o pior de si, em desespero. Quando você consegue entender, aceitar e respeitar o ponto de vista dela, a criança pode argumentar sem se tornar agressiva ou ficar perturbada. E, então, vocês podem encontrar pontos de entendimento. Às vezes, o adulto até percebe que a criança tem uma ideia melhor que a dele em alguns casos.

Eu costumava usar um celular para fazer uma live diária. O aparelho ficava no escritório, e eu chegava bem em cima da hora quase todos os dias para conectar e começar. Por várias vezes meu filho usou esse celular e o deixou sem bateria ou fora do lugar, me fazendo passar por alguns apuros e até entrar atrasada. Sempre conversava com ele a respeito, mas a situação não mudava. Foi quando entendi que precisava ser mais enérgica. Na vez seguinte que a cena se repetiu, eu disse: "Vou te falar uma coisa: se acontecer novamente, você vai ficar por quinze dias sem poder usar o meu celular". Assustado com a medida drástica, ele respondeu: "Mas isso é castigo". "É!" – eu concordei. "Mas você não usa castigo" – ele ponderou. "Não. Mas dessa vez eu não consegui encontrar nenhuma maneira respeitosa de fazer você entender que, quando deixa meu celular sem bateria ou fora de lugar, você complica minha vida e meu trabalho! Então será com castigo pela primeira vez nos seus 10 anos de vida. Ou você tem uma ideia melhor?" – desabafei e perguntei ainda com raiva. Ele pensou um pouquinho e falou: "Sim, eu tenho uma ideia. A gente pode fazer um combinado de eu só usar o celular aqui no escritório e de já colocar pra carregar assim que terminar de usar. Pode ser? Tá combinado?".

Eu quase morri de vergonha. Era até simples, né? Mas não passou pela minha cabeça. Claro que eu concordei e aprendi que, em uma mente criada por uma década sem castigo, sempre haverá uma solução sem violência para qualquer situação.

Contudo, preste atenção aqui: o que estou propondo não tem nada a ver com abrir mão das suas crenças ou se tornar um molenga e cair na permissividade, ok? O que você descobrirá fazendo uso desses aprendizados é de que pode atingir seu objetivo de maneira mais eficiente buscando se alinhar com gentileza e guiando a criança do que a pressionando com violência. E será capaz de desenvolver um ponto de vista mais rico e mais equilibrado, por estar aberto para outra perspectiva.

Muitos de nós fomos programados para olhar uma discussão como um jogo de perder e ganhar. Então, se damos razão à criança, ela está ganhando. E isso não pode acontecer! Nós estamos certos, nós somos os adultos! A criança não sabe das coisas! Ela está errada! Um lado tem o monopólio da verdade e o outro não sabe nada da vida. Na verdade, eu aprendo mais e chego aonde quero ir mais rapidamente encontrando uma moldura de entendimento.

Há um problema no modelo mental da maioria dos adultos em relação às crianças: eles querem "*fazer* a criança *fazer*" o que precisa ser feito. Porém a essência fundamental para uma comunicação bem-sucedida consiste em estruturar as coisas de modo a "*fazer* a criança *querer fazer*" o que precisa ser feito. Para "*fazer* a criança *fazer*", posso usar a força, a ameaça, o castigo, o prêmio, a guerra. E quantas pessoas seguem fazendo guerras diárias com as crianças!? Depois que a relação já virou guerra, e a criança entrou na crise, é muito difícil superar. É muito mais fácil evitar a guerra construindo entendimento e harmonia. E a maneira de transformar *resistência* em *assistência* é encontrar uma maneira de concordar mais do que discordar ao resolver os problemas. E outro modo é quebrar padrões pessoais. Todos nós temos alguns enroscos; em alguns pontos das nossas vidas, somos como um papagaio repetindo toda vez a mesma fala. A maneira de conseguir mudar a fala do papagaio é quebrar o padrão. A maneira de mudar um estado mental fixo é a mesma: você precisa interromper o padrão – aquilo que sempre se repete em nosso comportamento – e começar de novo.

O problema é que muitas vezes nossa cultura nos faz acreditar que não controlamos nossos comportamentos, estados e emoções. A maioria de nós adotou um modelo que diz que estamos à mercê de tudo, desde traumas de infância até descontrole hormonal. Portanto, a lição a aprender é que padrões podem ser interrompidos e mudados. Interrupções de padrões são valiosas. Piadas e brincadeiras são excelentes interruptores de padrões, por exemplo. É muito difícil ficar bravo quando você está rindo. E com as crianças isso é maravilhoso! Pode até se combinar algo previamente, uma palavra ou um vídeo salvo nos favoritos que faça vocês rirem juntos, sabe? Podem ter um código, um combinado, uma palavra engraçada que possa ser acionada (pelo adulto ou pela criança) quando as pessoas estiverem ficando irritadas, fazendo os dois rirem e interromperem o processo antes que se perca o controle. Lembro bem de um dia em que eu tinha falado ao meu filho – com uns 5 anos na época – que iríamos na casa de um amigo dele. Éramos bem próximos a essa família e frequentávamos também o sítio do avô desse amigo, e lá era muito divertido. Na hora de chamar meu menino para se arrumar, eu disse: "Bora lá se trocar pra ir na casa do Gustavo!". Ele fez uma cara de total frustração, fechou o semblante e falou bravo em tom alto: "Você disse que a gente ia na casa do vô do Gustavo!". Percebendo o grau da irritação e compreendendo que ele havia entendido errado e criado uma expectativa de ir ao sítio, decidi que não valia o desgaste de procurar o autor do erro – se eu falara ou ele compreendera errado. Isso não mudaria o fato, e ele se irritaria ainda mais. Então, eu usei o que chamo de humor pedagógico para quebrar o estado e respondi: "Falei? Eu falei 'casa do vô do Gustavo'? Estou ficando louca, louca, louca!". Dei uns pulos, ri e continuei: "Doida, doida, doida! É na 'casa do Gustavo', gente! Eu falei 'do vô do Gustavo', então tô doida. É na casa 'do Gustavo' que a gente vai. Bora lá se trocar, vai!". E ele foi rindo.

Há dois aspectos importantes sobre os padrões culturais e nossa forma de lidar com as crianças: a primeira é que nossa formatação cultural não nos ensinou que podemos persuadir melhor por meio do entendimento do que de ganha-perde. Muito pelo contrário, vivemos numa sociedade que se diverte ao promover competições, que gosta de comparar e classificar a todos em melhores e piores, ganhadores e perdedores, como se cada interação, inclusive entre adultos e crianças, devesse ter essa estrutura. Contudo, no processo de comunicação, o paradigma competitivo pode ser desastroso. Já falamos sobre a magia da harmonia e como ela é essencial para o poder pessoal; nesse sentido, se você vê a criança como uma rival, como alguém a ser vencido, dominado, controlado – o que é muito comum na relação da nossa cultura com a infância –, você está começando com uma estrutura exatamente oposta àquela exigida para o *rapport*. Tudo o que sabemos que funciona em um processo efetivo de comunicação diz que o início deve ser do alinhamento, e não do conflito. Precisamos buscar já começar no entendimento, no acompanhamento, até chegar à condução, muito mais do que tentar sempre retomar a paz após as guerras. Claro que isso é mais fácil de falar que fazer. Mas somos nós os adultos da relação e, com atenção consciente, somos capazes de mudar nossos padrões de comunicação.

A segunda ideia é sobre a dificuldade que atribuímos a qualquer mudança de padrões de comportamento. É fato que os comportamentos que repetimos estão fortemente gravados em nosso cérebro, e nossas trilhas neurais já foram reforçadas pela repetição – é o famoso piloto-automático ou, ainda, a nossa base condicionada de comportamento. Isso pode acontecer com a maneira de nos relacionarmos com os outros ou a maneira de pensarmos. Mudar isso não precisa ser tão complicado. A solução é interromper o padrão, parar o que estávamos fazendo e tentar alguma coisa nova. É claro que existem questões que exigem um trabalho mais profundo, mas, ainda assim, a consciência nos dá poder para mudar seus efeitos antes mesmo de nos aprofundarmos nos tratamentos completos das causas.

Em ambos os casos, para mudar a dinâmica do ganha-perde das comunicações e transformar seus padrões, o recurso necessário é a flexibilidade. Se você tem dificuldade em montar um quebra-cabeça, não chegará a lugar nenhum tentando a mesma solução diversas vezes. Você o resolverá sendo flexível o bastante para mudar, adaptar-se, experimentar. Quanto mais flexível você for, mais opções criará, mais portas poderá abrir e mais bem-sucedido será na relação com as crianças.

capítulo 18

REENQUADRAMENTO: EM QUE CONTEXTO ESTE (MAU) COMPORTAMENTO PODE SER ÚTIL?

Lembra-se daquele relato de uma mãe que se preocupava com o fato de o filho subir em coisas altas para quem eu sugeri matriculá-lo em aulas de ginástica olímpica? Naquela situação, a mudança de enquadramento do problema fez com que esse deixasse de ser o problema. É aqui que entra o reenquadramento.

Pense num casal vindo em sua direção. O que significa, para você, estar andando a pé na rua durante o dia e um casal jovem vir em sua direção?

Você pode responder: "Não significa nada para mim".

O mesmo elemento (um casal vindo em sua direção) pode ter muitos significados diferentes conforme os significados de situações similares no seu passado. Suas experiências passadas podem te fazer colocar esse elemento em determinada moldura, determinando se esse elemento o faz ficar relaxado ou assustado. Por exemplo: você pode enquadrar o casal vindo até você como pessoas que se aproximam para pedir uma informação. Já alguém que passou por um assalto à luz do dia realizado por um casal jovem a pé, como ocorreu comigo, pode enquadrar essa aproximação como uma ameaça. O que quero te dizer com isso é que o significado de qualquer experiência na vida depende da moldura que colocamos ao seu redor. Se você muda a moldura, o contexto – o enquadramento –, então o significado também muda.

Reenquadramento é uma das ferramentas mais potentes para a mudança pessoal. Aprender como colocar as melhores molduras em qualquer experiência é poderoso demais. O que você vê? Você pode aprender a reenquadrar sua percepção para poder enxergar o que não estava vendo. Se conseguirmos sair dos nossos padrões de percepção habituais, podemos observar nossos maiores problemas como se fossem nossas maiores oportunidades. Nada no mundo tem qualquer significado em si mesmo. Como nos sentimos sobre alguma coisa depende da nossa percepção a respeito. Um elemento isolado tem significado na moldura ou no contexto em que se encontra. Perda é um ponto de vista. Uma dor de cabeça pode ser boa para a farmácia, ou para te sinalizar sobre a necessidade de descanso, por exemplo. Algo acontece e já começamos a supor: "se isso aconteceu, isso significa aquilo", quando, na realidade, há infinitas maneiras de interpretar qualquer experiência. Atribuímos significados e tiramos conclusões das coisas com base em nossas referências do passado. A autora Judith Viorst escreveu sobre isso:

> Repetimos o passado sobrepondo imagens dos nossos pais às imagens do presente, em geral uma prática míope, pois não percebemos que ser delicado não significa ser fraco (já que meu pai, coitado, era delicado e fraco), que o silêncio pode ser amigável e não uma punição (já que os silêncios da minha mãe eram sempre punitivos).[41]

Ao conseguirmos trocar esses padrões habituais de percepção, podemos criar mais escolhas para nossas vidas. Percepções levam a sentimentos e comportamentos, ou seja, se percebemos o cuidado com uma criança como um peso, essa será a mensagem que enviaremos ao cérebro que produzirá estados que tornam essa percepção a própria realidade. Se mudarmos nossa estrutura conceitual, olhando para a mesma situação de um ponto de vista diferente, conseguiremos alterar a percepção e encará-la como uma oportunidade única de conviver com essa criança em sua infância, mudando, por consequência, a maneira como reagimos sobre isso na vida. Podemos mudar nossa percepção sobre qualquer coisa e, assim, mudar nossos estados, sentimentos e comportamentos. Reenquadramento.

---

41 VIORST, Judith. *Perdas necessárias*. Rio de Janeiro: Nova Fronteira, 1988. p. 41.

Lembre-se: nós não vemos o mundo como ele é, mas como nós somos, porque as coisas são interpretadas a partir do nosso ponto de vista. O jeito que somos, nossas estruturas conceituais, nossos "mapas" mentais é que definem o território. O desafio é ampliar o nosso "mapa" mental e encontrar novas percepções possíveis para as mesmas situações. Que outra maneira existe de perceber isso? Lembro-me de uma vez que perdi a chave do carro enquanto corria em um parque. Minha tendência de enquadramento automático era reclamar e achar apenas a parte ruim dessa situação. Pensei na pergunta: "Que outra maneira existe de perceber isso?", e logo comecei a inundar minha mente com outras percepções, como: somente perde a chave do carro quem tem um carro; ao caminhar para procurar a chave, faço um pouco mais de atividade física; que bom que aqui tem chaveiros 24 horas, não é algo tão difícil de resolver. Isso muda a onda de raiva e os hormônios de estresse que já estavam invadindo meu corpo.

Também usei o reenquadramento quando minha criança me acordava no meio da noite e eu sentia cansaço, peso e raiva. "Que outra maneira existe de perceber isso?" Passei a encher minha cabeça de novas percepções, como: "que bom que está saudável; que bom que ele ainda te quer por perto; você vai sentir saudades disso; uma hora ele vai procurar outras pessoas e você não será mais assim tão importante; é bom ser tudo na vida de alguém". E meu estado ia do fechado para o receptivo.

Nossas experiências passadas formam filtros pelos quais passamos a realidade e assim formamos nossa percepção; mas há múltiplas maneiras de ver ou experimentar qualquer situação. E, ainda que não tenhamos podido escolher as experiências que se tornaram nossos filtros, está em nossas mãos escolher com consciência as experiências que se tornarão os filtros das crianças com as quais convivemos. E podemos ajudá-las a ressignificar as experiências traumáticas que forem inevitáveis.

Reenquadramento de contexto e de conteúdo

Reenquadrar, em sua forma mais simples, é transformar uma coisa negativa em uma positiva, trocando a estrutura conceitual (moldura) usada para absorver a experiência. Há dois modos principais para reenquadrar: reenquadramento de contexto e reenquadramento de conteúdo. Ambos alteram suas representações internas, resolvendo conflitos e o deixando num estado mais rico de recursos.

O reenquadramento de contexto – recontextualização – é você olhar para uma criança que apresenta um comportamento que parece ser ruim, perturbador ou indesejável e mostrar como ele pode ser uma grande vantagem em outro contexto. Esse foi o caso do menino que escalava árvores e alambrados. Já o reenquadramento de conteúdo – ressignificação – consiste em tomar exatamente a mesma situação e mudar o seu significado. Por exemplo, você pode dizer que uma criança nunca para de falar e, depois de reenquadrar o conteúdo, considerar que ela certamente deve ser muito inteligente para ter tanto a dizer. Vamos a outro exemplo: uma criança que chora alto quando as coisas fogem ao controle pode ser poupada de um sequestro ou abuso *exatamente* porque chora alto. A literatura infantil está cheia de exemplos de reenquadramento de contexto. O patinho feio sofre muito por ser tão diferente, mas *exatamente* a sua diferença foi sua beleza ao tornar-se um cisne adulto. O reenquadramento de contexto nos faz aprender a valorizar todos os tipos de pessoas. Uma pessoa lenta pode ser mais sensível, mais tranquila e talvez sofrer menos com ansiedade.

Uma vez estava numa aula no início dos meus estudos de PNL e disse que gostaria de ajuda por ser uma pessoa ansiosa. Esperava que minha professora indicasse uma técnica ou direcionasse minha mente para uma nova forma de funcionar, mas ela não fez nada disso. A maravilhosa Luiza Lopes disparou: "Deus me livre de trabalhar com quem não é um tanto ansioso. Só experimenta ansiedade quem tem comprometimento. Apenas cuide para não se tornar excessivo". Acho que ela deve ter conseguido ver a olho nu o giro que ela fez na minha mente com essas palavras. A partir de então, sentir ansiedade moderadamente passou a ser algo positivo para mim e deixou de significar um problema. Não é fantástico? Nesse caso, já estamos falando do reenquadramento de conteúdo – ressignificação –, que se refere a pegar exatamente a mesma situação e mudar o seu significado.

Até a morte é passível de reenquadramento! Quando alguém morre, a maioria das pessoas em nossa cultura fica triste. No entanto, algumas pessoas reenquadram a morte, para significar que o morto está sempre com elas, que nada no universo jamais é destruído, que as coisas só mudam de forma.

Pense nos equívocos que já cometeu na relação com uma criança e dos quais se arrepende nas interações de agora. Você pode sentir tristeza, é compreensível. Mas também pode perceber que provavelmente aprendeu algo com aquele erro e que estava dando o seu melhor naquela época. É uma escolha: se martirizar pelo que fez de errado ou reenquadrar a experiência com foco no que aprendeu. Para ser feliz na relação com uma criança, encontre a moldura mais útil para enquadrar qualquer experiência que tenha com ela e, assim, você fará toda situação trabalhar para, e não contra, você.

Há algum comportamento que você não consiga mudar? Você é o seu comportamento ou é o responsável por ele? Mais uma vez, estou aqui para te dizer que você está no controle. Você dirige seu cérebro. Você produz os resultados de sua vida. O reenquadramento é um dos recursos mais importantes de que você pode dispor para mudar a maneira como percebe uma experiência. Vale lembrar que você já põe enquadramentos nas experiências que vive o tempo todo, e agora poderá fazer isso num processo consciente. Toda persuasão é um reenquadramento que resulta em uma mudança de percepção.

Conheci o caso de um menino, de 6 anos, com deficiência visual que levava uma vida normal. Por que alguns estariam sofrendo com a situação, e ele estava bem? Porque a mãe dele, intuitivamente, praticou muitos reenquadramentos. Ela foi transformando todas as experiências que outros classificariam como limitações em vantagens na mente dele. Ela dizia que ele enxergava, sim, só que usava as mãos em vez dos olhos. O mundo está cheio de crianças com desafios como os desse menino, e o que precisamos é de mais pessoas que usem o reenquadramento de modo tão potente como a mãe dele. É aquilo em que também acredito: precisamos aprender essas ferramentas para sermos pais, mães e profissionais. É preciso estudar para ser pai e mãe!

A maior parte dos reenquadramentos de nossa vida é feita *para* nós, não *por* nós. As propagandas mudam a moldura de algo. O marketing tem o único propósito de reenquadrar as percepções das massas sobre o que querem promover. Depois há as crenças e convenções sociais que absorvemos sem nem perceber. De onde você pensa que veio esse padrão de achar homens grisalhos charmosos e mulheres grisalhas desleixadas? Você foi ensinado a achar a magreza bela e a gordura feia. Isso já foi diferente em outros tempos, inclusive. Se as mentes por trás dos marqueteiros acham que não estamos reagindo como desejam, colocam uma nova moldura e observam se funciona. Pense no reenquadramento que o marketing fez com as sandálias Havaianas®.

Poucos de nós gastamos tempo pensando em como enquadrar nossa comunicação conosco. Alguma coisa acontece em nossa vida, formamos uma representação interna da experiência e pensamos que é com isso que precisamos lidar. Pense como isso é insano. Em vez disso, você precisa aprender a comunicar-se consigo mesmo com tanta intenção, direção e persuasão como faria em uma apresentação de negócios. Deve começar reenquadrando as experiências de modo a fazê-las trabalharem para você.

E você pode fazer isso com sua criança também, como fiz numa ocasião em que meu marido e meu filho se desentenderam.

Meu filho, então com 12 anos, fora convidado para ser pajem no casamento da prima do pai. Como a celebração seria bem em um dia em que meu filho estaria num acampamento de férias que ele ama, ele estava decidido a recusar o convite. Meu marido tentou insistir, propôs ir buscar e levá-lo de volta ao acampamento, tentou dizer o quanto esse evento familiar era importante para ele, mas não conseguiu ser efetivo. Percebi que os dois não estavam bem. Meu filho estava com a moldura única e exclusivamente no dia que perderia do acampamento. Para conseguir um enquadramento diferente, pedi que ele pensasse num grande amigo que ele encontrava em todas as temporadas acampando, o Gabo. Disse a ele: "Imagine que vocês cresceram, continuaram amigos, e você acabou tendo filho primeiro. Passam alguns anos e o Gabo vai casar e chama teu filho para fazer uma participação especial na cerimônia de casamento dele, você não ficaria super-honrado? Não ficaria muito feliz? Então, a tia Tati é o Gabo do papai". Em vez de dizer que ele não valoriza a família ou qualquer outra besteira, encontrei um enquadramento que fizesse com que ele alcançasse a posição perceptiva do pai, ao que ele respondeu: "Nossa, não sabia que eles eram tão ligados assim. Eu vou!". Eu não *fiz meu menino fazer* a participação dele no casamento, eu *fiz meu menino querer fazer* isso, percebe?

Vamos a mais uma prática:

- Pense em três situações com crianças em que tem encontrado desafios.
- De quantas maneiras diferentes você pode ver cada uma dessas situações ou quantos enquadramentos diferentes pode fazer com elas?
- O que você aprende ao vê-las enquadradas de formas diferentes?
- Como isso liberta você para agir diferente?

Agora vou te contar o segredo dessa técnica: uma maneira de fazer reenquadramento com muito mais facilidade é ser capaz de se dissociar da experiência e conseguir ver sob uma nova perspectiva. Você pode então mudar sua representação interior e fisiologia. Se estiver em um estado rico de recursos, então saberá como mudar as situações. Se estiver colocando alguma coisa numa moldura que não esteja te fazendo bem, mude-a, reenquadre-a.

Uma maneira de reenquadrar diz respeito a mudar o significado de uma experiência ou comportamento. Imagine a seguinte situação: você terminou de alimentar a criança e vai retirá-la do cadeirão de alimentação, mas ela vira o corpo e fica rígida, impedindo que você a levante. Quando tenta novamente e ela faz de novo, você já começa a achar que aquela criança está te desafiando (eis aí mais uma situação retirada da minha própria vida!). O que você faria para reenquadrar essa situação? Uma possibilidade seria colocar uma moldura de brincadeira: ao fazer essa movimentação com o corpo, a criança deve estar querendo brincar. O comportamento da criança só era desafiador dentro da moldura que você colocou. Em casos como esse, só é preciso um pouco de flexibilidade (alguma informação sobre cérebro infantil também pode ajudar) para mudar a moldura.

Outro tipo de reenquadramento, ainda dentro da recontextualização, consiste em mudar um comportamento desagradável, perguntando-se em qual outra situação, ou contexto, aquele comportamento seria útil. Sua criança fica pedindo algo que ela quer a cada cinco minutos. Pede e repete e repete insistentemente. Em geral, você se incomoda com a insistência e, às vezes, chega a se irritar profundamente. Mas e se você se perguntar: em que outra situação, ou contexto, esse comportamento seria útil?

Vamos pensar no futuro: o desejo de passar no vestibular para o ingresso em uma universidade com toda essa vontade que sua criança demonstra ao querer pipoca não seria interessante? Você consegue pensar em exemplos de comportamentos que não são agradáveis em sua própria vida? Todos os comportamentos humanos são úteis em algum contexto. Procrastinação pode parecer inútil, mas não seria bom deixarmos para ficar zangados ou tristes em outro dia?

capítulo 19

ANCORAGEM

Você conhece a música "Better Together", do Jack Johnson?[42] Essa música faz parte do clipe do meu casamento e sempre que a escuto volto àquele dia especial no meio de um parque ecológico, em cima da cabeceira do Rio Nhundiaquara, decorado com folhas de bananeira e velas de bambu num cenário envolto por natureza. Sinto a alegria e a vibração daquele momento e meu coração se enche de emoção e amor. Uma música desperta todo esse estado interno em mim – essa música e esse estado interno estão conectados em meu sistema mental. Você pode ouvir a mesma canção e nada disso acontecer em você. Essa conexão neuroassociativa entre um estímulo externo e um estado interno é o que a PNL chama de âncora.

Você já comeu uma fruta que tinha gosto de infância? Ou já sentiu algum cheiro que te levou de volta a algum lugar ou a outro momento da vida? Amora me leva de volta ao quintal no fundo da casa da minha avó, com um lençol velho estendido no chão, eu e meus primos chacoalhando os galhos da amoreira para ver as frutinhas roxas caindo. Depois sentávamos e nos deliciávamos com a colheita, deixando as barrigas cheias, os corações felizes e os pés, as mãos e as bocas cheias de manchas roxas.

Gostos, cheiros, elementos visuais, palavras, frases, toques, objetos, músicas, sensações e inúmeras outras coisas à nossa volta podem ser uma âncora. Se pensarmos concretamente, a âncora é jogada em algum ponto onde o navio para. E é exatamente isso o que acontece: a gente para ali naquela sensação, que pode ser boa ou ruim, e faz a ligação do elemento com a sensação, dando origem à âncora, que, sempre que acionada, nos levará de volta para lá. Um estímulo sensorial externo

---

42 BETTER TOGETHER. Interpretada por Jack Johnson. Composta por Jack Johnson. Produzida por Mario Caldato Jr. Fonte: Jack Johnson.

ligado a um estado interno específico. E isso também acontece com as crianças.

> Uma vez, tínhamos acabado de almoçar e entramos no carro para ir a um compromisso. Quando paramos no semáforo em frente a uma padaria, meu filho, que devia ter uns 3 anos, soltou: "Pão de queijo, mamãe, quero pão de queijo". Outros adultos presentes se perguntaram como ele já poderia estar com fome se havia acabado de almoçar. Eu poderia alegar isso na conversa com a criança, dizer que havíamos acabado de almoçar e que não era hora ou que não tínhamos tempo de parar agora se eu não soubesse o que estava acontecendo dentro dele: aquela padaria era o local onde havíamos comido pão de queijo dias antes. O menino criou uma âncora entre um estímulo externo (padaria) e um estado interno (o desejo de pão de queijo). Então apenas respondi: "Hummmm, você lembrou que comemos um pão de queijo gostoso aí nessa padaria esses dias, né? Eu também adorei. Qualquer hora a gente vai voltar aí pra comer pão de queijo de novo, né? Delícia!".

Também podemos usar o processo de ancoragem de modo deliberado. Quando meu filho ainda era um bebê com um pouco mais de 1 ano, fui com ele para uma cidade pequena no norte do Espírito Santo capacitar a equipe de professores do município. Era um daqueles lugares em que quase todos se conhecem, então eu era a forasteira do local. Ao terminar um dia de trabalho, saí do hotel com meu menininho e encontrei uma das professoras que estavam em formação e ela ficou brincando com meu bebê enquanto caminhávamos. Ela teve a ideia de colocar o menino em cima de cada moto estacionada na rua. Fez e repetiu a ação várias vezes, e eu podia ver a alegria no rostinho do meu menino, que estava adorando a ideia. Quando se despediu da gente, a professora saiu rindo dizendo que agora eu que aguentasse o menino pedindo para subir em cada moto que visse pela frente. Já compreendendo o processo de ancoragem que estava acontecendo: elemento externo (moto) levando a um estado interno (desejo de sentar-se), decidi adicionar um elemento a esse conjunto. Assim que a professora se foi, me abaixei e olhei para o meu bebê dizendo que subir na moto era algo que fazíamos com a tia Tânia. Repeti mais umas duas ou três vezes e seguimos nosso caminho.

Quando viu a próxima moto, meu menino apontou e pediu para subir, ao que eu respondi: "Cadê a tia Tânia? É a tia Tânia que te coloca nas motos, né?", pronto. Ele via as motos, queria subir, eu perguntava da tia Tânia e tudo seguia bem.

Os bons educadores nas escolas também usam âncoras. Já viu quando as professoras querem que as crianças guardem os brinquedos para seguirem para outra atividade? A mesma música, repetida sempre na mesma situação, e basta começar a cantar que as crianças começam a se dirigir no sentido de guardar os objetos. Isso é âncora entre uma música e uma ação desejada. Pode ter a música de escovar os dentes, de dormir, de comer.

A vida é cheia de âncoras, algumas delas mais profundas, outras triviais. Já viu um bebê chorar ao encontrar determinado adulto? Ou você já ouviu uma música e teve uma mudança instantânea de estado? Tudo isso resulta de âncoras poderosas. Ancoragem é a maneira de tornar permanente uma experiência. Você já aprendeu a mudar suas representações internas, a trabalhar com a sua fisiologia e, agora, está aprendendo sobre a ancoragem, que te permite criar um mecanismo acionador do estado que deseja. Criar âncora é como criar um botão, uma técnica para canalizar estados poderosos para estarem sempre ao nosso dispor. Todos nós tentamos fazer o melhor com o que temos, e a ancoragem é a maneira de assegurar que sempre teremos acesso a esses recursos. É uma maneira de ter certeza de que sempre teremos aquilo de que precisamos.

Como as âncoras são criadas?

Para que consiga fazer a ancoragem, a pessoa deve estar num estado intenso, com mente e corpo fortemente envolvidos, com a realização de um estímulo específico no auge do estado. Se o estímulo e o estado se tornarem neurologicamente ligados, temos aí uma âncora. Então, a cada vez que o estímulo for acionado, o estado também será.

Todos nós ancoramos. Na verdade, é impossível não ancorar. Toda ancoragem é uma associação de pensamentos, ideias, sentimentos ou estados criados por um estímulo específico.

> Você se lembra do Pavlov, que fez o experimento com os cachorros famintos e a carne que eles podiam cheirar e ver, mas não comer? Essa carne tornou-se um estímulo poderoso para sensações de fome e salivação daqueles animais. Enquanto estavam nesse intenso estado de salivação, Pavlov, insistentemente, tocava uma campainha. Em pouco tempo, ele não precisava mais mostrar a carne – era só tocar a campainha e os cachorros salivavam como se a carne estivesse ali. Ele criara um vínculo neurológico entre a campainha e o estado de fome ou salivação. A partir de então, tudo o que tinha a fazer era tocar a campainha.

Nós vivemos num mundo de estímulo/resposta, e muito do comportamento humano consiste em reações inconscientes programadas. Por exemplo, muitas pessoas, diante de um ataque de birra de uma criança, se sentem sob pressão, especialmente se estiverem em público diante de olhares julgadores de uma plateia, e acabam partindo para ações violentas e agressivas. Elas nem pensam sobre isso. Comportam-se exatamente como os cachorros de Pavlov. Aceitam passivamente todos os condicionamentos culturais. Ainda que muitas delas desejem mudar seus comportamentos, sentem que estes são inconscientes e incontroláveis. O primeiro passo consiste em tomar consciência do processo e eliminar ou substituir aquelas âncoras que não estão de acordo com suas convicções (a exemplo da birra em público levando a violência e agressividade). Como você pôde perceber, nem todas as âncoras são positivas. Algumas são desagradáveis.

Ocorreu comigo uma ancoragem extremamente desagradável: depois de ter vivido um período de choro muito intenso e frequente com meu filho no puerpério, passei a associar choro de bebê a um estado interno de desespero. Mesmo alguns anos depois, com meu filho mais crescido – quando ouvia um bebê chorando, meu coração disparava. Já parou para pensar que, se esse processo acontece conosco, que somos adultos, imagina como fica o interior de uma criança que é tratada com gritos, ameaças, castigos, agressões?

Uma das coisas que afetam o poder de uma âncora é a intensidade do estado original. Algumas vezes as crianças têm uma experiência desagradável tão intensa – como levar broncas do pai, da mãe ou ser chamada a atenção diante de outras pessoas por sua professora – que, a partir de então, a cada vez que veem o rosto da pessoa, sentem raiva por dentro, e a partir desse ponto o relacionamento perde toda a alegria. Imagine viver assim? Outras âncoras negativas que nem fazemos ideia podem ser criadas, por exemplo, quando a família costuma desenvolver conversas difíceis e mais duras durante as refeições; ao longo dos anos, os filhos não querem mais comer com os pais. Muitas brigas do casal que acontecem na cama podem minar a relação se um dos dois criar uma âncora negativa em relação à cama. Crianças colocadas de castigo no quarto depois podem sentir medo de ficarem sozinhas lá. (Na verdade, nem deveríamos recorrer a castigos, né?)

Somos bombardeados com mensagens das mídias que buscam criar âncoras em nós, mas nem todas se tornam uma. É assim que você olha uma perna com celulite e sente algum tipo de repulsa. A consistência do estímulo é um vínculo poderoso, por isso as propagandas e os slogans repetem tanto: para aumentar a possibilidade de que isso fique ancorado no seu sistema nervoso. Há atletas que são acionados, ou ancorados, por situações específicas: certa maneira de respirar, algum ritual antes do início da partida. Michael O'Brien, ganhador da medalha de ouro dos 1.500 metros estilo livre nas Olimpíadas de 1984, usou ancoragem para conectar seu melhor estado ao disparo do revólver de partida e à linha preta que podia focalizar embaixo da água, enquanto nadava.

Mas, na prática, como consigo usar as âncoras com as crianças?

Quando uma criança está rindo com o corpo inteiro envolvido, você pode apertar seu braço (ou perna, ou ombro) com uma pressão única e específica e, simultaneamente, emitir um certo som, muitas vezes aproveitando a interação que já tem com ela ali naquele momento. Mais tarde, você pode acionar o estímulo (o apertão e o som) e, se ela tiver ancorado, começará a rir outra vez.

Dependendo da idade da criança, você também pode pedir que ela se lembre de um momento em que sentiu coragem (ou qualquer outro estado). Faça a criança voltar mentalmente para aquela experiência, de maneira que fique totalmente associada e possa sentir aquelas sensações em seu corpo. Você pode dizer:

"Isso, vá se lembrando como se estivesse lá agora, veja o que você via, escute o que você ouvia e sinta agora o que sentia naquele momento... Isso, sinta agora...". Enquanto ela faz isso, você começará a ver mudanças em sua fisiologia – expressões faciais, postura, respiração. Quando entender que esses estados estão se aproximando do auge, providencie rapidamente um único estímulo específico, como apertar seu ombro, ou sua orelha.

Você também pode intensificar essa âncora ajudando a criança a ficar num estado de confiança mais rapidamente. Por exemplo, faça com que ela te mostre como fica quando está se sentindo confiante e, no momento em que sua postura mudar, providencie o estímulo. Peça então que lhe mostre como respira quando se sente totalmente confiante e, quando ela o fizer, providencie o mesmo estímulo, outra vez. Pergunte, então, o que diz para si mesma quando se sente totalmente confiante, e faça com que ela fale no tom de voz que usa quando está confiante. Enquanto a criança faz isso, providencie outra vez o mesmo estímulo (apertar seu ombro toda vez no mesmo lugar, por exemplo). Se conseguir sucesso no processo de ancoragem, todas as vezes que desejar que a criança se sinta confiante é só oferecer o mesmo estímulo no ombro novamente. Lembre-se de que as âncoras podem ser cinestésicas (toques, apertos), visuais (gestos, imagens, expressões) ou auditivas (sons, palavras, músicas).

Após você ter instalado uma âncora, precisa testá-la – às vezes, mesmo acreditando que fizemos isso corretamente, não conseguimos ser efetivos. É importante ser persistente e entender que essa habilidade de ancoragem, assim como todas as demais em nossa vida, precisa ser aprendida, treinada, repetida, exercitada e aprimorada. É muito importante termos atenção no efeito que estamos causando nas pessoas, especialmente nas crianças.

capítulo 20

VALORES E CONGRUÊNCIA

Sempre fui do tipo que queria conquistar o mundo! Almejava fama e destaque, amava viajar para ministrar palestras e ser conhecida em vários países. Levar uma mensagem relevante que fizesse sentido e transformasse a vida das pessoas sempre fez meu coração vibrar. Nem sei te explicar o motivo pelo qual sinto isso, mas sei que é assim desde criança. Propósito? Chamado? Vocação? Missão? Só sei que sempre tive muita clareza do motivo da minha existência no mundo: compartilhar informações que mudam a vida.

O fato é que durante o puerpério tentei seguir a carreira como se nada de especial estivesse acontecendo, ou precisasse mudar, como se a dinâmica da vida não demandasse grandes alterações. Então, em uma das viagens para palestrar, fazendo o que sempre amei, sendo reconhecida e aplaudida por uma mensagem tocante num formato muito agradável, voltei ao hotel e... chorei (e muito!). Nada daquilo fazia sentido naquele momento. Tudo o que eu sempre desejei estava acontecendo: conquistando o mundo e, de repente, senti que meu mundo estava dentro de casa, me esperando e precisando de mim. Meu mundo estava de fraldas e pesava uns 6 quilos. Parte de mim sempre quis aquilo ali que estava acontecendo no palco, mas outra parte grandona dominava o meu ser e desejava loucamente estar de pijama em casa com meu bebezinho.

Todo ser humano precisa de inteireza: suas partes devem trabalhar juntas com cada ação apoiando a próxima – a isso chamamos congruência, quando tudo em você está em um mesmo sentido e direção. É isso que leva ao alto desempenho e mantém o sistema saudável. Podemos aprender os comportamentos mais interessantes para educar nossas crianças, por exemplo, mas, se eles infringem alguns pontos importantes para nós, entramos em conflito interior e, então, nos falta a inteireza necessária para o sucesso. Já experimentou seguir uma linha de educação com a qual não concordava totalmente? Já ficou oscilando entre autoritarismo e permissividade?

Se uma pessoa está conseguindo uma coisa, mas dentro de si deseja outra, ela não será completamente feliz e, talvez, nem completamente saudável. Outra situação é quando uma pessoa atinge uma meta, mas acaba passando por cima das próprias convicções sobre o que é certo e errado e acaba ficando confusa; deveria estar feliz, mas não está, deveria comemorar, mas não sente vontade. Você já passou por momentos assim?

Valores: o juiz do cérebro humano

No processo de mudanças internas, crescimento e busca da prosperidade em todas as áreas das nossas vidas, precisamos nos tornar muito conscientes das regras que temos para nós e para os outros, e de como realmente medimos, ou julgamos, o sucesso e o fracasso. Caso contrário, podemos ter tudo e, ainda assim, nos sentirmos com nada. É a esse conjunto de crenças e regras que determinam para nós o certo e o que importa que damos o nome de VALORES. Seus valores são crenças pessoais sobre o que é mais importante para você, seus sistemas de crenças sobre certo, errado, bom e mau. Se não atendemos aos nossos valores, não nos sentimos completos e realizados. Muitas mudanças que conseguimos fazer não são mantidas exatamente por não atenderem aos nossos valores.

Quando fazemos coisas que correspondem aos nossos valores, temos a sensação de inteireza ou de totalidade. Os valores são capazes até de determinar do que você deve se afastar, além de governar seu estilo de vida e definir de que modo você reagirá a qualquer experiência na vida.

Valores são como o juiz do cérebro humano: tudo o que fazemos – o que você compra para vestir, onde mora, com quem se casa, com quem faz amizade ou como educa seus filhos – passa por seu julgamento. Quando dizemos que não temos escolha, ainda assim estamos escolhendo, ainda que de maneira completamente inconsciente.

Valores são nossa base. Inclusive, muitas vezes em que as crianças nos tiram do sério, é porque o comportamento delas foi contrário a algum de nossos valores principais. Você sabe quais são seus dez principais valores? Difícil? E os cinco então? A maioria das pessoas tem dificuldade de responder a essa pergunta com rapidez, o que demonstra que existe falta de clareza sobre os próprios valores, resultando, por consequência, em muitos problemas, como os dois citados a seguir.

Primeiro, sem clareza sobre nossos valores, podemos ser influenciados por valores alheios, como de amigos, parentes, igrejas, pediatras, outros profissionais e, principalmente, das mídias e da cultura, até que, sem perceber, estamos vivendo segundo os valores deles. Daí surgem tantos desencontros, infelicidades, dificuldade de encontrar a própria missão de vida, muitas dores e até doenças.

Segundo, perdemos o critério para saber classificar os comportamentos das crianças. O que eu devo deixar passar? Quando devo chamar para conversar? O que é realmente importante? Os nossos valores bem definidos nos ajudam a decidir sobre quais comportamentos inadequados de nossas crianças merecem mais atenção e quais podem ser deixados de lado. Entende? Ainda, nos ajudam a escolher nossa rede de apoio.

Muitas pessoas me perguntam o que fazer quando sua criança é punida na escola, já que em casa elas buscam outras formas de educá-la. Claramente, trata-se de um problema de valores. Precisamos encontrar escolas que compartilhem dos nossos valores ou teremos problemas constantes, e, ao tentar mudar as pessoas – professores, coordenadores, diretores –, nossa criança pagará um alto preço por isso. Por exemplo, se a professora não colocar mais a sua criança no cantinho por receio de você dar mais um chilique com a coordenadora, ela vai descontar na criança de alguma forma, ainda que inconscientemente, percebe? E não, não estou contra as professoras, pelo amor de Deus, me entenda. Só estou dizendo que a gente não muda os valores das pessoas e das escolas tão rapidamente assim. Como a escola lida com conflitos? O que acontece quando a criança erra? Como os professores são treinados? Há investimentos em relação ao conhecimento sobre as emoções ou o foco é todo no conteúdo? Essas são questões importantes para descobrir valores que você pode fazer ao visitar uma escola.

Mas de onde vêm os nossos valores? Esses poderosos ensinamentos são específicos a cada pessoa ou a cada grupo de pessoas, além de altamente emocionais, ter crenças associadas e originar-se do ambiente. Começam a se formar desde muito pequenos, de 0 a 3 anos. O pai e a mãe, na maior parte das vezes, são os principais programadores de valores. Constantemente eles expressaram seus valores, dizendo o que queriam ou não queriam que você fizesse, dissesse e acreditasse. Se você aceitava seus valores, era recompensado; se rejeitava, tinha problemas, era mau e deveria ser punido. De fato, a maioria de nossos valores foi programada por meio de punição e recompensa.

Os amigos são outra fonte de valores. Na verdade, o processo-padrão consiste em misturar seus valores com os deles, ou alterar os seus para pertencer ao grupo; se não o fizesse, eles poderiam bater em você, não brincar com você, tirar uma onda da sua cara, criticá-lo ou exclui-lo. Também os heróis, ou talvez anti-heróis, podem ser fontes de valores. Muitos jovens começaram a usar drogas porque seus ídolos amados da música usavam. Esses são valores que surgem com a mídia. A formação de valores também acontece no trabalho, de novo por punição-recompensa. Para crescer em uma empresa, você adota alguns de seus valores. Sem compartilhar os valores do seu chefe, promoções se tornam mais difíceis. Professores também usam punição-recompensa para que nossos valores se aproximem dos deles.

O que te move? O que chama a sua atenção? Aonde costuma ir? Quem são seus amigos? O que você faz? A essa altura, provavelmente já conseguiu perceber como é importante descobrirmos quais são nossos valores. Contudo, o principal desafio para a maioria das pessoas é que muitos desses valores são inconscientes. Muitas vezes, as pessoas não sabem por que fazem certas coisas – só sentem que têm de fazê-las. Até porque, relembro a você, nossos valores mais básicos foram instalados em nós enquanto ainda éramos muito pequenos – entre 0 e 3 anos.

Hierarquia de valores

Cada pessoa tem seu conjunto e hierarquia de valores. Para você, qual é o valor mais importante, acima de qualquer coisa? Para algumas pessoas, é a honestidade; para outras, a amizade. Algumas pessoas podem mentir para proteger um amigo, mesmo que a honestidade seja importante para ela. Como ela pode fazer isso? Porque a amizade, nesse contexto, está numa posição mais alta em sua escala de importância do que a honestidade. Crescer na sua carreira pode ser um importante valor para você; ser uma mãe ou um pai presente também. Assim aparecem os conflitos: você prometeu estar na apresentação da sua criança na escola, mas surge uma reunião muito importante sobre uma possibilidade de promoção pra você. O que você escolherá depende do que colocar como seu valor mais alto naquele contexto.

Ao descobrir quais são seus valores, você compreenderá o motivo pelo qual faz certas coisas, ou por que outras pessoas fazem o que fazem. Ou ainda poderá descobrir por que tem estado tão infeliz com um trabalho tão bom. Ou por que está infeliz se tem a chance ser uma mãe 100% presente, o sonho de tantas mulheres. Entende?

Saber a própria hierarquia de valores te fortalecerá para resolver qualquer aspecto conflitante. Na verdade, o que muitas pessoas entendem por sucesso pode não ser o mesmo para você. Já viu alguém com o corpo, a carreira e a conta bancária perfeitos e ainda se sentir infeliz? Quando você encontrar uma condição digna de vida que atenda aos seus valores, você estará feliz e terá sucesso. O *seu* sucesso, entende? Se tiver clareza dos seus valores, não se importará tanto com o que os demais falam. Estará feliz e saudável e esses serão os seus parâmetros internos para mostrar que você está no lugar na vida em que deveria estar. Da mesma maneira, se educarmos nossas crianças assim, elas também terão na sua felicidade e na sua saúde os parâmetros para sempre voltarem a buscar alinhamento com seus valores fundamentais. E assim terão uma vida de sucesso.

Quando você convive com crianças, pode se perguntar: "O que é mais importante: limpeza e organização do ambiente ou o desenvolvimento da criança?". Se ainda ficar difícil, pense: "Se você nunca pudesse ficar com a limpeza e a organização em dia, mas conseguisse ver sua criança desenvolver-se plenamente, seria essa sua escolha? Ou se você nunca pudesse ver sua criança se desenvolver, mas pudesse ficar sempre com a limpeza e a organização, qual você preferiria?". Geralmente, isso dá condições para chegar ao valor mais importante. Descobrir sua própria hierarquia de valores para a sua relação com a criança é um dos mais valiosos exercícios que você pode fazer. Pare um pouco para decidir o que deseja desse relacionamento.

Vou dividir com você uma surpresa que tive na vida. Sou uma pessoa que nunca gostou muito de cócegas. Acho até meio torturante, sabe? Mas claro que vez ou outra brinquei assim com meu filho, especialmente quando meu marido fazia e eu percebia que ele estava curtindo. O menino foi crescendo e certo dia perguntei como ele se sentia amado. E adivinha: ele disse que se sentia amado quando eu o abraçava e fazia cosquinhas nele. Isso nos mostra como os conceitos e valores são pessoais.

Se você chegar à conclusão de que o valor primário no relacionamento com a criança é amor, você pode perguntar para ela e a si mesmo: "O que faz você se sentir amado?"; ou: "O que faz com que você ame alguém?"; ou, ainda, "Como você sabe quando não é amado?". A palavra "amor" provavelmente significa muitas coisas para sua criança e, também, para você mesmo, e vale a pena descobrir quais são, ou seja, precisa saber não apenas a palavra que está usando, mas o que ela significa para cada um de vocês. Fazendo esses tipos de pergunta com cuidado, saberá mais sobre ela e si mesmo, descobrirá o que cada um deseja de verdade e o que deve observar para saber se seus desejos têm sido satisfeitos. Fazendo essas perguntas com cuidado, saberá mais sobre ela e sobre si mesmo, descobrirá o que cada um deseja de verdade e o que deve observar para saber se seus desejos vêm sendo satisfeitos. É claro que não é possível esmiuçar os valores de todas as pessoas que conhece! Mas, para relacionamentos duradouros como com um cônjuge e com os filhos, quanto mais você descobrir como funciona a mente deles, melhor! Se você for professor, o mesmo raciocínio vale para cada turma. Existem os valores de cada uma delas.

Lembre-se de que em qualquer relacionamento você tem um contrato, a partir do qual cada um espera certas coisas do outro. E ambos julgam as ações e as palavras do outro, inconscientemente, por seus valores. Se souber quais são eles, você pode saber com antecedência como seus comportamentos afetarão vocês e quais são suas verdadeiras necessidades. É valioso ouvir com atenção as palavras que as pessoas usam para demonstrar os seus valores. E, claro, isso tudo exige mais tempo e sensibilidade. Mas garanto: se você valoriza as pessoas com quem divide a vida, valerá a pena. Lembre-se de que os valores têm enorme poder emocional. Então, se você se afasta de seus valores e assume que está agindo certo no seu ponto de vista, provavelmente passará muito tempo se sentindo frustrado e incompleto. Agora, se puder resolver a diferença de valores, provavelmente será mais feliz e terá ganhos significativos em toda as esferas da sua vida.

A ideia não é que você tenha exatamente os mesmos valores das outras pessoas com quem convive, e sim ser capaz de encontrar uma faixa comum entre os valores de vocês e entender os valores dos outros para apoiar e trabalhar com eles.

Os valores são os instrumentos de motivação mais poderosos de que dispomos. Valores comuns formam a base para a harmonia e a máxima potência dos relacionamentos. Se duas pessoas têm valores totalmente vinculados, seu relacionamento pode durar para sempre. Se seus valores são totalmente diferentes, há pouca chance de um relacionamento ser duradouro e harmonioso. Então, para cada relacionamento importante que tem na vida, recomendo duas ações: primeiro, encontrar os valores comuns para enfatizar apesar dos outros diferentes; e, segundo, apoiar e atender aos valores mais importantes da outra pessoa o máximo que conseguir. Isso pode contribuir muito para o resgate de relação com filhos adolescentes também.

E como saber que seus valores estão sendo atendidos? Pense em seus cinco valores mais importantes e escreva-os a seguir.

Depois, responda a esta pergunta: "O que é necessário acontecer para que você saiba que esse valor está sendo atendido?". Repita a pergunta e anote as respostas para cada um dos cinco. Esse é um poderoso exercício de tomada de consciência, pois às vezes não percebemos as evidências de valores atendidos (EVA).

Vale dizer que podemos ter um alvo em relação às EVA, mas há um grande potencial de frustração se você tiver evidências muito específicas e limitadas, por exemplo, se em cem opções de comportamentos possíveis da criança em um contexto só uma é a certa para você, sua satisfação – e a felicidade da criança – se restringirá muito. Você está excluindo 99% das experiências às quais ela poderia recorrer. Com maior flexibilidade em suas EVA, poderá mais facilmente educar a sua criança de acordo com seus valores, respeitando e cuidando da autoestima do indivíduo em formação. Há uma linha comum aqui: a importância da flexibilidade. Lembre-se de que, em qualquer contexto, o sistema com maior flexibilidade (com mais escolhas) será o mais efetivo.

Para tangibilizar essa ideia, vamos dizer que um de seus valores mais importantes é o respeito à família; então, você estabelece como EVA desse seu valor ao fato de sua criança dar um abraço apertado nos avós e pedir bênção sempre que encontrá-los. A criança vai crescendo e começa a mudar, quer dar um toque de mãos ou apenas um beijo, e você começa a achar que, se não for o abraço apertado com o pedido de bênção, então a criança não está respeitando a família. Isso pode ser um exemplo de uma EVA sem flexibilidade. Às vezes, as pessoas têm um mapa de mundo tão limitado que se torna quase uma garantia de frustração. Muitos de nós fazemos isso. Dizemos que uma criança educada é exatamente "assim ou assado" ou que um bom relacionamento é necessariamente "dessa maneira". É uma pena, pois tirar toda a flexibilidade do sistema é uma das maneiras mais certas de garantir frustração para todos os envolvidos e levar a um grande obstáculo ao desenvolvimento saudável das crianças. E da felicidade também.

Quando falamos de educar os filhos, os pais/responsáveis podem polarizar entre dois valores diferentes – liberdade e disciplina. Fica cada um puxando para uma direção distinta. Liberdade pode significar para um deixar a criança fazer o que quiser a qualquer hora, e disciplina, para o outro, tem a ver com rigidez de horários, atividades bem definidas e não incomodar os outros. Ouso dizer que a maioria dos pais já sentiu esse conflito até internamente, em si mesmo. É por isso que é tão importante saber quais são nossos valores mais altos e conversar com nosso(a) parceiro(a) para alinharmos e escolhermos comportamentos que os apoiem. Se não fizermos isso, além de entrarmos num processo de polarização que nos distancia cada vez mais dessa parceria no cuidado da criança, mais tarde pagaremos o preço emocional por não termos apoiado o que acreditávamos que fosse o mais importante para a vida de nossas crianças. Na verdade, essas conversas e acordos devem acontecer entre todos os envolvidos na educação da criança; do contrário, pode surgir uma crise de valores. Ter clareza de que é isso o que está acontecendo e maturidade para conversar a respeito e chegar a um caminho de busca de conhecimento é fonte de crescimento e de solidificação das relações, sobretudo as familiares. Não há nada tão destruidor e com poder para sugar as energias vitais do que ter valores fortes puxando você e sua família para direções opostas. Isso cria um tremendo sentido de fragmentação que, se permanecer por bastante tempo, é capaz de destruir relacionamentos e/ou a saúde dos envolvidos.

Pense na seguinte situação: sem encontrar uma faixa de comportamentos respeitosos na maneira de conduzir a sua criança, você pode exercer a liberdade na educação dela de modo a ir contra o seu parceiro. Ele, por sua vez, pode exercer a disciplina rígida, de uma forma que destrói você. E você tenta ser mais doce para compensar tanta dureza, e ele acaba sendo mais e mais duro para compensar sua moleza. Isso é a polarização. Mas vamos supor que você desista de lutar e tente se adaptar – isto é, reprimir seus anseios de liberdade – de tal modo a se tornar uma pessoa frustrada e destrutiva no relacionamento.

Se uma situação como a descrita se mantém, ao longo dos anos começamos a filtrar todas as nossas experiências de vida por meio dessas emoções negativas até fazerem parte de nós, sentimentos de insatisfação que podemos tentar aliviar comendo demais, fumando, ficando doente ou outras válvulas de escape encontradas pelo organismo. A maneira de romper esse processo é expandir a consciência, criar coragem e se preparar com recursos de comunicação para, com muito respeito, confrontarmos e compreendermos juntos os nossos valores. Ler um livro ou fazer um curso juntos sobre a educação das crianças para que possam discutir e encontrar a própria forma de educação sem desrespeitar o outro é um recurso valioso para essas conversas. E, claro, ter no papel os valores e as EVA é fundamental. Os valores podem ser mantidos, e as EVA podem ser flexibilizadas para chegarmos a acordos saudáveis que mantenham o respeito e a dignidade aos valores de todos. Liberdade e disciplina, por exemplo, podem ser colocadas no papel, seguidas das EVA que cada pessoa precisa para perceber que a criança está sendo educada com liberdade e disciplina, excluindo aquilo que desrespeita o outro ou adaptando, até chegar a listas que contemplem os dois.

Claro que isso pode não ser resolvido apenas em uma conversa. Trata-se de uma construção de vida e que, portanto, acontece enquanto se vive a própria vida, mas, abrindo-se ao diálogo, com esse olhar, sem querer buscar "quem tem razão", e sim buscando encontrar caminhos comuns de amor, respeito e felicidade na educação da criança, tudo pode ser um processo maravilhoso de crescimento e amor.

Antes de ler este livro, pode ser que seus valores operassem quase inteiramente no nível subconsciente. Agora, você já tem conhecimento e capacidade tanto de entender quanto de flexibilizar seus valores e suas EVA para promover mudanças positivas. Trazendo os nossos valores para a consciência, podemos produzir resultados nunca antes possíveis. Se seus comportamentos atuais não combinam com seus valores, você precisa mudar para resolver o conflito. Não há nada que dê mais resultados na vida do que termos valores fortes e comportamentos congruentes e alinhados com aqueles que dividem a caminhada da vida conosco.

Os valores mudam. Quem teve filhos sabe bem disso. Algumas vezes mudam radicalmente, mas, em geral, em nível inconsciente. Não sei por que não falamos muito sobre isso. Deveríamos conversar sobre valores assim como falamos sobre roupa, receitas ou outras coisas do nosso dia a dia. É importante a gente encontrar uma maneira de acompanhar o progresso dos nossos valores e como eles vão mudando; assim como precisamos regularmente reavaliar nossos objetivos e metas, devemos regularmente rever os valores que nos motivam.

capítulo 21

CINCO PASSOS PARA SER FELIZ MESMO QUANDO ENTRAR NO MODO ESTRELA-CADENTE

> Eu já estava no fluxo de estudar para ser mãe e começando a entender sobre maturação cerebral e a tomar consciência do impacto que as palavras da mãe têm sobre a mente infantil em formação. Meu filho tinha uns 3 anos e estava no balanço da pracinha. Eu o orientava de que, quando o balanço fosse para a frente, o corpo ia para trás, e vice-versa. Depois de várias tentativas sem sucesso, eu perdi a paciência e disparei: "Vai, menino. Não é tão difícil. Parece bobo!". Quando rememoro esse dia e vejo a autoestima se formando, as conexões neurológicas de coordenação de movimentos tão complexos para os 3 anos e a minha fala cansada e desajustada, eu quase choro. Mandei muito mal, e olha que eu já sabia que não deveria falar assim. Ainda me sinto culpada – e arrependida –, mesmo já tendo passado mais de 10 anos daquele dia.

Algumas coisas que acontecem em nossa vida, somadas ao esgotamento da rotina, nos colocam em estados pobres de recursos, momentos em que entramos direto no Modo Estrela-Cadente. Há curvas fechadas na estrada, correntezas fortes nos rios, pessoas traídas, confusões emocionais e sobrecarga. Há experiências que fazem com que as pessoas não sejam tudo o que poderiam ser. A ideia deste capítulo é te ajudar a se preparar para os perigos que possam surgir. Todos os adultos têm, com suas crianças, desafios em comum – a diferença é como reagimos a eles. Aqui estão os cinco passos para seguir em frente mesmo depois de entrar no Modo Estrela-Cadente.

Passo 1 - Aprenda a controlar a frustração

"Na teoria é fácil, quero ver fazer isso na hora da raiva!" ou "Eu não disse que na hora da raiva eu não conseguiria?", ou, ainda, "Eu não dou conta! Desisto!".

Se quiser se tornar tudo que você pode ser como pai, mãe ou profissional da infância, você precisa aprender a lidar com sua frustração, pois ela vai surgir quando algo não funcionar como você gostaria, ou quando alguma técnica não der certo nas primeiras tentativas. E a pior coisa que a frustração pode fazer é destruir a autodisciplina e, como consequência, os resultados que deseja. É por isso que você tem de aprender como disciplinar sua frustração. Não fique "bravinho", emburrado, sem conversar, de mal ou não desista de fazer diferente. Já é tempo de amadurecer e aprender mais sobre si mesmo para lidar melhor com as frustrações, além de compreender algo definitivo sobre as reações da criança: não é pessoal. Todas as pessoas bem-sucedidas aprenderam que o sucesso está escondido no outro lado da frustração; porém, infelizmente, algumas pessoas não chegam ao outro lado. Se você quer uma relação incrível com as crianças, poderá ter essa relação de vínculo e amor com elas, abrindo caminho ao passar por cada frustração, aprendendo com cada feedback negativo e seguindo em frente.

Passo 2 - Aprenda a controlar a rejeição

Em um dos meus atendimentos, o pai se queixava de que o filho o rejeitava, a despeito das muitas tentativas contrárias, e que a situação estava chegando mesmo a um ponto insustentável. Pensando se tratar de uma criança entrando na adolescência, perguntei a idade do menino: 2 anos.

Enchemos a boca para falar que a criança não sabe ouvir "não", mas quantos "nãos" você é capaz de aguentar? Quantas vezes consegue ser contrariado ou ignorado pela criança sem perder a cabeça? Quantos adultos decidiram não tentar um emprego, ou fazer uma visita de vendas, ou teste para um papel, ou até alguma coisa com a criança porque não queriam ser rejeitados? Pense em como acaba criando limitações por causa do medo dessa pequena palavra de três letras. A palavra em si não tem poder, mas sim a maneira como você a representa para si. Seu poder vem das limitações que ela faz você criar. E o que os pensamentos limitados criam? Vidas limitadas.

O sentimento de rejeição vem de uma parte nossa que não amadureceu. Nossa criança interior grita para ser vista, ouvida, aceita e amada. Se estamos bem conosco, maduros e tranquilos, não nos sentimos rejeitados. Não levamos a negativa de uma criança para o pessoal. Acredite: você pode tomar qualquer rejeição e transformá-la em oportunidade. Se você convive com crianças, terá muito mais chances de resultados positivos se souber trabalhar em si mesmo as rejeições. Por exemplo, na próxima vez que a criança te rejeitar de alguma maneira, você pode tentar dar um abraço nela ou cantar uma música. Certamente, isso mudará a fisiologia dela. Transforme os "nãos" em abraços e músicas. Quebre o estado e tente novamente de outro modo depois de um tempo. Quando você conseguir controlar a rejeição, aprenderá a conseguir tudo que quer.

Repita comigo: não é pessoal, não é pessoal, não é pessoal!

Passo 3 - Aprenda a controlar sua noção de desperdício

Existe uma pergunta que me acompanha desde que trabalho com o tema da educação infantil: se uma criança usa folhas de papel A4 para desenhar ou pintar com tinta, todos entendem que ela está aprendendo e que o material usado faz parte desse processo de aprendizado; então por que se ela vai ralar uma abobrinha ou descascar um ovo cozido e acaba derrubando algo no chão isso é considerado um grande desperdício ainda que o valor pago pela abobrinha/ovo que caiu seja menor que o das folhas de papel e tintas?

Existem pessoas que ficam paranoicas com a questão do desperdício de alimentos, e algumas chegam a perder sua sensibilidade e tecer duras críticas às crianças. É importante pensar: trata-se, de fato, de um desperdício ou é algo que está sendo pedagogicamente útil. Lembre-se de que todas as nossas ações na vida são guiadas pelas nossas representações internas – se eu classifico como desperdício, como vou reagir? Se eu conseguir enxergar um processo de aprendizagem e pertencimento em curso, como vou me comportar?

Quando você vê uma criança descascando ovos cozidos, o que você vê? Algum desperdício ou o aprendizado da coordenação motora, da concentração, de alcançar um resultado com sua ação, a participação na vida e nas atividades da família e da casa, autonomia? Uma boa atitude para trabalhar nessa questão é: cada vez que achar que a sua família desperdiçou alguma coisa, junte o valor dessas coisas desperdiçadas ao final de cada mês e faça uma doação a alguém que esteja necessitando. Uma ação como essa diz para o mundo e para seu próprio subconsciente que há mais do que o suficiente.

É claro que devemos trabalhar as noções de cuidado e desperdício com as crianças, mas sem neura! E, sim, com paciência, persistência, diálogo, adaptações. Ainda, ao fazer doações, sua criança aprenderá a ajudar, a vibrar na abundância, terá contato com uma realidade diferente da sua, aprenderá sobre gratidão e o verdadeiro valor da vida e de seus pertences. Você não terá dificuldades em encontrar as maneiras de fazer isso. Há necessidade em todo lugar. Uma das coisas mais valiosas no dar é como isso faz com que você se sinta. E, a partir desse sentimento, você vive sua vida numa atitude de gratidão. Ver o rosto das pessoas quando sabem que alguém se preocupa com elas faz uma enorme diferença: mostre isso a sua criança.

A ideia principal é que os recursos, o dinheiro de modo geral, devem trabalhar para nós, e não o contrário. Se puder fazer isso, aprenderá a controlar a pressão financeira e entrará numa mentalidade de abundância, e o acidente da criança que provoca uma perda ou outra nunca mais será um estímulo para colocar você em um estado negativo.

Passo 4 - Aprenda a controlar a acomodação

Você já viu pessoas que desejam uma vida melhor com as crianças, mas não querem estudar? Ou pais que reclamam que seus filhos não saem das telas, mas não querem se levantar para brincar com eles, nem os levar ao parque ou à piscina?

Também há aqueles que entram numa situação de desespero com o comportamento desajustado de uma criança, mas, assim que saem da UTI emocional, observando as primeiras melhoras da criança, começam a se sentir confortáveis e param de fazer exatamente aquilo que os fez evoluir. O conforto pode ser uma das mais perigosas sensações experimentadas pelo corpo humano. O melhor na vida dos adultos são as crianças que nos tiram dessa zona mais cômoda, e aquele que não enfrenta isso para de crescer e de evoluir, tornando-se um obstáculo ao desenvolvimento da criança.

Leve uma coisa para a sua vida: se você tem uma criança tranquila que aceita facilmente a vida como você a oferece, que "não dá trabalho", ela pode se tornar um jovem totalmente diferente. É isso mesmo. Uma criança muito pacata, quietinha e obediente pode estar ficando sem energia para tocar a própria vida no futuro, o que eventualmente dificultará sua entrada na faculdade e no mercado de trabalho. De certa forma, as crianças boazinhas são as que mais me preocupam.

O empresário Ray Kroc disse uma vez que, "quando você está verde, você cresce; quando está maduro, você apodrece".[43] Enquanto permanecer verde e aberto a novos conhecimentos, você cresce. Uma experiência negativa com uma criança pode se tornar tanto uma oportunidade para evoluir quanto um convite para decair, reclamar, sofrer e fazê-la se sentir mal. Você pode encarar uma criança de temperamento colérico como um grande problema em sua vida, ou vê-la como a fonte do seu processo de evolução permanente. Ainda, pode encarar sua criança tranquila como alguém que terá dificuldade para produzir e se sustentar, ou como um convite ao equilíbrio, à paz, ao cuidado com a conexão e com seu eu interior. E, para cada uma dessas crianças, aprender o que precisa desenvolver para que sejam felizes assim como são.

A acomodação também pode vir da comparação. Você pode comparar sua relação com as crianças com a relação dos outros com suas crianças e acreditar que está se saindo muito bem. Mas é possível que esteja levando em conta parâmetros muito baixos, ou seja, pode ser que os outros é que estejam indo muito mal. É importante buscar avaliar por suas próprias metas e objetivos, e não pela comparação; caso contrário, pode encontrar justificativas errôneas a respeito do que está fazendo e seguirá na mediocridade. Sempre haverá alguém que fez mais ou menos que você. E isso não importa. Você precisa se julgar pelas suas metas, por sua evolução, e nada mais.

---

43 KROC, Ray; ANDERSON, Robert. *Fome de poder:* A verdadeira história do fundador do McDonald's. Trad. Tássia Carvalho. São Paulo: Figurati, 2018. p. 10.

Para fugir desse processo de acomodação, afaste-se das conversas (tão comuns na nossa sociedade) em que as pessoas falam com humor e riso dos maus comportamentos das crianças (quem deu o maior chilique, por exemplo) e acabam competindo por quem tem a "melhor" ou a "pior" criança. Isso sem contar quando falam mal de seus parceiros. E, sim, há esperança se você ainda faz isso, pois eu também já fui essa pessoa. Demorei, mas aprendi que conversas assim envenenam o cérebro, fazendo concentrar sua atenção no que as outras pessoas estão fazendo em suas vidas em vez do que você pode fazer para melhorar a sua experiência de vida com sua criança. As pessoas que permanecem nesse tipo de conversa estão inconscientes e buscam se distrair do aborrecimento criado por sua incapacidade de produzir os resultados que desejam nas próprias vidas. Portanto, meu desafio para você é: mantenha-se afastado do lixo da vida. Se quiser ser acomodado e medíocre, passe sua vida querendo saber sobre quem está traindo quem, que criança ainda não sabe ler ou coisas dessa natureza. Se quiser crescer, certifique-se de estar em constante aprendizado para fazer da sua vida algo especial.

Passo 5 - Aprenda a dar primeiro e, depois, receber

O mais evoluído e maduro cede mais e cede primeiro. E, com uma criança, o adulto sempre deveria ser o mais maduro, certo? Esse passo garante a verdadeira felicidade: o segredo de viver é dar, embora a maioria das pessoas comece a vida pensando apenas em receber. Receber não é um problema, é maravilhoso, mas você precisa ter certeza de que está dando para poder colocar o processo em movimento. O problema na vida é que muitos adultos querem primeiro que as crianças façam as coisas, algo programado desde que elas são bem pequenas. Um pai diz que o filho adolescente "não escuta" e "não valoriza o que tem". O filho dirá que é porque "o pai só dá sermões" e que "ele nunca senta junto para jogar ou assistir a um vídeo". Isto é, cada um estava esperando que o outro tomasse a iniciativa, oferecendo algo primeiro. Que tipo de relacionamento é esse? E começamos a programar esse tipo de funcionamento nas pessoas desde quando elas são bem pequeninas e queremos que o bebê primeiro faça o que eu quero para depois receber o que deseja.

A chave para um relacionamento favorável com a criança é que você dá primeiro e continua dando; não para e espera para receber. Se você fica dizendo: "Eu dei, agora é a vez dela", o papo termina. A criança cresceu e se foi. O placar não funciona dessa maneira. O que aconteceria se você dissesse ao solo: "Me dá alguns frutos"? O solo provavelmente responderia: "Desculpe-me, senhor, deve ser novo aqui". Então explicaria que você planta a semente, cuida dela, põe água e cuida da terra. Fertiliza a terra. Protege e alimenta a semente. E, então, se cuidar bem e acertar nos procedimentos, conseguirá sua planta ou seu fruto mais tarde. Você pode pedir ao solo muitas vezes, mas isso não muda as coisas. Você tem que continuar dando e alimentando para que o solo produza frutos – e a relação com a criança se dá exatamente da mesma maneira.

Quer saber qual é a maior das ilusões sobre o sucesso? Como se ele fosse um topo a ser atingido, uma coisa a ser possuída ou um resultado estático a ser obtido. Se quiser ter sucesso e realizar todos os seus objetivos, você precisa pensar no sucesso como um processo, um hábito da mente, uma estratégia para viver, uma filosofia de vida. Você precisa ter a habilidade de usar seu poder de modo responsável e amoroso se quiser experimentar a verdadeira felicidade na relação com as crianças.

Recapitulando:

Passo 1 - Aprenda a controlar a frustração

Passo 2 - Aprenda a controlar a rejeição

Passo 3 - Aprenda a controlar sua noção de desperdício

Passo 4 - Aprenda a controlar a acomodação

Passo 5 - Aprenda a dar primeiro e, depois, receber

Se conseguir cuidar desses cinco passos, será capaz de usar todas as técnicas e poderes ensinados neste livro e conseguirá viver uma vida maravilhosa com as crianças.

capítulo 22

VINTE MANEIRAS DE CONVENCER AS CRIANÇAS A FAZER O QUE PRECISA SER FEITO NA PRÁTICA

Sempre que compartilho algo sobre persuasão com PNL nas redes sociais, recebo comentários do tipo: "Isso é manipulação. Não é respeitoso. Não é legal!". Algumas pessoas resistem ao poder oferecido pela PNL porque sentem que isso pode significar ter controle indevido sobre os outros. Mas eu preciso te dizer que, no mundo moderno, a persuasão não é uma escolha, é um fato. Alguém está sempre persuadindo. Se nós não persuadirmos nossas crianças, o YouTube, o Instagram e os games com certeza vão fazê-lo. As amizades e outras fontes usarão seu poder de persuasão com elas, entende? Não é melhor que sejamos nós a usá-las? As empresas de games e redes sociais gastam milhões de dólares para que suas mensagens sejam compartilhadas com poder máximo e muita técnica de persuasão. Portanto, será você ou outra pessoa/empresa qualquer que vai persuadir as crianças. A diferença no comportamento delas pode ser a diferença entre quem é o mais persuasivo: você ou o colega que usa drogas. Se quiser ser o modelo mais respeitoso e efetivo para aqueles com quem se preocupa, precisa aprender como ser persuasivo. Se você abdica da responsabilidade e do poder, há muitos outros prontos para preencher a vaga.

Ao pensar em todos os "problemas" das crianças, notei algo em comum entre eles: todos os problemas das crianças são relacionados ao comportamento dos adultos! Espero que você esteja usando o metamodelo de linguagem agora e me faça a pergunta de exatidão: "Todos?". Bem, se a origem do problema não é o comportamento do adulto, geralmente tem uma solução que se encontra no comportamento do adulto. Por exemplo, muitas birras acontecem por causa da inflexibilidade do adulto, e, com relação às outras, o comportamento do adulto é o que pode resolver, ainda que muitas vezes só faça piorar.

Muitas vezes, tomamos as ações e as transformamos em substantivos como se fossem blocos fixos, embora sejam processos.

Enquanto representarmos os problemas humanos como algo fixo, nós nos enfraquecemos. Vou exemplificar: a desobediência não é um problema em si, a maneira como os seres adultos se comportam é que cria resistência ou facilita que outros seres imaturos os sigam. A movimentação da criança não é o problema, as telas não são o problema, o comportamento do humano adulto é o problema. Portanto, se pudermos concordar com uma generalização proveitosa, em que o comportamento do humano adulto é a origem de todos os problemas da relação entre adultos e crianças e que novos comportamentos conseguem resolver a maioria dos problemas, então podemos ficar animados, porque estamos mais perto da solução.

Este capítulo tem o objetivo de te ajudar nos recursos para *conduzir* a criança. Estamos falando da segunda etapa do *rapport*, lembra-se? Depois de acompanhar, acompanhar e acompanhar, é hora de fazer o teste e, quando conseguir a resposta positiva, começar a *conduzir*.

A seguir, apresento uma lista de vinte ferramentas de condução que fazem parte da Disciplina do Equilíbrio com base na PNL:

1. **Conversar com o corpo**

   Situações: não interrompe o que está fazendo para comer, estudar ou ir ao banheiro, não quer caminhar e só quer colo, bate nas pessoas, não para de falar etc.

   Exemplo: "Converse com suas pernas e peça a elas para ficarem quietinhas até você terminar de comer".

2. **Conectar a ação a um estado desejado**

   Situações: acalmar após crise de raiva, voltar a ficar bem após tristeza, diminuir agitação etc.

   Exemplo: "Enquanto você empurra o carrinho pelo chão, vai ficando mais calmo".

3 Conectar o contexto a um estado desejado ou ação

Situações: acorda de madrugada querendo brincar, quer sair na chuva, quer ficar agitado à noite etc.

Exemplo: "Quando o sol aparecer, a gente pode sair da cama e brincar. Agora vamos voltar a dormir".

4 Conectar o corpo a um estado desejado ou a uma ação

Situações: não quer dormir, não quer caminhar, fica falando que está cansada etc.

Exemplo: "Enquanto você respira, pode sentir o sono entrando no seu corpo..." ou "Enquanto você dá um passo, pode sentir a força do chão subindo pela sua perna".

5 Dizer: "Conheço alguém que consegue..."

Situações: não quer guardar os brinquedos, quer colo e não quer caminhar, não quer levar suas coisas, não quer ajudar em casa, não quer fazer tarefa etc.

Exemplo: "Conheço alguém que consegue guardar os brinquedos no tempo dessa música" (colocar a música).

6 Juntar o que a criança quer + o que ela precisa

Situações: quer correr enquanto você precisa que ela calce o tênis, quer brincar enquanto você precisa que ela vá tomar banho etc.

Exemplo: "Você pode correr e também pode calçar seus sapatos, venha".

7 Dar alternativas com "ou"

Situações: não quer tomar banho, não quer fazer tarefas, não quer dar tchau etc.

Exemplo: "Você vai tomar banho agora ou vai fazer a tarefa primeiro?".

8. **Perguntar "como você vai fazer"**

Situações: não quer se trocar, não quer tomar banho, não quer guardar os brinquedos, não quer ir para o carro etc.

Exemplo: "Como você vai colocar essa calça? Pé direito ou esquerdo primeiro?" ou "Como você vai até o carro? Pulando de um pé só ou igual a um canguru?" ou simplesmente: "Como você vai começar a guardar esses brinquedos?".

9. **Perguntar "antes ou depois"**

Situações: não quer se despedir para ir embora, não quer fazer tarefa, não quer guardar os brinquedos etc.

Exemplo: "Você vai dar um beijo na vovó antes ou depois de mim?".

10. **Usar avaliações e medidas**

Situações: não quer ir embora, não quer guardar brinquedos, não quer escovar os dentes, não quer tomar banho etc.

Exemplo: "Vamos ver em quanto tempo a gente consegue guardar os brinquedos?" ou "Será que dá tempo de tomar o banho todo antes de acabar a areia da ampulheta?" (não precisa ser em tom de competição) ou "Vamos ver de quantos passos precisamos até chegar ao carro?".

11. **Fazer perguntas indiretas**

Situações: não quer parar para fazer xixi, não quer comer, não quer dormir, não quer descansar etc.

Exemplo: "Eu fiquei aqui pensando se agora tem alguém com vontade de fazer xixi...".

12 **Dar ideias em vez de ordens usando: "e se" ou "quem sabe" ou "talvez"**

Situações: não quer ir embora, não quer guardar brinquedos, não quer ir passear etc.

Exemplo: "E se a gente guardasse os brinquedos de olhos fechados?" ou "Quem sabe a gente vai passear lá naquela pracinha legal?" ou "E se a gente ler um livro quando chegarmos em casa?".

13 **Unir coisas**

Situações: não quer tomar banho porque quer continuar a brincar com o carrinho, não quer ir embora porque quer continuar ouvindo a música, não quer trocar de roupa porque quer continuar brincando com a boneca etc.

Exemplo: "Você leva seu carrinho lá no posto no banheiro e, enquanto ele para pra abastecer, você toma banho".

14 **Usar a 3ª pessoa do plural com "dizem que"**

Situações: não quer experimentar comidas novas, não quer ajudar em casa, não quer fazer tarefa etc.

Exemplo: "Dizem que, quando a gente faz a tarefa rapidinho, a gente fica mais esperto".

15 **Usar as sensações com "perceber", "sentir"**

Situações: não quer experimentar coisas novas, não quer dormir ou tomar banho etc.

Exemplo: "Quando a gente põe isso na boca, sentimos uma coisa diferente" ou "quando a gente se deita com as pernas assim, percebemos algo aqui, tá sentindo?".

16 **Usar a psicologia reversa**

Situações: não quer tomar banho, não quer guardar brinquedos, não quer experimentar coisas novas, não quer se trocar, não quer ir embora etc.

Exemplo: [em tom de brincadeira] "Você não vai tomar banho agora. Ei! Eu falei para *não* tomar banho agora! O que você está fazendo? Coloca essa roupa de volta!".

17 **Fazer comparações invisíveis usando "melhor", "mais", "muito mais"**

Situações: não quer se trocar, não quer ir pra cama, não quer tomar banho etc.

Exemplo: "Vamos colocar aquele pijama que é mais confortável?" ou "Eu deixei a água mais relaxante pro banho hoje, vem ver...".

18 **Usar "voltar a... quando..."**

Situação: estava fazendo algo necessário (p. ex., dormir, comer, tarefas etc.) e foi interrompida.

Exemplo: "Você vai voltar a dormir assim que encostar na sua cama" (quando chega dormindo e acorda ao ser levada para a cama).

19 **Usar "continuar a... quando..."**

Situação: estava fazendo algo necessário (p. ex., dormir, comer, tarefas etc.) e foi interrompida.

Exemplo: "Você vai continuar a fazer sua tarefa quando chegarmos à casa do vovô".

20 Fazer uma ponte para o futuro usando "quando você crescer"

Situações: não quer ir à aula, não quer aprender algo, não quer treinar, não quer fazer tarefa etc.

Exemplo: "Quando você crescer e estiver em uma praia, vai poder entrar na água sem medo e agradecer por ter aprendido a nadar quando criança".

Já te adianto uma coisa: se você quiser usar essas frases de maneira manipuladora, querendo que a sua criança obedeça cegamente, *não vai funcionar*. Estou aqui te mostrando como você pode aprender a usar o seu cérebro, de modo a poder escolher os comportamentos e representações internas que te façam ser uma pessoa melhor e, assim, ter uma comunicação com sua criança em um nível mais elevado de consciência e recursos. Você pode tornar-se consciente do quanto está sendo programado e manipulado pela cultura ou por terceiros. E começar a filtrar os comportamentos e modelos que chegam até a sua mente e ficar com aqueles que refletem seus valores, enquanto se desconecta dos demais.

Se você aprender a ser persuasivo mais do que alguém que só segue os outros, então você passa a influenciar, guiando as direções. E direções criam destinos. Se for persuasivo, direcionará a sua criança e outros adultos que convivem com você. Você tem o poder de educar as suas crianças para dirigirem os próprios cérebros e comportamentos e, assim, decidirem com consciência os resultados que criam em suas vidas. Imagine quanta potência crescer com essa consciência. Assim, nossas crianças aprendem a desenvolver profundos níveis de harmonia com as pessoas, a modelar pessoas efetivas, a superar limitações e reestruturar suas percepções do que é possível para elas, ou seja, elas se tornam crianças sem limites!

QUAL FOI A PIOR COISA QUE ACONTECEU EM SUA VIDA?

Por muitos anos, se você me fizesse essa pergunta, eu teria a resposta na ponta da língua: as traições do meu pai. Cresci numa família com muitos problemas, o que considerava a minha maior dor.

A vida foi passando, e eu conheci uma mulher que me revelou certa dificuldade em se manter fiel ao marido. Disse que fazia um grande esforço para seguir na vida monogâmica pensando muito nos filhos, mas me confidenciou o quanto isso era custoso para ela. Respondi que aquela não era uma questão para mim, pois tinha sofrido tanto como filha com traições que essa opção fora definitivamente riscada do meu cardápio de comportamentos na vida como esposa e mãe.

Ela me olhou fundo nos olhos e falou a coisa mais inesperada que eu poderia ouvir: "Agradeça muito ao seu pai. Você é livre porque ele não foi. O problema dele te blindou. Acredite: não é fácil!".

Fiquei sem acreditar no que aquelas palavras fizeram em minha mente: a coisa que eu acreditava ser a maior dor da minha vida de repente se tornou motivo de gratidão. De um minuto para o outro, em uma fala de pouquíssimas palavras, aquilo que tanto me trazia sofrimento se transformou em algo que me blindava de ser eu mesma a fonte de dor e dissabor para meu marido e filho. Essa foi mais uma das camadas de cura que eu alcancei sobre essa questão: a ressignificação final.

Se existe algo na sua história de vida que te pareça não ter jeito de mudar, acredite: é possível transformar qualquer coisa dentro de nós. Neste livro, seguimos juntos por um longo caminho, mas, mesmo tendo chegado ao último capítulo, você ainda não chegou ao fim.

Eu volto ao meu material de PNL da primeira formação até hoje e, a cada revisita, eu relembro muitas coisas que passo a usar. Você foi apresentado a muitos conceitos e ferramentas, um arsenal completamente novo. E é provável que você não consiga empregar tudo de primeira. Talvez consiga usar um pouco do *rapport* e depois precise voltar a estudar sobre ancoragem. Mas o que eu posso te dizer é que o tamanho do seu avanço será decisão sua. Este livro te deu instrumentos, técnicas e ideias que podem mudar sua vida. Não apenas na sua relação com a criança, mas também na sua relação com qualquer pessoa e, talvez, e até principalmente, na sua relação consigo mesmo.

Contudo, o que você fará com todas essas ferramentas? Vai guardá-las no quartinho da bagunça mental onde vai revirar entre coisas empoeiradas em momentos de desespero? Pendurará as armas na parede da sala mental como belos enfeites, mas que não são efetivamente usadas para nada? Será como uma pessoa que faz tiro ao alvo como hobby e usará o equipamento muito bem apenas aos fins de semana? Ou usará os instrumentos na sua rotina, ficando melhor a cada dia, adquirindo habilidade em uma nova ferramenta a cada período? Essa escolha é totalmente sua.

Ao finalizar este livro, você poderá sentir que aprendeu um pouco de alguma coisa e continuar a vida como era antes. Ou pode fazer um esforço consciente para controlar sua vida, seu cérebro e sua relação com as crianças. Você pode criar crenças fortes e estados que produzirão milagres para você e para as crianças com as quais se preocupa. Mas isso só acontecerá se você fizer com que aconteça.

Você aprendeu a conhecer seu objetivo, agir, desenvolver a acuidade sensorial para saber o que está conseguindo e mudar seu comportamento até conseguir o que quer, e que o sucesso está à disposição de todos nós, mas só alcançam o sucesso com suas crianças aqueles pais, mães e profissionais que agem e atuam no Modo Estrela-Guia. Amor e conhecimento são superimportantes, mas insuficientes. Muitos adultos amam as crianças e têm muitas informações, mas aqueles que agem com base nesses saberes criam sucesso nas suas relações e mudam o mundo, pelo menos o próprio mundo. Você também aprendeu o valor da modelagem, a partir da qual é capaz de diminuir grandemente o tempo que leva para dominar alguma coisa na relação com a criança – modelando as ações interiores (mentais) e exteriores (físicas) das pessoas que produzem resultados relevantes nesse contexto. E vamos combinar, em se tratando de infância, o tempo é fundamental.

Ainda, aprendeu que sua qualidade de vida como pai, mãe ou profissional da infância é a qualidade de sua comunicação. E que o significado de cada acontecimento se refere ao significado que você dá a ele. Não podemos voltar no tempo, ou mudar o que aconteceu, mas é possível trabalhar em nossas representações internas sobre o ocorrido e mudar o passado que ficou dentro de nós, de modo que resulte em alguma coisa positiva no futuro. Você aprendeu também que pode ser persuasivo e influente para sua criança e que, se você não for, alguém será!

Você aprendeu sobre o poder do estado e da fisiologia, assim como a estabelecer harmonia por meio do *rapport* com qualquer pessoa, incluindo sua criança, a usar técnicas poderosas para reenquadrar e ancorar, a como se comunicar com precisão e persuasão e como usar as perguntas de exatidão para conseguir ouvir bem o que as crianças comunicam a você. E sobre valores que servem como os principais líderes do comportamento pessoal.

Em que direção você está se encaminhando na comunicação com sua criança? Se você seguir esse caminho, onde estará em cinco ou dez anos, quando sua criança já estiver na adolescência ou na juventude? É para onde quer ir? Seja honesto consigo mesmo. Assim, agora, enquanto termina este livro, pense na direção em que está indo com sua criança, e se é para onde realmente quer ir. Se não for o que você quer, sugiro que mude. Se este livro te deu alguma coisa, foi a possibilidade de fazer mudanças positivas. Poder é ter (e usar) a capacidade de mudar, adaptar, crescer e evoluir. Poder sem limites não significa que você será sempre bem-sucedido ou que nunca fracassará, mas apenas aprender com cada experiência humana e fazer com que toda experiência trabalhe para você de alguma maneira. É poder sem limites para mudar suas percepções, suas ações e seus resultados. É o seu poder sem limites para fazer a maior diferença na sua qualidade de vida e na de sua criança.

Gostaria de recomendar mais uma coisa para continuar a mudar sua vida e ter mais chance de continuar o seu processo de crescimento: encontre uma constelação para se orientar. Uma estrela sozinha no céu é linda, mas uma constelação orienta, dá direção e força, ilumina. Você trabalhará melhor se estiver trabalhando com outras pessoas. Estar num grupo faz você crescer. Outras pessoas podem te desafiar e te apoiar em coisas que não consegue sozinho. Compartilhe seu mundo e faça a diferença no mundo das outras pessoas. Porque, quanto mais você der, mais receberá. Quanto mais você usar as técnicas deste livro para si e para os outros, mais benefícios voltarão para você.

É fácil entrar no Modo Estrela-Cadente. É fácil saber o que fazer e, mesmo assim, não conseguir. A força normal da vida é a gravidade, que sempre nos força para baixo. Todos nós temos nossos dias ruins, bem como momentos em que não conseguimos usar aquilo que sabemos. Mas, se nos rodearmos de pessoas bem-sucedidas, que se movimentam para a frente, positivas e que estão concentradas na busca de resultados, que nos apoiam, isso nos desafiará a sermos, fazermos e compartilharmos mais. Se você puder se cercar de pessoas que nunca deixam você se acomodar com menos do que pode ter, você tem o maior presente que qualquer um pode esperar. Esteja certo de fazer parte de uma comunidade em que as pessoas fazem de você uma pessoa melhor. Felicidade e sucesso na vida não resultam do que temos, mas sim de como vivemos. Busque saber mais sobre a nossa Comunidade Constelação Estrela-Guia. Será lindo acompanhar ainda mais de perto a tua jornada. Vamos brilhar juntos.

E uma recomendação final: compartilhe as informações a que teve acesso aqui com outras pessoas.

Vou te dar dois bons motivos para isso: primeiro porque, compartilhando uma ideia, ouvimos outra vez de nós mesmos o que valorizamos e acreditamos que seja importante para nossa vida e fechamos o ciclo de ENTRADA-PROCESSAMENTO-SAÍDA da informação, o que torna muito mais fortes e fixas as ideias recém-aprendidas em nossa mente. Segundo porque existe uma incrível alegria que vem de ajudar outras pessoas a fazerem uma mudança verdadeiramente importante e positiva em suas vidas. Então, ilumine com seu brilho a vida de outras famílias. Desde que me tornei alguém que compartilha essas informações, tenho vivido numa onda de amor e gratidão que você não pode imaginar. Nem eu mesma imaginava. Meu coração é gratidão sem limites.

Ao final dos eventos presenciais, sempre temos um tempo para dar um abraço apertado, trocar algumas palavras, autografar livros, tirar fotos. Foi em um desses momentos que chegou até mim um casal, o homem com os olhos marejados. Eles me contaram que tinham vindo de Niterói para assistir à palestra no Rio de Janeiro, e que apenas a mulher participaria. Mas ela, querendo que ele também escutasse as palavras de transformação que poderiam mudar a vida, pediu que ele a levasse e, sem dizer nada, comprou uma entrada a mais. Quando percebeu que ficaria um tempão esperando por ela e como ela já tinha pagado, decidiu entrar (mesmo contrariado). Contudo, agora, ali, depois de me ouvir falar por duas horas, ele estava com lágrimas nos olhos e tudo o que conseguiu me dizer foi: "Que pena que eu não te conheci antes. Estou no meu segundo casamento e temos uma criança de 5 anos, mas a minha filha do primeiro casamento já tem 15 anos e eu fiz tudo errado".

Depois de um abraço apertado, pude lhe dizer: "Tudo é muita coisa, meu amigo. Com certeza tem algo que você acertou com a sua filha e sempre é tempo de rever a rota. Sempre há algo a ser feito. Faça! E leve a mensagem adiante para outros pais".

Esta é a maior mensagem deste livro: seja um doador. Use o que aprendeu aqui, e o faça agora. Não apenas para você, mas também pelos outros. Passe adiante. As bênçãos dessas ações são maiores do que somos capazes de imaginar. Há muitas pessoas que sabem o que é certo – especialmente no que diz respeito às crianças – e, no entanto, não conseguem os resultados que desejam. Não é suficiente *só* saber e *só* falar. O poder sem limites diz respeito a fazer as ações necessárias para produzir o resultado que deseja. Se você terminar este livro e pensar: "Que livro incrível! Tem recursos ótimos!", e não usar nada, isso significa que perdemos nosso tempo juntos. No entanto, se você começar agora, se voltar a olhar as páginas e usar a PNL como manual para dirigir sua mente e seu corpo como um guia para mudar qualquer coisa na sua comunicação com sua criança, então você pode ter começado a jornada de crescimento infinito em sua vida. Sei o que aconteceu comigo quando comecei a aplicar esses princípios diariamente em minha vida e você também sabe algumas coisas a esse respeito. Eu te desafio a viver uma vida acima da média. Fica aqui novamente o convite: junte-se a esta Constelação de adultos Estrelas-Guias que decidiram iluminar as próprias vidas e a vida de suas crianças.

Agradeço a você pelo compromisso de aprender e crescer, desenvolver-se e permitir que eu compartilhasse com você os princípios que dividiram a minha vida em antes e depois. Meu desejo é que sua busca para ser um ser humano melhor seja infinita. Que você entenda que este livro foi todo adaptado para a comunicação entre adultos e crianças, mas que todas as técnicas desenvolvidas aqui foram originalmente aplicadas entre adultos e, portanto, você pode usar tudo com todas as pessoas e situações da sua vida. Vamos juntos não somente aproveitar, mas também tornar este mundo um lugar melhor para viver; não somente receber o que puder desta vida, como também amar e iluminar as vidas que encontrarmos pelo caminho. A ideia não é eliminarmos todos os traumas da vida com crianças, e sim deixarmos um saldo positivo, levarmos uma vida de #MaisAmorMenosTrauma.

É verdade que filho não vem com manual, mas, após conhecer a PNL adaptada para aplicar com as crianças, descobrimos padrões e informações que mudam completamente a jornada de quem deseja contribuir para que as crianças e adolescentes sejam mais saudáveis e felizes em sua futura vida adulta.

Vamos juntos! Vá agora mesmo em meu perfil no Instagram @isa.minatel e me conte que chegou até aqui e o que achou desta leitura.

REFERÊNCIAS BIBLIOGRÁFICAS

BARROS, Manoel de. *Retrato do artista quando coisa.* São Paulo: Alfaguara, 2022.

BETTER TOGETHER. Interpretada por Jack Johnson. Composta por Jack Johnson. Produzida por Mario Caldato Jr. Fonte: Jack Johnson.

BLAKE, William. *The Marriage of Heaven and Hell.* 1790-1793. Digireads.com, 2021.

COUSIN, Norman. *Anatomy of an Illness as Perceived by the Patient*: Reflections on Healing and Regeneration. Nova York: Open Road Media, 2016.

COUSINS, Norman. *Anatomia de uma doença:* a percepção do paciente. Rio de Janeiro: Record, 1989.

CRIA. Interpretada por Maria Rita. Composta por César Belieny e Serginho Meriti. Produzida por Leandro Sapucahy. Fonte: WM Brazil.

CUDDY, Amy. Your body language may shape who you are. *Ted Talks,* jun. 2012. Disponível em: https://www.ted.com/talks/amy_cuddy_your_body_language_may_shape_who_you_are?language=pt-br#t-416572. Acesso em: 5 jan. 2025.

DEIXA A VIDA ME LEVAR. Interpretada por Zeca Pagodinho. Composta por Eri Do Cais e Serginho Meriti. Produzida por Rildo Hora. Fonte: Universal Music Ltda.

FORD, Henry. *Minha vida e minha obra*. São Paulo: Hemus, 1964.

FREITAS, Hyndara. Choro, exigências e necessidade de atenção em excesso: conheça os bebês high need. *O Estado de S. Paulo*, 12 jul. 2017. Disponível em: https://www.estadao.com.br/emais/bem-estar/choro-exigencias-e-necessidade-de-atencao-em-excesso-conheca-os-bebes-high-need/. Acesso em: 18 mar. 2025.

HAY, Louise; KESSLER, David. *Você pode curar seu coração*. Rio de Janeiro: BestSeller, 2016.

KROC, Ray; ANDERSON, Robert. *Fome de poder:* A verdadeira história do fundador do McDonald's. Trad. Maria Silva. Tássia Carvalho. São Paulo: Figurati, 2018. p. 10.

MINATEL, Isa. 9 anos do Petrus – cesárea, prematuro, refluxo, sist respiratório – Manhãs Sem Limites – Isa Minatel. *YouTube*, 8min59s. Disponível em: https://www.youtube.com/watch?v=XOLMxQI_xBE. Acesso em: 25 jun. 2025.

MINATEL, Isa. *Crianças sem limites*: educação empreendedora na primeira infância. São Paulo: Figurati, 2019.

MINATEL, Isa. O Mundo Sob a Perspectiva da Criança. *TEDx Talks*, 13 dez. 2016. Disponível em: https://www.youtube.com/watch?v=VW87Oa14tMQ. Acesso em: 5 jan. 2025.

MINATEL, Isa. *Temperamentos sem limites*: como conseguir resultados com crianças da raiva e com crianças da tristeza. São Paulo: Figurati, 2019.

MONTESSORI, Maria. *A criança*. São Paulo: Círculo do Livro, 1980.

MONTESSORI, Maria. *A descoberta da criança*. São Paulo: Círculo do Livro, 1982.

MONTESSORI, Maria. *A mente absorvente*. São Paulo: Círculo do Livro, 1980.

MONTESSORI, Maria. *Educação para um mundo novo*. São Paulo: Círculo do Livro, 1982.

MONTESSORI, Maria. *O segredo da infância*. São Paulo: WMF Martins Fontes, 2019. p. 36.

MONTESSORI, Maria. *Pedagogia científica*: a descoberta da criança. São Paulo, Flamboyant, 1965.

NELSEN, Jane. *Disciplina positiva:* o guia clássico para pais e professores que desejam ajudar as crianças a desenvolver autodisciplina, responsabilidade, cooperação e habilidades para resolver problemas. São Paulo: Manole, 2015.

OSÓRIO, Ticiano. "Crianças são desrespeitadas pelos adultos", diz Isa Minatel. *Zero Hora*, 25 jun. 2019. Disponível em: https://gauchazh.clicrbs.com.br/comportamento/noticia/2019/06/criancas-sao-desrespeitadas-pelos-adultos-diz-isa-minatel-cjxbtia9q00lb01pkvw1572i4.html. Acesso em: 25 jun. 2025.

ROBBINS, Tony. *Desperte o seu gigante interior*: como assumir o controle de tudo em sua vida. Trad. Haroldo Netto e Pinheiro de Lemos. Rio de Janeiro: BestSeller, 2017.

ROBBINS, Tony. *Poder sem limites*. Rio de Janeiro: BestSeller, 1989. p. 39.

VIORST, Judith. *Perdas necessárias*. Rio de Janeiro: Nova Fronteira, 1988.

Acreditamos nos livros

Este livro foi composto em Sentinel
e impresso pela Lis Gráfica para a
Editora Planeta do Brasil em setembro de 2025.